Bruno Hildenbrand

Fallverstehen, Begegnung und Verständigung

KINDHEIT – FAMILIE – PÄDAGOGIK

Herausgegeben von
Steffen Großkopf,
Ulf Sauerbrey,
Michael Winkler

Band 10

ERGON VERLAG

Bruno Hildenbrand

Fallverstehen, Begegnung und Verständigung

Grundlagen berufsfachlichen Handelns
im Kinderschutz

ERGON VERLAG

Umschlagabbildung:
Roswita Hietel, Öl auf Leinwand, 100x100cm (2021)

Bibliografische Information der Deutschen Nationalbibliothek:
Die Deutsche Nationalbibliothek verzeichnet diese Publikation in der
Deutschen Nationalbibliografie; detaillierte bibliografische Daten sind im
Internet über http://dnb.d-nb.de abrufbar.

© Ergon – ein Verlag in der Nomos Verlagsgesellschaft, Baden-Baden 2023
Das Werk einschließlich aller seiner Teile ist urheberrechtlich geschützt.
Jede Verwertung außerhalb des Urheberrechtsgesetzes bedarf der Zustimmung des Verlages.
Das gilt insbesondere für Vervielfältigungen jeder Art, Übersetzungen, Mikroverfilmungen
und für Einspeicherungen in elektronische Systeme.
Gedruckt auf alterungsbeständigem Papier.
Gesamtverantwortung für Druck und Herstellung
bei der Nomos Verlagsgesellschaft mbH & Co. KG.
Umschlaggestaltung: Jan von Hugo

www.ergon-verlag.de

ISBN 978-3-98740-060-5 (Print)
ISBN 978-3-98740-061-2 (ePDF)
ISSN 2509-8659

*Nicht das Gelände folgt dem Plan,
sondern der Plan folgt dem Gelände.
Sebastien Le Prestre de Vauban
(1633–1707)
(Gedenkstein an der von Vauban errichteten Zitadelle
in Mont-Louis, Pyrénées-Orientales, Frankreich)*

Inhaltsverzeichnis

0	Zum Geleit	11
1	Eine Skizze zur Geschichte der Entwicklung des hier verwendeten Konzepts zu den Grundlagen berufsfachlichen Handelns im Kinderschutz	13
1.1	Geschichte	13
1.2	Den Dingen auf den Grund zu gehen heißt, sie in ihrem Verweisungszusammenhang zu erschließen. Wider die Dualismen	17
1.3	Zum Professionsbegriff und seiner Unbrauchbarkeit wegen irreführender Verankerung in der Lebenswelt	20
1.4	Fallverstehen in der Begegnung: Das Meilener Konzept systemischer Beratung und Therapie (Neufassung)	24
1.5	Fallverstehen in der Begegnung – ergänzt um das Konzept Verständigung	30
1.6	Emotionale/affektive Rahmung	34
1.7	Kinderschutz als Grenzobjekt, Hilfeplan und Family Group Conference (FGC) als Alternative zum Hilfeplangespräch	36
1.8	Die beiden Pole der Achse Fallverstehen in der Begegnung: Die Fachperson im persönlichen und organisatorischen Kontext; die individuelle Lebenspraxis als problematische beschrieben	40
1.9	Manfred Hanisch: Die Fachperson im persönlichen/ organisatorischen Kontext – betrachtet aus der Position eines beteiligten Außenstehenden (hier: eines Vormunds)	44
1.10	Praktische Urteilskraft am Übergang von Wissenschaft zum Handeln als Klammer des Meilener Konzepts	54
1.11	Zusammenfassung des Bisherigen	58
1.12	Menschenbild und Resilienz	59
1.13	„Hast du Hammer, Zange, Draht, kommst du bis nach Leningrad." Oder: Lob und Fluch des Werkzeugkastens	67
1.14	Alternativen zum Werkzeugkasten. Der Frankfurter Kommentar. Ein Fallbeispiel: Die vereinsamte Großmutter	71

	1.15	Ein anderer Ansatz zur Arbeit mit Familien in kritischen Lebenssituationen. Kritik am Hilfeplangespräch. Auch andernorts wächst das Gras nicht grüner	80

2 Berufsfachliches Handeln im Alltag des Jugendamts (ASD) 83

- 2.1 Frau Geertz stattet der Familie Stöver-Renner einen Hausbesuch ab und verbannt einen Hasen aus dem Wohnzimmer der Familie 83
- 2.2 Der zugewandt-aufmerksame Pädagoge, der an einer rückständigen Wirtschaftswelt scheitert 87

3 Handlungsmuster bei Kindeswohlgefährdung 89

- 3.1 Die Handlungsmuster 89
  - (1) Vigilantes, das heißt: Wachsames Abwarten 89
  - (2) Reingehen, rausholen, stationäre Unterbringung: Ein Muster aus vergangener Zeit 90
  - (3) Minimale Reaktion aus der Distanz, abwarten. 90
  - (4) Minimale Reaktion, abwarten und in Vernetzungsgremien viel darüber reden. Ein Muster, das Eindruck verschafft, aber an den Klienten vorbeigeht 94
  - (5) Verwalten, kontrollieren, Schuld zuweisen: Ein Muster, das mit pädagogischer Berufsfachlichkeit unverträglich ist 96
- 3.2 Kinderschutz und berufsfachliches Handeln: Schließen sie sich gegenseitig aus? 98
  - 3.2.1 Erfahrungen von Eltern mit der Jugendhilfe im Rahmen von Kinderschutzproblemen: Ein durchweg beklagter Mangel an Empathie 98
- 3.3 Kinderschutz und soziale Kontrolle: Grenzen von Fallverstehen in der Begegnung 101
- 3.4 Notwendige Einschränkungen; Die Dominanz der praktischen Urteilskraft 102

4 Was stellt man sich am Jugendamt unter einer Familie vor? Die folgenreiche Reduktion der Familie auf die Dyade (Mutter-Kind-Beziehung) 105

- 4.1 Was stellen Sie sich, werte Leserschaft, unter einer Familie vor? 105
- 4.2 Resultate einer Analyse der Danish Child Data Base (Lars Dencik) 105

4.3	Dyaden und Triaden: Die quantitative Bestimmtheit der Gruppe (Georg Simmel) und weitere soziologische Ansätze	109
4.4	Das Scheitern von Jugendämtern an der Stieffamilie: Eine Übersicht über Skandalfälle der letzten Jahre. Mögliche Verbesserungen von Praktiken der Jugendhilfe durch Erweiterung des Wissensstands im familienwissenschaftlichen Spektrum, auch durch familientherapeutische Ansätze	111
4.5	Zwischenbilanz	117
4.6	„Die Familie ist der Ort, von dem aus das Kind den Rest der Welt betrachten kann" (Natalia Ginzburg)	118
4.7	Über Simmel hinaus: Die triadische Struktur sozialisatorischer Interaktion als Generator für Identitätsentwicklung	120
4.8	Triadische Ansätze in Familienberatung und Familientherapie	122
	4.8.1 US-amerikanische Ansätze: Jay Haley, das pervertierte Dreieck; P. Minuchin, J. Colapinto & S. Minuchin („Verstrickt im sozialen Netz", ein für die Jugendhilfe attraktiver, in der Breite gescheiterter, dennoch interessanter Ansatz)	122
	4.8.2 Ein Rollenspiel aus New York mit Risiken und Nebenwirkungen im Selbstversuch: Die Triade in Bewegung bringen	123
	4.8.3 Europäische Ansätze	125
	4.8.3.1 Eine Anleihe bei der Psychoanalyse (Michael B. Buchholz) und die Mütterlichkeitskonstellation (Daniel Stern)	125
	4.8.3.2 Das Lausanner Trilogspiel als Ausweis der Fähigkeit von Babys, die Triade zu gestalten	132
	4.8.4 Die Mutter als Türsteherin (maternal gate keeping), die in diesem Zusammenhang verlangte Praxis des „begleiteten Umgangs" für Väter als eine spezifische Form von Amtsanmaßung	133
4.9	Was hat das alles mit der Jugendhilfe zu tun? Ein Fallbeispiel aus dem Bezirk der Migration zum Risiko, wenn man sich an den eigenen Vorurteilen orientiert und diese nicht an der Lebenspraxis auch fremder Kulturen kontrolliert	135
4.10	Über die Triade hinaus	137
	4.10.1 Das Circumplex-Modell: Die prekäre Balance der Innen- und Außenorientierung	138
	4.10.2 Das Familienparadigma: Wie eine Familie die Welt sieht.	139

        4.10.3 Familiengrenzen als Organisatoren im Familienzyklus.
              Rekurs auf die Fallbeispiele 139
   4.11 Familienbilder am Jugendamt: Ein dringender
       Renovierungsbedarf 145

5 Wie wird Fallverstehen in der Begegnung dokumentiert? 155
   5.1 „Gute" organisatorische Gründe für „schlechte" Krankenakten ... 155
   5.2 Erste Schritte der Entwicklung einer Dokumentationspraxis an
       der Drogentherapiestation Start Again, Zürich. Die
       Entwicklung eines Konzepts von Dokumentation: Heraus aus
       der wissenschaftlichen Perspektive, hinein in eine am Alltag
       orientierte Praxis 165
   5.3 Weiterentwicklung des Dokumentationssystems im Rahmen
       der Gemeinschaftsinitiative EQUAL des europäischen
       Sozialfonds: Verbesserungen durch Einführung des Prinzips
       der Verständigung 170

Literatur 173

Namen 181

Sachen 183

0 Zum Geleit

Diese Untersuchung enthält scharfe, unverhüllte Kritiken an der Praxis der Kinder- und Jugendhilfe in der gegenwärtigen Zeit. Diese Kritik ist nicht erfunden, anderen abgehört oder -geschaut. Sie ist auf methodisch stringente Beobachtung gegründet.

Anhand von sorgfältig rekonstruierten Fallbeispielen wird aber auch vorgestellt, woran sich einwandfreies berufsfachliches Handeln in diesem Feld zeigt und was dabei herauskommt. Sollten Sie, werte Leserin, werter Leser, mit dem in diesem Buch erörterten Arbeitsfeld vertraut sein, werden Sie an manchen Stellen eigene Erfahrungen wiederfinden.

Womit eindeutig festgestellt sei, dass es im Feld der Kinder- und Jugendhilfe Licht und Schatten zugleich gibt. Dualismen wie gut/schlecht sind hier fehl am Platz. Skepsis ist immer geboten. Das gilt auch für diese Arbeit.

Nun will ich die Gelegenheit wahrnehmen, meiner Frau Astrid Hildenbrand für ihr sorgfältiges Lektorat und die Korrektur dieses Texts zu danken. Für die verbleibenden Fehler bin ich selbst verantwortlich.

1 Eine Skizze zur Geschichte der Entwicklung des hier verwendeten Konzepts zu den Grundlagen berufsfachlichen Handelns im Kinderschutz

1.1 Geschichte

Die beiden Schwerpunkte dieser Abhandlung, auf die hier einzugehen ist, sind zu unterschiedlichen Zeiten entstanden.

Berufsfachlichkeit/Professionalisierung. Am Beginn der Konzeptentwicklung steht die Gründung des Ausbildungsinstituts für systemische Therapie und Beratung 1988 in Meilen bei Zürich am Ostufer des Zürichsees. Gründungsmitglieder waren Rosmarie Welter-Enderlin (1936–2010). Sie war eine in Zürich ausgebildete Sozialarbeiterin, die später in den USA den Titel eines MSW (Master of Science and Social Work) erwarb und dort Kontakt zu den damals maßgeblichen Vertreterinnen des Faches Familientherapie aufgenommen hatte. Von ihnen nahm sie wichtige Anregungen mit, die sie bei ihrer Rückkehr nach Europa Aufmerksamkeit erzeugend zur Geltung bringen konnte. [Eine Randbemerkung: Der Zusatz „systemische" Familientherapie ist eine europäische Erfindung; in den USA spricht man nach wie vor einfach von Familientherapie.]

Der systemische Ansatz und das Meilener Konzept

Kritische Leserinnen und Leser mögen sich fragen, was dieses Konzept mit dem systemischen Ansatz, der ihm den Namen gegeben hat, zu tun hat. Diese Frage ist berechtigt. Um sie zu beantworten, hilft es, einen Schritt in der Zeit zurückzutreten. Helm Stierlin aus Heidelberg, einer der Pioniere der Entwicklung und Verbreitung des systemischen Ansatzes in Deutschland, verfasste 1976 ein Buch mit dem Titel *Das Tun des Einen ist das Tun des Anderen: Eine Dynamik menschlicher Beziehungen.* Mit diesem Titel ruft er die Erinnerung an den Philosophen Georg Wilhelm Friedrich Hegel wach, der in Kapitel IV/A über „Herrschaft und Knechtschaft" in seinem Werk *Phänomenologie des Geistes* auf das wechselseitige Verwiesen-Sein von Menschen, die miteinander zu tun haben, aufmerksam machte: Ohne Knecht kein Herr, ohne Herr kein Knecht. Bertolt Brecht hat diesen Gedanken szenisch umgesetzt in seinem Theaterstück *Herr Puntila und sein Knecht Matti.* Axel Honneth hat mit seinem bei Hegel entlehnten Begriff des *Kampfes um Anerkennung* (1998) große Aufmerksamkeit auch in der Sozialpädagogik erregt.

Eine Notiz am Rand: Am Vorabend der Schlacht von Jena und Auerstedt (14.10.1806) klappte Hegel, der damals in Jena lebte, das Manuskript der *Phä-*

nomenologie des Geistes zu und floh vor den heranrückenden napoleonischen Truppen nach Bamberg. Dem von ihm verehrten „Weltgeist zu Pferde" und seiner Soldateska wollte er lieber nicht von Angesicht zu Angesicht gegenübertreten.

Diese Anekdote, die ich der Hegel-Biografie von Horst Althaus (1992, S. 193) entnehme und leicht dramatisiere, ist ein anschauliches Beispiel dafür, dass Geist und Lebenspraxis sich mitunter ungut begegnen.

Das Konzept des Kampfes um Anerkennung weitergedacht, wird man auf die Erkenntnis gelenkt, *dass man anderen begegnen muss, um man selbst zu werden*. Ob man das als Kampf kategorisieren muss, sei dahingestellt. Ich gehe da nicht mit. *Der Geburtsort von Identität ist die Interaktion*, und genau dies ist das Kernstück des systemischen Ansatzes, wie ich ihn verstehe. In seiner Kritik an der Psychoanalyse, die ihre Verdienste erworben hat im Erschließen innerpsychischer Sachverhalte, hat sich der systemische Ansatz verdient gemacht dadurch, dass er den Fokus gerichtet hat auf jene Orte sozialer Interaktion, an denen sich Identität bildet, zunächst in der Familie als dem ersten zentralen Ort der Identitätsausprägung. Inzwischen hat man in der Psychoanalyse, zumal in ihrer französischen Variante (Lacan), diesen Mangel der Fokussierung auf das Innen selbst erkannt und an dessen Abhilfe gearbeitet.

Dass dieser Perspektivenwechsel in einer Kultur, in der unablässig um das goldene Kalb der Individualität getanzt wird, nur schwierig zu vermitteln ist, habe ich in meinem letzten Buch dargelegt. Dort heißt es gleich im Vorwort:

> Im Alltag geht jedermann von der Annahme aus, dass es eine Differenzierung zwischen mir und den anderen gebe. Ich bin hier, du bist dort. Gegen diese Annahme schreibe ich hier an. Ich behaupte, dass alle in einer *gemeinsamen Welt* leben, bevor sie sich als Ich und andere differenzieren. Nach meiner Auffassung ist es die Grundlage einer Sozialpsychiatrie [darum geht es hier nicht, es geht um die Kinder- und Jugendhilfe, aber das im Folgenden Gesagte gilt für diese ebenfalls], von der gemeinsamen Welt auszugehen und die Ich-andere Differenzierung anderen Fächern zu überlassen (Hildenbrand 2019, S. 13, Hervorhebung nachträglich).

Als Königsweg, diesen Ansatz in die Praxis umzusetzen, betrachte ich die Genogrammarbeit. Neu ist das nicht. Monica McGoldrick und Randy Gerson haben in ihrem Buch *Genogramme in der Familienberatung* die Auffassung vertreten, das Genogramm ermögliche einen „raschen Überblick über komplexe Familienstrukturen und bildet eine reichhaltige Quelle zur Hypothesenbildung" (McGoldrick & Gerson 1990, S. 1), wobei besonders auf Wiederholungen über die Generationen hinweg zu achten sei.

Im Vokabular *Die Sprache der Familientherapie* wird dieses Diktum reproduziert, auch dort will man der Sache nicht auf den Grund gehen: Dort wird das Genogramm definiert als „die grafische Darstellung einer über mehrere Generationen reichenden Familienkonstellation", die dazu diene, „einen Überblick über das familiäre System zu gewinnen" (Simon, Clement & Stierlin

1999, S. 117). Seither wird diese Auffassung von Genogrammarbeit unkritisch von Generation zu Generation von Sozialpädagogen, selbstverständlich auch Sozialpädagoginnen, weitergetragen.

Ganz falsch ist der Hinweis auf die Notwendigkeit einer Übersicht über das Familiensystem nicht. In der Jugendhilfe ist es hilfreich, sogar zwingend, dass eine solche Übersicht gut gezeichnet oder in einem der gängigen Programme erstellt und der Akte beigefügt und immer wieder aktualisiert wird. Das erleichtert die Arbeit erheblich, weil man in der Kinder- und Jugendhilfe nicht selten auf Familien trifft, die durch vielfache Brüche gekennzeichnet sind und das an- und abwesende Personal oftmals nicht überschaubar ist. Bleibt man aber bei dieser Definition stehen, wird das reiche Deutungspotenzial verschenkt, welches ein gut erstelltes Genogramm, zugegebenermaßen mühevoll in der Sequenzanalyse eröffnet, ermöglicht (zur Sequenzanalyse gleich).

Minuchin, Colapinto und Minuchin (2000, S. 72ff) gehen einen Schritt weiter und schlagen vor, in die von ihnen erstellten Genogramme Handlungstypen einzuzeichnen. Jedoch geben sie nicht an, *wie* sie zu diesen Mustern (Typen) gelangt sind, ob durch Rätselraten oder analytischen bzw. hermeneutischen Zugriff. In jedem Fall entsteht die Gefahr einer missbräuchlichen Verwendung dieser Muster: Wenn sie so in einer Jugendamts- (oder anderen) Akte archiviert werden, könnten spätere Fachkräfte diese eingezeichneten Muster für die Wahrheit einer Familie nehmen, sie mit Diagnostik verwechseln und nicht daran denken, dass inzwischen Zeit vergangen ist, in der manche Personen abhanden-, andere neu hinzugekommen sind und neue, vielleicht der Lebenspraxis günstigere Muster oder noch abträglichere entwickelt wurden, die es zu entdecken gilt.

Für mich hat die Genogrammarbeit erheblich an Fahrt gewonnen, als Ulrich Oevermann, der Betreuer meiner Habilitation, mir nahelegte, sein Konzept der Sequenzanalyse auf das Erschließen von Genogrammen zu übertragen. Damit hat die von mir praktizierte Genogrammarbeit deutlich an analytischer Schärfe gewonnen und in Sachen der Rekonstruktion von Mustern zugelegt, mit Vorteilen, auch mit erheblichen Nachteilen. Manche (Aschermann, Spath & Rohr 2022) sind der Ansicht, dass ich im Hinblick auf das Genogramm eine extreme Haltung vertrete. An dieser zu Recht so bezeichneten „extremen Haltung" halte ich fest. Ich werde sie in die im weiteren verwendeten Fallbeispiele einfließen lassen, das Verfahren selbst allerdings nicht erläutern, um diesen Text nicht über Gebühr zu befrachten. Wenn Sie die von mir entwickelte Form der Genogrammarbeit interessiert, haben Sie die Möglichkeit, die von mir verfassten Bücher zu diesem Thema (Hildenbrand 2005, 2018, 2019) zu lesen.

Kernstück des von uns entwickelten Konzepts ist „Fallverstehen in der Begegnung". Es gehört zur Redlichkeit des Autors, nicht so zu tun, als habe er gerade das Rad selbst erfunden. Genau genommen kann die Verknüpfung von Fallverstehen und Begegnung auf eine lange Geschichte zurückweisen.

Im achten und neunten Brief der Reihe *Über die ästhetische Erziehung des Menschen*, den Älteren unter uns noch als Klassiker der Pädagogik bekannt, schreibt Friedrich Schiller:

> Nicht genug also, daß alle Aufklärung des Verstandes nur insoferne Achtung verdient, als sie auf den Charakter zurückfließt; sie geht auch gewissermaßen von dem Charakter aus, weil der Weg zu dem Kopf durch das Herz muß geöffnet werden. Ausbildung des Empfindungsvermögens ist also das dringendere Bedürfnis der Zeit, nicht bloß weil sie ein Mittel wird, die verbesserte Einsicht für das Leben wirksam zu machen, sondern selbst darum, weil sie zu Verbesserung der Einsicht erweckt (Schiller 1975, S. 31).

So endet der achte Brief. Am Beginn des neunten Briefs heißt es:

> Aber ist hier nicht vielleicht ein Zirkel? Die theoretische Kultur soll die praktische herbeiführen, und die praktische doch die Bedingung der theoretischen sein? Alle Verbesserung im Politischen soll von Veredlung des Charakters ausgehen – aber wie kann sich unter den Einflüssen einer barbarischen Staatsverfassung der Charakter veredeln? Man müßte also zu diesem Zwecke ein Werkzeug aufsuchen, welches der Staat nicht hergibt (...) Dieses Werkzeug ist die schöne Kunst (Schiller 1975, S. 31f).

Schiller hat also nicht nur die Widersprüchlichkeit von Fallverstehen und Begegnung erkannt, er hat auch eine Weise gefunden, sie zu bewältigen: Es ist die Kunst, die hier weiterhilft. Noch heute spricht man von ärztlicher Kunstlehre. Schiller war auch Arzt. Man kann das Fallverstehen in der Begegnung problemlos auf das Deuten im Rahmen ärztlicher Kunst übertragen.

In Anlehnung an Aristoteles kann man mit Hans-Georg Gadamer allerdings auch von *praktischer Urteilskraft* sprechen. Diese bezeichne ich als Kunst.

Auch Schiller steht auf den Schultern von Riesen, wie der Soziologe Robert Merton sich ausdrückte. Damit wollte Merton sagen, dass in den Wissenschaften das Rad selten neu erfunden wird, sondern dass jeder auf einer Tradition aufbaut.

Schiller also, darauf will ich hinaus, kann sich beziehen auf einen Satz, der 1670 unter dem Titel *Pensées sur la religion et autres sujets* (Gedanken über die Religion und andere Gegenstände) erschienen ist, wo es heißt: „La cœur a ses raisons que la raison ne connaît pas." Übersetzt heißt das: „Das Herz hat seine Gründe, die die Vernunft nicht kennt." Jedoch ist das eine dürftige Übersetzung. Sie ignoriert, dass Pascal hier mit einem Wortspiel arbeitet, denn das Wort „raison" kann sowohl „Gründe" als auch „Vernunft" heißen. Allerdings ist die Geschichte noch älter: Salomo erbat sich vom Herrn ein „hörendes (weises) Herz", und man kann davon ausgehen, dass Schiller am Tübinger Stift mit der Bibel vertraut gemacht worden ist.

Da Pascal in einem Zeitalter gelebt hat, in welchem die Vernunft eine große Rolle zu spielen begann, war es einigermaßen dreist, das Wort „Vernunft" in eine Beziehung zum Wort „Herz" zu bringen. Das ist ihm mit diesem Wortspiel gelungen, womit ich bei Schiller und unserem Konzept *Fallverstehen in der Begegnung* angelangt bin. Ich kehre zur Geschichte zurück:

Bei der Gründung des „Meilener Instituts für systemische Therapie und Beratung", das seinen Namen bezog von der Gemeinde, in der das Institut ursprünglich seinen Sitz hatte[1], nahm Rosmarie Welter-Enderlin das Heft in die Hand und lud folgende Personen ein, sie dabei zu unterstützen: Robert Waeschle, ein Psychologe aus Luzern mit Schwerpunkt Paartherapie, Reinhard Waeber, Kinder- und Jugendpsychiater aus dem Wallis, Schüler von Luc Ciompi, damals Bern, heute Lausanne. Zu diesem illustren Kreis erlangte ich Zutritt über mein Buch „Alltag und Krankheit – Ethnographie einer Familie", Stuttgart 1983, welches mir genügend Reputation verschaffte, damit das Gründungsteam in mir einen Kollegen sehen konnten, der versprach, das im Entstehen begriffene Projekt zu bereichern. Nicht lange danach stieß zu diesem Kreis die Sozialarbeiterin Silvia Dinkel-Sieber hinzu.

1.2 Den Dingen auf den Grund zu gehen heißt, sie in ihrem Verweisungszusammenhang zu erschließen. Wider die Dualismen

Dieses Institut war von Anfang an durch das Bestreben charakterisiert, den Dingen auf den Grund zu gehen. Damit entsprachen wir dem philosophischen Grundsatz, dass jedes Seiende einen Grund hat. Anders formuliert: Jedes Seiende steht in einem Verweisungszusammenhang, aus dem heraus es zu verstehen ist. Konkret und bezogen auf den Fall unseres Instituts heißt das, dass man nicht einfach loslegt, wenn man sich die Ausbildung helfender Berufe auf die Fahnen geschrieben hat, sondern sich erst einmal Gedanken über Kontext und Verweisungszusammenhänge macht. Dies geschah in der Gruppe mit den genannten Personen am Beginn der ersten Ausbildungseinheiten. Im Halbjahresrhythmus stattfindende mehrtägige Klausuren dienten dazu, entlastet vom Alltag die Konzeptentwicklung voranzutreiben. Und eine weitere Komponente der Ausgangslage kam hinzu: Es widerstrebte uns, die Grundlagen unseres Tuns aus Büchern zusammenzuklauben oder anderen Instituten abzuschauen. Alle Beteiligten waren berufserfahren genug, um aus einem reichen Erfahrungsschatz schöpfen zu können. Nur musste das eben reflektiert werden.

Der Alltag von Fachleuten aus der Sozialarbeit, der Medizin und der Psychologie, nicht zu vergessen der Klinischen Soziologie (Hildenbrand 2018), zeichnet sich aus durch die Arbeit an Fällen und mit Fällen, und entsprechend sollte eine Beratung bzw. Therapie im Mittelpunkt unserer Konzeptentwicklung stehen. Diesen Part übernahm Rosmarie Welter-Enderlin, die vorschlug, die an sie gerichtete Anfrage zur Behandlung einer Bauernfamilie mit einem als psychotisch diagnostizierten Sohn positiv zu beantworten und in der Auseinan-

---

[1] Später wurde dieser Sitz verlegt nach Zürich und der Name geändert: Ausbildungsinstitut für systemische Therapie und Beratung Meilen/Zürich. 2024 wird dieses Institut seinen Betrieb einstellen.

dersetzung mit diesem Fall unser Konzept zu entwickeln. Dieser Familie gaben wir den Namen Brenner.

Mit der Wahl dieser Familie kam Rosmarie Welter-Enderlin mir entgegen, denn seinerzeit führte ich Forschungen zu landwirtschaftlichen Familienbetrieben durch, die sich mir als Resultat aus meiner stationären und gemeindepsychiatrischen Tätigkeit an der psychiatrischen Klinik der Philipps-Universität Marburg aufgedrängt hatten (Hildenbrand 1991, Hildenbrand et al. 1992).

Wenn Rosmarie Welter-Enderlin sich mit dieser Familie in ihrer Praxis in Meilen traf, saß ich, nachdem wir gemeinsam die Familie begrüßt hatten, hinter dem Einwegspiegel, und nach Ende des Gesprächs sprachen wir am Küchentisch der Familie Welter gemeinsam das Geschehene durch[2].

Folgende Szene kann den Ablauf dieser Geschehnisse verdeutlichen: In einer Sitzung (das Ende der Behandlung war bereits in Sichtweite) sollte es um die von der Familie zu treffende Entscheidung der Hofübergabe gehen. Darüber war im vorangehenden Gespräch gesprochen worden. Vor Beginn des Gesprächs formulierten wir folgende Hypothese: Wenn das Jungbauernpaar das Sofa im Behandlungszimmer besetzt und das Altbauernpaar die Stühle an ihrer Seite einnimmt, dann signalisiert uns die Symbolik dieser Raumbesetzung, dass zumindest vorläufig eine Entscheidung zur Hofübergabe gefallen ist. Damit wäre die Richtung des an diesem Tag ablaufenden Gesprächs angedeutet.

Dieses Beispiel zeigt, dass unsere Konzeptbildung eng an der Lebenspraxis der Fälle orientiert und von dieser kontrolliert worden ist.

Das Buch mit dem ausformulierten Konzept erschien 1996 im Verlag Klett-Cotta, Stuttgart (Welter-Enderlin & Hildenbrand 1996).

2004 erschien eine vierte, überarbeitete Auflage. Dort geht es im Wesentlichen um eine Zehn-Jahres-Katamnese, d.h. um die Nachuntersuchung der Entwicklung der Familie Brenner, deren Behandlung wir in der ersten Ausgabe vorgestellt haben. Rosmarie lud zu diesem Zweck die Familie Brenner zu Gesprächen ein. Das Arrangement war dasselbe wie in der ersten Behandlungsphase: Rosmarie Welter-Enderlin vor, ich hinter dem Einwegspiegel, anschließend gemeinsame Beratung.

Anhand von zwei Themen will ich nun die Frage vertiefen, was es heißt, den Dingen auf den Grund zu gehen: 1. Dualismen, 2. Sprache.

Dualismen. Zunächst will ich einige der bekanntesten Dualismen in den Sozialwissenschaften aufzählen: Innen/Außen; Leib/Seele; Struktur/Handeln; rational/irrational; material/formal. Besonders Anselm Strauss, der Vertreter des Symbolischen Interaktionismus und amerikanischen Pragmatismus, lenkt den Blick auf die Unangemessenheit dieser Dualismen (1993/2024). Doch da-

---

[2] Vom Format her entsprach diese Konstellation dem Arrangement, das später unter dem Namen „reflecting team" bekannt wurde, auch wenn wir dessen Vorgaben nicht übernommen haben. Dafür sahen wir auch keine Veranlassung.

rauf will ich hier nicht näher eingehen, sondern ins pralle Leben greifen und dort nach Dualismen und den alltäglichen Umgang damit suchen.

Ewald Frie (2023) beschreibt in seiner Familiengeschichte eine Bauernfamilie aus dem Münsterland, und er vergleicht sich als Universitätsprofessor mit seinem Vater, seinerzeit ein anerkannter Rinderzüchter, und stellt im Zusammenhang mit der Frage, ob er gegenüber seinem Vater ein Aufsteiger sei oder nicht, fest:

> Auf und Abstieg sind nicht gut geeignet, um die Veränderungen zu beschreiben, die meine Eltern, meine Geschwister und ich durchlebt haben. Eher schon trifft das Bild von ineinandergeschobenen und sich überlappenden Welten (2023, S. 162).

Aus diesem Zitat ziehe ich in Übereinstimmung mit Ewald Frie (2023) den Schluss, dass Dualismen in ihrem Kontext in Augenschein zu nehmen sind. Das macht die Sache nicht komplizierter, aber komplex, denn ohne den Kontext werden diese Dualismen zu Worthülsen einer Schlagwort-Weltanschauung. Wird ihrer Komplexität nicht Rechnung getragen, dann erreicht man auch nicht den Grund der Sache. Jemand, der diesen Gedanken verinnerlicht hat, wird sich hüten, Worthülsen wie Gewinner/Verlierer ungeprüft zu übernehmen.

Sprache. Damit bin ich beim zweiten Thema angelangt, das direkt um die Ecke liegt, wenn man beabsichtigt, den Dingen auf den Grund zu gehen. Die Sprache wird komplexer. Das wird dann mit einer unverständlichen Sprache verwechselt, der gerne die „einfache Sprache", z. B. als „Wochenrückblick in einfacher Sprache" im Deutschlandfunk als podcast angeboten, gegenübergestellt wird. Man traut den Zuhörern offenbar nicht zu, die gewöhnlichen Nachrichtenmeldungen zu verstehen, wohl aber, einen Podcast zu bedienen.

> [Diese Bemerkungen zur einfachen Sprache in Texten, die auf komplexe Gedanken gestützt sind, gehen nicht auf eine Obsession meinerseits zurück. Kürzlich wurde ich eingeladen, zu einem Handbuch einen Beitrag zu leisten. Dieser Beitrag sollte, so die Vorgaben, „geschlechtergerecht" und „in einfacher Sprache" geschrieben sein. Die Herausgeberin konnte oder wollte mir nicht mitteilen, von welchem Bildungsniveau ihrer Leserschaft sie ausgeht. Daraus wird also nichts werden.]

Wie gesagt: Komplexität lässt sich mitunter nur in einer Sprache, die diesem Niveau entspricht, ausdrücken. Das heißt aber nicht, dass man in einem Satz Relativsatz an Relativsatz reiht, bis man nicht mehr weiß, womit der Satz angefangen hat. Es heißt auch nicht, dass man jener Marotte der deutschen Sprache folgt, das Verb an den Schluss des Satzes zu setzen. Darüber hat sich Mark Twain zu Recht aufgeregt. Wer allerdings seine Sprache so lange vergewaltigt, bis daraus eine „einfache" Sprache wird, erweist seiner Sache einen schlechten Dienst, und er beteiligt sich am Komplexitätsverlust seiner Muttersprache.

Es gilt also, sich um eine verständliche Sprache zu bemühen, ohne dem süßen Gift der Vereinfachung zu verfallen.

Im Grunde ist dies kein neues Phänomen. In seinem 1895 erschienenen Roman „Der Stechlin" schreibt Theodor Fontane

> Jeder, der der großen Masse genügen will, muss ein Loch zurückstecken. Und wenn er das redlich getan hat, dann immer noch eins (ich zitiere nach der Fontane Werkausgabe, Berlin und Weimar 1986, S. 323. Das Zitat findet sich im 34. Kapitel).

Wie viele Löcher braucht es, bis man das Niveau einer „einfachen" Sprache erreicht hat? Gibt es genug davon?

1.3 Zum Professionsbegriff und seiner Unbrauchbarkeit wegen irreführender Verankerung in der Lebenswelt

Soweit zum ersten Aspekt dieses geschichtlichen Rückblicks, dem der Entwicklung eines Konzepts professionellen Handelns[3]. Ich habe bisher ohne weitere Umstände den Begriff der Profession benutzt. Allerdings ist festzustellen, dass dieser Begriff seither in den Alltag eingedrungen ist und dort nur noch meint, dass eine Tätigkeit gut ausgeführt worden ist. Sei es ein Bankraub, die Verfolgung der Täter durch die Polizei oder ein Haarschnitt. Diese Bedeutungsverschiebung trifft nicht das, worauf wir abzielen. Uns geht es um den Unterschied zwischen beruflichem Handeln und Handeln in Beratung und Therapie, wo es um das Helfen in Notlagen geht. Das war die ursprüngliche Bedeutung von Profession. Jedoch: Jemand, der eines Haarschnitts dringend bedürftig ist, befindet sich nicht in einer Notlage, notfalls kann er (selbstverständlich auch sie) selbst Hand anlegen. Mit dem folgenden, einfach erscheinenden Satz hat Niklas Luhmann deutlich gemacht, worum es bei der Profession geht:

> Die alten Professionen haben sich gebildet zur Hilfe bei ungewöhnlichen Lagen, vor allem Lebensrisiken, angesichts von Tod, nicht eindämmbarem Streit. Sie beschaffen Sicherheit und Problemlösungen durch spezialisierte Techniken des Umgangs mit solchen Problemen (Luhmann 1991, S. 29).

Zur Erläuterung: Niklas Luhmann hat hier die „alten Professionen" im Blick. Er beginnt mit der Medizin bzw. Theologie (Tod), fährt fort mit der Jurisprudenz (nicht eindämmbarer Streit).

Das Handeln von Professionsangehörigen spielt bei ihm in diesem Zitat keine Rolle: Ein erster Zugriff wäre gewesen, dass er an dieser Stelle die früher einmal so genannten „Freien Berufe" in den Blick nimmt. In dieser Hinsicht hat sich bis auf den heutigen Tag vieles, wenn nicht alles, geändert, man denke nur an die bürokratischen Regularien wie zum Beispiel Leitlinien, denen Ärzte in ihrer eigenen Praxis unterworfen sind, deren sie sich auf eigenes Risiko zu erwehren wissen, die Verrechtlichung ärztlicher Tätigkeit oder die einst

---

[3] Für eine Übersicht vgl. Thomas Luckmann & Walter Michael Sprondel (Hrsg.) 1972, Arno Combe & Werner Helsper (Hrsg.) 1996.

in eigener Praxis tätigen Rechtsanwälte, die inzwischen nach amerikanischem Vorbild Angehörige von „law firms" geworden sind.

Und weiter: Die ungewöhnlichen Lagen, vor allem Lebensrisiken, von denen Luhmann schreibt, sind solche, die aus der Einzigartigkeit eines Einzelfalls resultieren. Einzelfälle haben sich, legt man den hier vertretenen Ansatz zugrunde, aufgrund spezifischer Wahlen in kritischen Situationen herausgebildet. Es sind die Wahlen, die in ihrer Spezifik Menschen voneinander unterscheiden.

Wenn man aber im vorliegenden Zusammenhang von Einzelfällen spricht, dann verbietet sich das Wort der Techniken. Techniken sind auf Allgemeines gerichtet und taugen bei Vorliegen von Einzelfällen nur, wenn man die Techniken auseinandergenommen (dekonstruiert) und dem Einzelfall angepasst wieder zusammengesetzt hat. Techniken können, wenn die Fachperson über hinreichend Berufserfahrung verfügt, nützlich eingesetzt werden. Im vorliegenden Zusammenhang ist das Thema „Werkzeuge" angesprochen, die sich im Feld zunehmender Beliebtheit erfreuen (Hildenbrand 2020). Dieses Thema soll in Kapitel 3 weiterverfolgt werden.

Hierzulande spielt Niklas Luhmann im Feld der systemischen Therapie eine bedeutende Rolle, besonders, seit er den Begriff „Autopoesis" stark gemacht hat. An dem einführenden Zitat kann man zeigen, dass es geboten ist, Elemente des Werks von Luhmann kritisch zu prüfen, bevor man sie in die eigene Konzeptbildung übernimmt. Das gilt allerdings für alle wissenschaftlichen Texte, die in berufsfachlichen Zusammenhängen in Gebrauch genommen werden sollen.

Ein Letztes: Während Luhmann zu den „alten" Professionen sich äußert, zieht er die historische Entwicklung an dieser Stelle nicht in Betracht. Der Bestand der „alten Professionen" wurde, beginnend mit den 1960er Jahren, ergänzt um weitere helfende, auf Einzelfälle bezogene Berufe, bei denen man sich bisher auf den richtigen Begriff noch nicht einigen konnte. Das begann mit der Etikettierung von (wenig überraschend) „alten" und „neuen" Professionen, dann kamen die „starken" und „schwachen" Professionen dazu, und mit diesem Schwenk betrat man die Ebene der wertenden Einschätzung.

Ich habe an dieser Stelle Wichtigeres zu tun, als mich in diese Debatte einzumischen, und beschränke mich darauf, das Handeln von Angehörigen neuer Professionen von ihrer Tätigkeit und ihrem Umfeld her kennen zu lernen und zu rekonstruieren. Das berufliche Handlungsfeld, um welches es dabei geht, ist das der Sozialpädagogik.

In dieser Hinsicht verfüge ich über spezifische Vorerfahrungen, die meine Konzeptbildung prägen, d.h. die Erfahrung material[4] unterlegten: Als Fachlei-

---

[4] Dieses im Alltag wenig gebräuchliche, auch in den Sozialwissenschaften kaum gängige Wort wird im weiteren Verlauf noch des Öfteren in Erscheinung treten und soll deshalb bereits an dieser Stelle erläutert werden: Erstens ist es abzugrenzen von der Formulierung „materiell". Material heißt vorrangig „stofflich, das Inhaltliche an einer Gegebenheit betonend. Gegensatz: formal". So definiert das philosophische Wörterbuch. Das soziologische Wörterbuch aus da-

ter für Arbeit mit psychisch Kranken und Suchtkranken an der damals so genannten Berufsakademie Villingen-Schwenningen (heute: Duale Hochschule) in den Jahren 1990–94 hatte ich die Gelegenheit und die Aufgabe, Studierende der Sozialpädagogik im Arbeitsfeld Arbeit mit psychisch Kranken und Suchtkranken, für die ich während ihrer Studienzeit verantwortlich war, an ihren Praxisplätzen in psychiatrischen Einrichtungen, besonders psychiatrischen Landeskrankenhäusern, die heute nicht mehr so heißen, zu besuchen, ihr Arbeitsfeld kennen zu lernen und mit ihren Anleitern (es waren auch weibliche dabei) zu sprechen. Im Wesentlichen fiel mir dabei auf, dass die Sozialpädagogik sich nach der Psychiatriereform in den 1970er Jahren nahezu explosionsartig in den Kliniken verbreitet hatte (verfügte das psychiatrische Landeskrankenhaus Reichenau bei Konstanz in den 1970er Jahren noch über drei Fachkräfte, die Fürsorger genannt wurden, zwei davon waren weiblich, einer war männlich, so waren es 20 Jahre später 25 Fachkräfte, deren Berufsbezeichnung nun anders hieß: Sozialarbeit/Sozialpädagogik). Diese Fachkräfte sahen sich mit erheblichen Schwierigkeiten konfrontiert, Beziehungen zum medizinischen Sektor zu entwickeln. Soweit solche Beziehungen bestanden, waren sie geprägt von Abgrenzung, Beziehungsverweigerung und Neid.

Meine in diesem Kontext sowie auch zuvor in einer psychiatrischen Universitätsklinik gewachsene Vorstellung, dass jede psychiatrische Station unverzichtbar auf die Sozialpädagogik angewiesen ist, stieß bei den Anleitern, den Sozialpädagogen (selbstverständlich auch bei ihren weiblichen Kolleginnen) auf Empörung. An einem Landeskrankenhaus, mit dem zu kooperieren meine Aufgabe war, beobachtete ich, dass die dortigen Vertreter (selbstverständlich auch Vertreterinnen) sich in einen Gebäudetrakt in der Nähe der Verwaltung zurückgezogen, man könnte auch sagen: verschanzt, hatten. Das war in den 1990er Jahren.

Als Fachleiter organisierte ich eine Tagung mit sämtlichen Kontaktpersonen, mit denen ich es zu tun hatte, weil sie die von mir betreuten Studierenden an einem psychiatrischen Krankenhaus anleiteten. Die Debatte erstreckte sich über lange Zeit um die Frage, ob dieser Tag ihnen als Fortbildungstag zustünde oder ob sie dafür Urlaub nehmen müssten. Niemand von ihnen kam auf die Idee, eine eigene Position und Strategien zu ihrer Durchsetzung zu entwickeln.

Mit dieser Debatte verstrich viel Zeit, und als noch Zeit übrig gewesen wäre, die Frage der Bedeutung der Sozialarbeit/Sozialpädagogik im psychiatrischen Krankenhaus zu diskutieren, kurz: an der Gestaltung von deren Tätigkeit auf den Stationen zu arbeiten, kam es dazu nicht; denn die Teilnehmenden hatten es eilig, pünktlich zu Dienstschluss wieder an ihrer Dienststelle zu sein.

---

maliger Zeit (1970er Jahre) verzichtet auf eine definitorische Festlegung. Um diesen Begriff muss man nicht viele Geheimnisse machen, ich will auf das Folgende hinaus: Das, worum es hier geht, ist in konkreter Lebenspraxis zu erfahren und Ausgangspunkt für Reflexionen.

Inzwischen gehört diese Diskussion der Vergangenheit an, das Thema hat sich erledigt. Es hat sich in der von mir vorgeschlagenen Richtung entwickelt, und ich kann mich mit der Feststellung zufriedengeben, dass sich eine von mir abgesehene, aus der Sache heraus sich aufdrängende Entwicklung eingestellt hat.

Wenn Sie diesen Text bisher aufmerksam verfolgt haben, werden Sie sich, werte Leserin, werter Leser, die Frage stellen, worauf diese biografische Reminiszenz hinauslaufen soll. Diese Frage ist leicht zu beantworten: Sie erscheint hier als Kontext für das nächste Thema.

Kinderschutz: Rosmarie Welter-Enderlin ist 2010 gestorben und fiel damit für die Weiterentwicklung unseres Konzepts aus, wenn man von ihren Verdiensten um die Ausarbeitung der affektiven Seite des Handelns in Beratung und Therapie absieht. Auf sie geht die Einführung des Konzepts „affektive (mitunter auch: emotionale) Rahmung" zurück. Damit hat sie die Handlungsseite der Begegnung betont. Es war in diesem Zusammenhang meine Aufgabe, an den soziologischen Bezug des Konzepts „Rahmung" (Goffman 1977) zu erinnern (Hildenbrand 1999).

Die weitere Arbeit an unserem Konzept blieb mir überlassen, damit auch die Aufgabe, für die dafür erforderlichen Fälle zu sorgen. Dabei kam mir entgegen, dass ich als Projektleiter zwischen 2001 und 2011 an einem Sonderforschungsbereich an den Universitäten Halle-Wittenberg und Jena mitwirkte. Der Titel dieses Sonderforschungsbereichs SFB 580 war „Gesellschaftliche Entwicklungen nach dem Systemumbruch – Diskontinuität, Tradition, Strukturbildung". Mit meinen Mitarbeiterinnen (selbstverständlich auch den Mitarbeitern) entschieden wir uns für das Forschungsfeld der Transformation der Kinder und Jugendhilfe, also für eine Untersuchung der Transformation der für die DDR spezifischen patriarchalisch-autoritären Fürsorge[5] zur Berufsfachlichkeit, wie sie im Kinder- und Jugendhilfegesetz (SGB VIII) vorgegeben ist. Dieses Gesetz wurde am 3.10.1990 in neuer Formulierung in „den neuen Bundesländern" in Kraft gesetzt. In den „alten" Bundesländern trat es am 01.01.1991 in Kraft. Sein Kernstück ist die Betroffenenbeteiligung, umgesetzt mit dem neu geschaffenen Instrument des Hilfeplans (Petermann & Schmidt 1995).

Der von mir präferierte, von meinen Mitarbeiterinnen und Mitarbeitern wenig geschätzte methodologische Ausgangspunkt in diesem Projekt war der amerikanische Pragmatismus und der Symbolische Interaktionismus wie auch die darauf bezogene Grounded Theory. Das zieht unweigerlich die Fokussierung auf Prozess und Interaktion in der Feldforschung sowie auf das Instrument der Sequenzanalyse (microscopic analysis, Strauss 2004, Hildenbrand 2004) und damit auf Sinn und Bedeutung nach sich.

---

[5] Für Erfahrungsberichte von Betroffenen vgl. Wawerzinek 2012, Böwing 2009, für die Täterseite vgl. Mannschatz 1994, für eine erste Vergleichsstudie aus psychologischer Sicht Leuzinger-Bohleber & Garlichs 1993.

1.4 Fallverstehen in der Begegnung: Das Meilener Konzept systemischer Beratung und Therapie (Neufassung)

Es ist nun an der Zeit, nicht weiter um die Sache herumzureden und stattdessen das Konzept, das wir entwickelt haben, im Detail vorzustellen und die inzwischen eingetretene Entwicklung darzulegen.

Dieses Konzept enthält folgende Komponenten: Im Vordergrund steht die Achse *Fallverstehen in der Begegnung*. In deren Hintergrund liegt die *Wissensachse*.

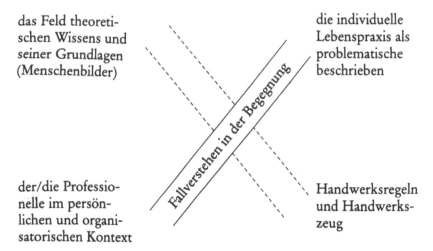

Abb. 1: Das Meilener Konzept systemischen Handelns (Welter-Enderlin & Hildenbrand 1996, S. 23).

Im Verlauf der Überarbeitung hat das *Fallverstehen in der Begegnung* eine Aufwertung erfahren. Es überschreibt nun das gesamte Konzept und ist nicht mehr eingeschränkt auf systemische Therapie und Beratung, sondern ausgeweitet auf jedwedes berufsfachliche Handeln bei der Arbeit mit Menschen.

Fallverstehen in der Begegnung ist eine widersprüchliche Konstruktion: *Fallverstehen* verweist auf Distanz, *Begegnung* auf Nähe. In der *Gestaltung*, nicht in der *Beseitigung* dieser Widersprüchlichkeit erweist sich die Kompetenz eines jeden berufsfachlichen Handelns. Ich werde darauf zurückkommen.

Zunächst zur *Definition von „Fall"*. Ein Fall ist, wie bereits angedeutet, eine Lebenspraxis, die im Zeitverlauf immer wieder Wahlen aus Möglichkeiten bzw. Erfordernissen des Handelns trifft und in diesem Prozess eine Individualität ausbildet. Im Kern geht es hier um Bewegung.

> Bewegung ist der Abschied des Erwachsenen vom Elternhaus, der Versuch, das eigene Leben in der physischen Liebe wiederzufinden, die Rückkehr in ein Heim, das wir uns selber schaffen, und die sich daran knüpfende Bewegung der Wiederkehr. Bewegung

ist Arbeit und Kampf – der Kampf, der in uns eine Dimension freilegt, in der wir die Selbstberaubung überwinden können –, somit ist die Bewegung das, worin wir schließlich uns selbst und dem anderen nicht als einem bloßen Ding begegnen, sondern als einem lebendigen, sich selbst überschreitenden Ich, das sich nicht der toten Unendlichkeit der Wiederholung unterwirft, sondern sich selbst übersteigt (Patočka 1991, S. 226).

Das ist schön formuliert, jedoch fehlen zwei wichtige Komponenten, um ein angemessenes Menschenbild, auf das ich unten zu sprechen kommen werde, zu beschreiben. In einem Menschenleben geht es nicht nur darum, sich bewegend durch das Leben treiben zu lassen, es müssen auch Entscheidungen, m. a. W.: Wahlen, getroffen werden. Mit Edmund Husserl schlage ich in diesem Zusammenhang vor, zwischen offenen und problematischen Möglichkeiten in der Situation von Wahlen zu unterscheiden (Husserl 1948, § 21c). *Problematische Wahlen sind solche, für die etwas spricht, und offene Wahlen sind solche, für die nichts spricht.*

Ein Beispiel aus Jeremias Gotthelfs „Käserei in der Vehfreude" (1978)[6]. Gotthelf (1797–1854) war reformierter Pastor im Kanton Bern und wirkte in einer kleinen Gemeinde, Lützelflüh im Emmental. Er beobachtete sorgfältig seine Gemeindemitglieder in ihren Lebensnöten sowie die politische Entwicklung im Kanton. Entsprechend sind seine Romane wirklichkeitsgesättigt. Immer wieder streut er längere Dialektpassagen in seinen Text ein, weshalb es nützlich ist, als Leser das Alemannische zu beherrschen. Meine Kollegin Claudia Honegger pflegte am Institut für Soziologie der Universität Bern dieses Buch als Einführung in die Sozialstruktur der Schweiz zu benutzen.

Nun zum Beispiel: Felix ist ein Bauernsohn, der einmal den angesehenen Hof seiner Eltern erben soll. In dieser damals auf Statik angelegten bäuerlichen Welt gibt es bei Vorliegen von Primogenitur (der Älteste bekommt den Hof) in Bezug auf den ältesten Sohn nur *eine problematische* Möglichkeit, also eine solche, *für die etwas spricht*: Sie besteht darin, dass Felix eine „ebenbürtige" Bauerntochter heiraten soll, eine solche, die von einem vergleichbar renommierten Hof stammt und mit einer entsprechenden Mitgift ausgestattet ist. Eine *offene* Möglichkeit wäre, eine Frau unter Stand für eine Ehe ins Auge zu fassen, also ein Mädchen ohne Mitgift und nennenswerte Herkunft. Genau das tut er. Seine Wahl fällt auf s'Aenneli, ein Verdingkind ohne Herkunft, Vermögen und Mitgift. Jedoch haben „Felix und s'Aenneli" sich ineinander verliebt. Die Sache geht deshalb gut aus, weil Felix' Eltern Einsicht zeigen, was im bäuerlichen Milieu nicht selbstverständlich ist[7]. Die Literatur ist voll von erzwungenen Ehen und den entsprechenden Mesalliancen. Es hätte in dieser Situation auch noch eine andere problematische Möglichkeit gegeben. Für den Fall, dass Felix' Eltern

---

[6] Für die Sozialpädagogik kann die Belletristik neben dem Film eine bedeutende Erkenntnisquelle darstellen (Winkler 2022), wenn die Qualitätskriterien stimmen.
[7] Im Münsterland wie auch andernorts in Deutschland galten diese Vorgaben bis in die 1960er Jahre (Frie 2023).

sich stur gezeigt hätten, hätten Felix und s'Aenneli Folgendes in Erwägung ziehen können: Es war damals durchaus üblich, in die USA oder nach Russland auszuwandern, und dort hätten sie eine Käserei eröffnen können. Oder aber, eine beliebte Lösung, er heiratet pflichtgemäß und unterhält eine außereheliche Liebesbeziehung. Im südlichen Schwarzwald war es üblich, die Mätresse in einem abgelegenen Haus auf dem Hofgelände unterzubringen.

Dieses Beispiel stammt aus dem Bereich der Entwicklungsaufgaben, die in der Jugendzeit allen Menschen gestellt sind (von den biologisch gegebenen Entwicklungsaufgaben sehe ich hier ab). In der Jugendphase geht es darum, sich von den Eltern abzulösen, Partnerschaften einzugehen und in Sachen Ausbildung und Beruf Entscheidungen zu treffen.

Fallverstehen heißt, diese Wahlen zu rekonstruieren und die getroffenen Wahlen zu vergleichen mit den gegebenen problematischen Möglichkeiten. Die Methode der Wahl hierzu ist die Genogrammarbeit à la façon de Hildenbrand, wie bereits zitiert. Wenn diese Arbeit ernst genommen wird und eine Bereitschaft besteht, die damit verbundenen Aufgaben und Mühen zu schultern, anders formuliert, den Dingen auf den Grund zu gehen, wird sie folgendermaßen durchgeführt: Gedankenexperimentell wird, über drei Generationen, beginnend bei den Großeltern, Schritt für Schritt das Plateau der im jeweiligen Fall gegebenen offenen und problematischen Möglichkeiten erschlossen. Die getroffenen Wahlen werden mit den vermuteten verglichen. Nachdem drei Generationen überschaut worden sind, können in der Regel Regelhaftigkeiten, andere nennen es Muster, entdeckt werden, die den infrage stehenden Fall beschreiben und vorhersehbar machen.

Auf Begeisterung trifft diese Strenge nicht, sie gilt, wie erwähnt, als „extrem" (Aschermann, Späth & Rohr 2022, S. 139). Nicht einmal meine Kolleginnen und Kollegen am Ausbildungsinstitut für systemische Therapie in Meilen konnten sich, mit einer Ausnahme, dazu verstehen, sich in diese Form der Genogrammanalyse hineinzufuchsen. Jedenfalls fiel dieser Programmpunkt aus dem Angebot des Instituts nach meinem krankheitsbedingten Weggang heraus. Da lag der wenig extreme, eher schlichte Ansatz von McGoldrick & Gerson schon näher. Aber wer sagt denn, dass berufsfachliches Handeln in Bezug auf Menschen in Not bequem angelegt sein kann? Genauso, wie ich von meinem Arzt erwarte, dass er sich voll ins Zeug legt, wenn er mich behandelt, erwarte ich das auch von Leuten, die für sich Berufsfachlichkeit, nicht selten lautstark, in Anspruch nehmen. Ich nehme an, dass es beim Autor und den Autorinnen des zitierten Aufsatzes von Aschermann, Späth & Rohr nicht anders ist. Man kann dieses Zitat auch folgendermaßen interpretieren: Berufsfachlichkeit gilt als „extrem", entsprechend auch die Haltung, den Dingen auf den Grund zu gehen. Dass an dieser Deutung etwas ist, werden die in Kapitel vier aufgeführten Handlungsmuster bei Kindeswohlgefährdung zeigen.

Es ist diese Bequemlichkeit, der man im Feld der Jugendhilfe nicht selten begegnet und die mich notorisch davon überzeugt, dass ich als Klinischer Soziologe (Hildenbrand 2019) ein Held des Absurden bin, wenn ich meine, ich könne mit meinen Gedanken, also auch mit diesem Buch, dort etwas bewirken. Das heißt aber auch, dass ich ein absurder Held bin. Ich verstehe mich damit als Bruder im Geiste des Don Quichotte, kann dafür aber auch Sisyphos in der Interpretation von Albert Camus in Anspruch nehmen (2003). Ich bin nicht wenig stolz auf diese gute Gesellschaft.

Ich komme zurück zu der Widersprüchlichkeit, die in der Formulierung *Fallverstehen in der Begegnung* enthalten ist. Das Zurechtkommen mit Widersprüchen ist eine Herausforderung, die nicht immer gerne angenommen wird. In diesem Zusammenhang zitiere ich einen Satz, der mir kürzlich in den Zettelkasten gefallen ist und dessen Quelle ich nicht ausfindig machen konnte: „Kohärenz (= Abwesenheit von Widersprüchen) ist der Spielplatz des beschränkten Geistes." Als absurder Held liegt mir viel daran, mich den Widersprüchen zu stellen. Wer das verweigert, muss sich gefallen lassen, als beschränkter Geist bezeichnet zu werden.

Weiter im Meilener Konzept: Zunächst zur Distanz. Von einem Fall zu reden bedeutet, jemanden zum *Fall von etwas* zu machen, das heißt ihn zu *objektivieren*. Beispielsweise stellt jede Diagnostik einen Prozess dar, der die Diagnostizierten *verdinglicht*. [Dass dies mitunter nicht gut ankommt, habe ich einmal erlebt, als ich in der psychiatrischen Klinik einem erwachsenen Patienten, der mir eine Frage gestellt hatte, mit den Worten antwortete: In Ihrem Fall ist das so und so. Empört entgegnete er: „Ich bin nicht Ihr Fall!" Das Wort „Fall" kann also durchaus als Verdinglichung verstanden werden, seither bin ich damit vorsichtig.]

Das muss allerdings nicht so sein. Wolfgang Wieland, ein Arzt und Philosoph, schreibt zum Thema Diagnostik:

> Eine Diagnose ist jedoch stets eine Singuläraussage, die nicht verallgemeinerungsfähig ist. Damit ist gemeint, dass als Subjekt der diagnostischen Aussage immer nur ein Individuum fungieren kann. Aussagen vom Typus der Diagnose lassen sich nicht über eine bestimmte oder unbestimmte Vielheit von Individuen machen. Erst recht kann eine Diagnose ihrer Form nach nicht darin bestehen, dass nur das Vorliegen bestimmter Begriffsrelationen behauptet wird. Die diagnostische Aussage ist vielmehr immer auf ein Individuum bezogen; es wird nicht durch einen Begriff oder eine Variable, sondern durch einen Namen bezeichnet (Wieland 2004, S. 73).

Bedenkenswert ist im vorliegenden Zusammenhang auch, was Tom Levold und Hans Lieb in einem Gespräch mit Uwe Britten (2017) zum Thema Diagnose geltend machen. Ich werde darauf weiter unten zu sprechen kommen.

Mir scheint, an dieser Stelle sollte ich offenlegen, wovon bei mir die Rede ist, wenn es um Sozialpädagogik geht. Dass dies erforderlich ist, wird sich weiter unten, im Kapitel über das Familienbild am Jugendamt, noch zeigen.

Es fällt auf, dass man sich unter Sozialpädagogen offenbar nicht einig darüber ist, wovon man spricht, wenn es um Sozialpädagogik geht. Oft erscheint die Abgrenzung zur Sozialarbeit unklar.

Michael Winkler, auf den ich mich beziehe, grenzt die Sozialarbeit wie folgt von der Sozialpädagogik ab: *Sozialarbeit* hat „mit der Gestaltung von Verhältnissen und Strukturen des Lebens" (Winkler 2022, S. 114), mit praktischer Sozialpolitik also, zu tun. „*Sozialpädagogik* hat mit Menschen in kritischen Lebenssituationen zu tun" (ebd., S. 116), mit der „subjektiven Seite des menschlichen Lebens" (ebd., S. 114). Das sollte als Definition vorerst genügen.

Angewendet auf die oben erwähnte Situation der entsprechenden Fachvertreter im psychiatrischen Krankenhaus, heißt das: Wer sich als Sozialarbeiter (Sie wissen schon: u. U. auch als Sozialarbeiterin) versteht, könnte seine (u. U: ihre) Kompetenzen in Sachen Gestaltung von Verhältnissen und Strukturen des Lebens in Bezug auf das Krankenhaus im Allgemeinen, die psychiatrische Station im Besonderen einbringen. Wer sich demgegenüber als Sozialpädagoge versteht, würde Kompetenzen im Bereich des Verstehens von geschichtlich zu begreifenden Lebenssituationen der auf der Station lebenden Patienten im Gespräch mit den anderen dort tätigen Berufsgruppen einbringen.

Nun stünde in der Vorstellung des Meilener Konzepts der Begriff der *Begegnung* auf dem Plan, davor muss ich allerdings noch beim Thema Diagnostik bleiben und mein eigenes Verhältnis zum Thema *Diagnostik* klären.

Begegnung. Folge ich Martin Buber, dann handelt es sich bei der konventionell verstandenen Diagnostik nicht um eine Ich-Du-Beziehung, sondern um eine Ich-Es-Beziehung. Es ist eine Beziehung, die unter dem Vorzeichen der Trennung steht. Wird die Trennung vom Individuum in den Vordergrund gerückt, wird das Leben mit den Mitmenschen aufgeteilt „in zwei sauber umzirkte Reviere: Einrichtungen und Gefühle. Es-Revier und Ich-Revier" (Buber 1985, S. 41).

Tom Levold und Hans Lieb befürworten, um dieser Gefahr der Verdinglichung von Klienten zu entgehen, eine dialogische Diagnostik.

Die in meinen Arbeiten referierte Diagnostik erschöpft sich nicht in einem der klassischen Kataloge (ICD 10 oder DSM 9 – die ständigen Neuauflagen dieser Manuale weisen darauf hin, wie vorläufig diese Kataloge sind). Meine Art der Diagnostik ist beschreibend angelegt und macht schon in der Beschreibung auf das grundlegende Problem des Falls aufmerksam: Beispielsweise lautet die „Diagnose" zum Fall in meinem dritten Genogrammbuch (Hildenbrand 2021a, Zweiter Teil): *Das Familiensystem mit einer widersprüchlichen Innen-Außen-Orientierung.*

Man kann in diesem Zusammenhang auch Merkwürdiges erleben: Ein dem systemischen Denken verpflichteter Psychologe behauptete in seinem Vortrag bei einem Kongress der Deutschen Gesellschaft für Psychiatrie nicht ohne Stolz von sich, er lasse seine Patienten ihre Diagnose selbst aussuchen. Zum

Beleg von Seriosität seiner Behauptungen hat er damit nicht beigetragen, die Reaktionen des Publikums schwankten zwischen Amüsement und Skepsis. Ich selbst fühlte mich nicht sehr wohl, neben diesem Mann auf dem Podium zu sitzen.

Und schließlich: Nach meinem Verständnis ist die Diagnostik das Resultat eines Erkenntnisbildungsprozesses, bei dem der Austausch im Dialog schon in der Struktur des Begegnens mit den Klienten eingeschlossen ist. Ich stelle ständig Fragen nach „was wäre, wenn?" und beteilige damit die Klienten am Erkenntnisbildungsprozess. Dabei kann man mitunter Interessantes beobachten: Bietet man (stellvertretend für die Mediziner) die Diagnose „Psychose" an, dann erschreckt man damit die Klienten und ihre Angehörigen, weil sie sich darunter (zu Recht) etwas ganz Schreckliches vorstellen. Bietet man stattdessen die Diagnose „Depression" an, wird das gerne entgegengenommen, denn inzwischen gilt die Depression als Alltagskrankheit. Ich bin bereits in meiner Dissertation (Hildenbrand 1983) auf das merkwürdige Verhältnis von Krankheitsbegriffen und Krankheit als Handlungsroutine im Familienmilieu eingegangen (S. 68ff).

Anders formuliert: Im Rahmen von Feldstudien entstehen Diagnosen, die wir auch Fallstrukturhypothesen nennen, meist bei der Ausarbeitung des Materials am Schreibtisch. Für den Austausch im Dialog ist keine Gelegenheit, er hat bereits vorher stattgefunden, und dazu besteht auch kein Auftrag. Ein Gespräch über das Ergebnis der Studie müsste den Untersuchten nahegelegt werden. Mitunter (eher selten) gelang es uns auch, mit behandelnden Ärzten in ein Gespräch über unsere Ergebnisse einzutreten. Unter dem Diktat einer dort vorherrschenden naturwissenschaftlich orientierten Psychiatrie (während ich an den hermeneutischen Traditionen dieser Fachrichtung, die den meisten heutigen Psychiatern allerdings nicht mehr bekannt sind, orientiert war) kam ich mir jeweils vor wie der Verkäufer von saurem Bier, falls ich überhaupt Gelegenheit bekam, meine Ergebnisse vorzustellen – und wiederum erweist sich der Klinische Soziologe als ein absurder Held bzw., das sei nicht unterschlagen, als Held des Absurden. Ich werde weiter unten auf einen gescheiterten Versuch eingehen, eine dialogische Diagnostik in die Dokumentation (Aktenführung) zu integrieren.

Auf konventionelle Diagnostik zu verzichten heißt noch lange nicht, auf die Verantwortung zu verzichten, die damit verbunden ist, dass ein Erkenntnisbildungsprozess in Bezug auf einen Fall auf den Punkt gebracht und schriftlich so formuliert wird, dass das von den Kolleginnen und Kollegen nachvollziehbar ist. Jedoch fehlt in der Jugendhilfe, wie uns die Jugendamtsakten deutlich nahebrachten, die wir gesichtet haben, oft der Mut, in Form der Formulierung des eigenen Fallverstehens Farbe zu bekennen, d.h. zu bekunden, welche fachliche Erkenntnisbildung an dem fraglichen Fall stattgefunden hat.

Die Aufgabe dabei besteht lediglich darin, den Fall nicht in eine Schublade zu stecken und zu denken, damit sei die Sache erledigt: Jede Diagnostik ist eine Momentaufnahme. Die Personen, die gemeinsam den Fall bilden, können sich im Lauf der Zeit ändern, so auch die Erkenntnisse, die man über den Fall gewinnen kann.

Damit schließe ich das Thema Fallverstehen ab, bei dem ich unversehens auf ein vorab nicht erwartetes, aber auch nicht zu vernachlässigendes Nebengleis geraten bin. Als nächstes geht es um die *Begegnung*.

In seiner *Kleinen Philosophie der Begegnung* (Pepin 2022) beschränkt sich der Autor ausschließlich auf die im Alltag vorzufindenden Weisen der Begegnung. Sein Lieblingsbeispiel ist die Liebe, und seine Definition von Begegnung lautet:

> Jemandem zu begegnen, bedeutet, *aus sich heraus zu gehen* – sich von der eigenen Position als selbstzentriertes Subjekt loszureißen, um sich für die Perspektive des Anderen zu öffnen. Um aus uns herausgehen zu können, müssen wir erst einmal unsere eigenen vier Wände verlassen und *hinausgehen*" (Pepin 2022, S. 122, Hervorh. im. Orig.).

Wie bekannt, befasse ich mich in diesem Kapitel nicht mit Fragen der alltäglichen Interaktion, sondern mit Fragen der Berufsfachlichkeit. Es gilt also, jenseits der Liebe Spuren von Begegnung zu entdecken. Dazu schreibt Martin Buber, der Klassiker beim Thema Begegnung, in seiner Schrift *Ich und Du* bereits am Anfang: „Die Welt als Erfahrung gehört dem Grundwort Ich-Es zu. Das Grundwort Ich-Du stiftet die Welt der Beziehung" (Buber 1985, S. 6).

Bereits diese Formulierung deutet die Schwierigkeiten an, die entstehen, wenn wir den Bereich des Alltags verlassen und die Sphäre der Berufsfachlichkeit betreten. Dort geht es um distanziertes Erkennen, aber nicht nur, sondern auch um einen Prozess der *Verständigung* über das Erkannte. Es ist keiner Fachkraft verboten, Klienten zunächst auf alltägliche Weise, also spontan, zu begegnen. Schließlich ist sie auch ein Mensch und hat ihren eigenen Stand in der Alltagswirklichkeit mit ihren Erfordernissen. Jedoch kann von ihr erwartet werden, diese spontanen Begegnungen unter fachlichen Gesichtspunkten zu reflektieren. Nur in oberflächlicher Betrachtung lässt sich schließen, dass in dem gegebenen Zitat Martin Buber die Erfahrung der Beziehung gegenüberstellt. Ein solcher Dualismus (vgl. Kap. 1.2) hat in dem hier diskutierten Ansatz keinen Platz.

1.5 Fallverstehen in der Begegnung – ergänzt um das Konzept Verständigung

Wer Diagnostik dialogisch anlegt, ist unvermeidlich auf den Begriff der Verständigung verwiesen. Um ihn zu verdeutlichen, orientiere ich mich an entsprechenden philosophischen Ausführungen von Bernhard Waldenfels (1980). Sozialphilosophen und solche, die gerne von der überragenden Realität des Alltagslebens sprechen, gehen dem Alltag nach Möglichkeit aus dem Weg. So auch Waldenfels. Was allerdings nicht heißt, dass seine Gedanken nicht lesenswert sind.

Waldenfels beginnt mit folgender These: *Verstehensprozesse sind in einem Ich fundiert*. Dieser These stellt er eine Gegenthese gegenüber: *Jedes Verstehen sei auf Verständigung bezogen, die bereits von einem Wir ausgehe* (Waldenfels 1980, S. 205).

Wer das Verstehen in einem Ich fundiert, geht davon aus, dass Sinn (als Ergebnis von Verstehen) wesentlich subjektiv zu sehen und an die Auslegung durch den Verstehenden zu binden ist. Das würde bedeuten, dass Verstehensakte als isolierte Akte außerhalb jeder sozialen Interaktion aufzufassen seien. Ich habe weiter oben bereits erkennen lassen, dass eine solche Perspektive für mich nicht infrage kommt.

Zurück zu Waldenfels: Die Gegenthese zu der These, Verstehen sei in einem Ich fundiert, lautet, *dass Verstehen in wechselseitigen Verständigungsprozessen zustande komme*. Konsequent weitergedacht, heißt das, dass der Aufbau der sozialen Welt nicht in isolierten Akten eines Egos zu suchen sei, sondern in Akten wechselseitiger Bezogenheit: „Der Aufbau der sozialen Welt nimmt eine polyzentrische Gestalt an" (Waldenfels 1980, S. 212). Diese These ist konsistent mit der weiter oben bereits ausgeführten Annahme, dass das Wir primär ist und erst aus dem Wir das Ich sich ausdifferenziert.

Bis hierhin hat Waldenfels noch keinen Beitrag zur Hermeneutik von Verstehen und Verständigung geliefert, sondern lediglich eine grundlagentheoretische Fragestellung erläutert.

Der Sprung zur Hermeneutik von Verstehen und Verständigung erfolgt anschließend: Waldenfels hält zunächst fest, dass Verständigung in zwei Formen auftreten kann: zum einen in expliziten Verständigungsakten, zum anderen implizit in abgestimmter Kooperation. Danach kommt Waldenfels darauf zu sprechen, dass Verständigungsakte eine dreistellige Relation aufweisen: *Ich verständige mich mit jemandem über etwas*. Das bedeutet, dass der Andere in dieser Relation nicht als ein Objekt (mit Martin Buber zu sprechen: nicht als Es) auftritt, sondern dass mein Handeln seinen Sinn mit fremdem Handeln teilt. „Der andere tritt hier nicht als ein besonderes Objekt auf, sondern als *Mitsubjekt*" (bei Buber: als Du, Anm. von mir, B. H.) (Waldenfels 1980, S. 212, Hervorh. im Orig.).

Noch einmal betont Waldenfels, dass Verständigungsprozesse im Kontext sozialen Handelns zu bearbeiten sind. Ignoriert man diesen Zusammenhang, ist der Preis hoch: Der Interaktionspartner im Verständigungsprozess wird als Subjekt gelöscht. Es mag ja sein, dass man als Fachkraft im Jugendamt der Ansicht sein kann, die Arbeit mit der Klientel könne auf Verständigungsprozesse verzichten. Das würde aber weder dem Geist der Neufassung des SGB VIII noch dem einer demokratischen Gesellschaft entsprechen.

In seinem Buch *Anleitung zum Unglücklichsein* erwähnt Paul Watzlawick (1983) die Geschichte vom Mann mit dem Hammer, die ein Musterbeispiel für Verstehen ohne Verständigung sowie dessen Scheitern darstellt. Diese Geschichte ist sehr populär geworden. Ihre Pointe lautet: Wer auf Verständigung verzichtet, schafft sich eine Garantie zum Unglücklichsein.

> Ein Mann will ein Bild aufhängen. Den Nagel hat er, nicht aber den Hammer. Der Nachbar hat einen. Also beschließt unser Mann, hinüberzugehen und ihn auszuborgen. Doch da kommt ihm ein Zweifel: Was, wenn der Nachbar mir den Hammer nicht leihen will? Gestern schon grüßte er mich nur so flüchtig. Vielleicht war er in Eile. Aber vielleicht war die Eile nur vorgeschützt, und er hat etwas gegen mich. Und was? Ich habe ihm nichts angetan; der bildet sich da etwas ein. Wenn jemand von mir ein Werkzeug borgen wollte, *ich* gäbe es ihm sofort. Und warum er nicht? Wie kann man einem Mitmenschen einen so einfachen Gefallen abschlagen? Leute wie dieser Kerl vergiften einem das Leben. Und dann bildet er sich noch ein, ich sei auf ihn angewiesen. Bloß weil er einen Hammer hat. Jetzt reicht's mir wirklich. – Und so stürmt er hinüber, läutet, der Nachbar öffnet, doch noch bevor er „Guten Tag" sagen kann, schreit ihn unser Mann an: „Behalten Sie sich Ihren Hammer, Sie Rüpel!" (Watzlawick 1983, S. 37f).

Ich richte nun meinen Blick auf *implizites Verstehen* innerhalb der Verständigung. Das bedeutet, dass zwei gemeinsam Handelnde sich einem sachlichen Thema über eine gemeinsame Sache zuwenden: *Ich und Du fungieren als Wir*. Dabei können die Akteure durchaus uneins sein; es kommt aber auf das Bemühen an, sich zu einigen. Grundlegend dabei ist, dass Ich und Du (Ego und Alter) über eine gemeinsame Sprache als Mittel für Verständigung verfügen. Das klingt trivial. Jedoch bedeutet, über eine gemeinsame Sprache zu verfügen mehr, als dieselbe Sprache zu sprechen. Man erlebt im Alltag genügend Gelegenheiten, an denen man „aneinander vorbeiredet".

Dazu ein Beispiel, das ich mit Studierenden am Institut für Soziologie in Jena im Rahmen eines Lehrforschungsprojekts über Notfallkommunikation bearbeitet habe. Materialgrundlage war ein Video, das der Mitteldeutsche Rundfunk in einer Reportage über Notärzte gesendet hat (dort hat man zwar einem Kamerateam des Mitteldeutschen Rundfunks Zutritt zu einem Notarzteinsatz gewährt, meinem Lehrforschungsprojekt, an dem auch eine Notfallmedizinerin, Bernadett Erdmann, leitend beteiligt war, wurde dieses Privileg nicht zugestanden. Wir mussten uns also mit Sekundärmaterial begnügen).

Nun das Beispiel: Ein Notarzt wird zu einem Einsatz gerufen, denn sein mit einem Rettungswagen an den Unfallort angereister Kollege kommt ohne Hilfe nicht voran. Der herbeigerufene Kollege erscheint mit dem Helikopter. Daraufhin entwickelt sich eine über 23 Zeilen laufende Kommunikation, bei der es um die Frage geht, ob man das Risiko eingehen könne, den u. U. an der Halsschlagader verletzten Patienten ins Hospital zu fliegen. (Der Blutstrom war inzwischen dadurch gehemmt worden, dass der Rettungsassistent mit dem Daumen auf die Halsschlagader drückte). Wenn jedoch ein Patient in einen Rettungshubschrauber damaliger Bauart verlagert wird, muss er durch einen schmalen Schacht geschoben werden. Konkret bedeutet das im vorliegenden Fall, dass der Daumen des Rettungsassistenten kurzfristig von der Halsschlagader genommen werden muss. Ob man danach das Blut mit einem einfachen Daumendruck wieder wird stillen können, ist vorab nicht sicher einzuschätzen. Inzwischen wurde die Konstruktion von Rettungshubschraubern geändert, dieses Problem kann nicht mehr auftreten. Kurz bevor es in der geschilderten Rettungssituation zu einer Entscheidung kommt und der Verständigungsprozess über die Verlagerung des Patienten in den Hubschrauber abgeschlossen ist, tauschen sich die beiden beteiligten Notärzte wie folgt aus:

NA1 (das ist der hinzugekommene Notarzt):   na gut, das ist nicht so schlimm

NA2   auf drei.1, 2, 3, hopp.

Nun wird der Patient von den Ärzten und dem Rettungssanitäter auf die bereitstehende Trage gehoben, in den Hubschrauber geschoben und zum Krankenhaus geflogen. Nach Auskunft von Bernadett Erdmann hat der Patient den Transport überlebt. Die Vermutung einer Verletzung der Schlagader konnte nicht bestätigt und dem Patienten geholfen werden.

Dieses Beispiel zeigt: Implizites Verstehen hat nicht unbedingt nur mit Beziehung, sondern auch mit Vertrautheit mit dem Kontext zu tun. Wo diese Vertrautheit nicht vorhanden ist, muss sie geschaffen werden. Diesen Bestandteil werde ich später unter dem Stichwort „affektive Rahmung" abhandeln. Hier handelt es sich um einen Austausch von Kollegen, die sich zwar fremd, aber in einem ihnen gemeinsam vertrauten Arbeitsfeld tätig sind.

Die beiden Notärzte kannten sich nicht, aber sie waren vertraut mit der Situation, die sie, neben dem verletzten Patienten stehend, derweil der Rettungssanitäter mit seinem Daumen auf die Halsschlagader des Patienten drückt, ruhig erörtern. Der Prozess der Erörterung wird abgeschlossen mit einer Handlungsanweisung „auf drei". Jedermann, der mit Handlungskontexten vertraut ist, in denen gemeinsam schwere Lasten zu heben sind, kennt diese Ansage. Es wird ein Kommando angekündigt, und alle wissen, dass nach oder bei Nennung der Zahl drei die Last zu heben ist („Hopp").

Genau genommen heben die Herren die Trage nicht bei *drei*, sondern bei *vier* an. (In Südfrankreich habe ich in einer Apotheke eine vergleichbare Situation erlebt. Dort zählte man gleich bis vier, um einen behinderten Patienten anzuheben.) Dennoch geschieht den Notärzten kein Missgeschick.

Damit, dieser Seitenblick sei erlaubt, ist die Annahme des Philosophen der Hermeneutik, Friedrich Schleiermacher, bestätigt, der zufolge nicht das *Missverstehen*, sondern das *Verstehen* erklärungsbedürftig sei. Er schreibt:

> Die laxere Praxis in der Kunst geht davon aus, daß sich das Verstehen von selbst ergibt, und drückt das Ziel negativ aus: Mißverstand soll vermieden werden (...) Die strengere

Praxis geht davon aus, daß sich das Mißverstehen von selbst ergibt und das Verstehen auf jedem Punkt muss gewollt und gesucht werden (Schleiermacher 1999, S. 92).

Im Alltag gehen wir fraglos davon aus, dass wir uns verstanden haben. Ansonsten würde der Alltag nicht funktionieren, weil er in seinem Ablauf ständig durch Verständigungsprozesse, verbal oder nonverbal, beispielsweise durch Mimik oder Handbewegungen, unterbrochen wird. In Hilfebeziehungen ist das anders: Dort kann man nicht so tun, als ob ein gemeinsames Verstehen routinemäßig etabliert sei. *Verständigung ist nicht von vorneherein gegeben, sondern muss aktiv gesucht werden.*

Um wieder auf Martin Buber zurückzukommen: Der Rahmen berufsfachlichen Handelns in der Jugendhilfe ist die Es-Welt: Das Kindeswohl muss gesichert werden, dafür gibt es einen staatlichen Auftrag, den das Jugendamt übernommen hat. Ein Erkenntnisbildungsprozess muss gestartet und am Laufen gehalten werden, das erfordert reflexive Distanzierung. Die gewählten Hilfen müssen ausgehandelt und mitunter, je nach ASD, in der Kollegenschaft vertreten werden. Ist Geld im Spiel, und ist der Landkreis bei knapper Kasse, wird auch der Landrat eingeschaltet. Das ist aber alles kein Problem, schreibt Martin Buber, solange der Mensch *„auf die Es-Welt nicht eingeschränkt ist, sondern immer wieder in die Welt der Beziehung entschreiten darf"* (Buber 1985, S. 49, Hervorh. von mir – B. H.). Buber, um auf eine Bemerkung weiter oben zurückzukommen, zeigt hier eindeutig an, dass ihm ein Dualismus von Erfahrung und Beziehung fremd ist.

Um das möglich zu machen, muss man aber „um die Gegenwart des Du" wissen. Um die Gegenwart des Du zu wissen heißt allerdings nicht, Grenzen der Intimität zu überschreiten, auch wenn dieser Vorgang im Bereich des Möglichen liegt. Ein Freibrief für Distanzlosigkeit ist, wie oben erwähnt, mit diesem Zitat nicht erteilt.

1.6 Emotionale/affektive Rahmung

Im weiteren Verlauf der Entwicklung des Meilener Konzepts ist uns das nicht entgangen. Es wurde der Begriff der *affektiven/emotionalen Rahmung* eingeführt (Welter-Enderlin & Hildenbrand 2004, S. 46ff). Hier geht es darum, in krisenhaften Übergängen, wie das bei Krankheit und vergleichbaren Notlagen der Fall ist, durch geeignete Rahmungsprozesse eine Stabilität zu erzeugen, die es dem Klienten ermöglicht, Neues entstehen zu lassen.

Der Begriff der affektiven/emotionalen Rahmung hat zwei Komponenten. Er besteht aus einem Nomen (Rahmen) und aus einem Adjektiv (affektiv oder emotional). Für mich deckt das Nomen den soziologischen Teil unseres Begriffskompositums ab, und zwar in der Fassung, den Erving Goffman ihm gegeben hat. Goffman steht dem Symbolischen Interaktionismus nahe und gehört damit in das von mir favorisierte wissenschaftliche Paradigma.

Sein Rahmungsbegriff ist der folgende: Mit Rahmen bezeichnet Goffman Organisationsprinzipien für Erfahrungen und Ereignisse: Menschen tendieren dazu, „Ereignisse im Sinn primärer Rahmen wahrzunehmen, die bestimmte Beschreibungen der Ereignisse liefern" (Goffman 1977, S. 35). Rahmen sind damit zentrale Elemente der sozialen Konstruktion von Wirklichkeit und der individuellen Orientierung im Alltag. Rahmen strukturieren soziale Interaktionen, sie stellen „Kontextverweisungen her" (Grathoff 1989, S. 292) für individuelles und soziales Handeln.

Rahmen haben den generativen Charakter von Regeln. Das heißt in Anlehnung an die Sprachwissenschaft, speziell der generativen transformationellen Grammatik, dass von Rahmen „mit endlichen Mitteln unendlicher Gebrauch gemacht wird" (Bünting 1972, S. 138). Rahmen ermöglichen meist ohne explizite Bewusstseinsakte, sondern routinehaft „die Lokalisierung, Wahrnehmung, Identifikation und Benennung einer anscheinend unbeschränkten Anzahl konkreter Vorkommnisse, die im Sinn des Rahmens definiert sind" (Goffman 1977, S. 31). Rahmen dienen somit der Orientierung von Handelnden in sozialen Situationen und geben Antwort auf die Frage: „Was geht hier vor?" (Hildenbrand 1999, S. 125). Abschließend sei bemerkt, dass Rahmen in Rahmungsprozesse gesetzt werden. Eine Rahmung ist ein Ergebnis sozialer Interaktion.

Nun zum Adjektiv. In unseren Publikationen gehen mitunter die Adjektive „affektiv" sowie „emotional" durcheinander. Ich selbst präferiere das Adjektiv „emotional". Was unsere Arbeitsgruppe darunter versteht, hat sie in einem Aufsatz anhand von Fällen aus der eigenen therapeutischen Praxis dargelegt: So fasst Robert Waeschle seine Falldarstellung einer Paartherapie wie folgt zusammen:

- „Die Verantwortung für das affektive Klima der Therapiegespräche liegt beim Therapeuten. Seine Aufgabe ist es, wach, neugierig und akzeptierend zu sein – er muss sich bewegen lassen von den Personen, die sich als Klienten ihm anvertrauen. Dass dieser Zustand immer wieder hergestellt werden muss, weil er sich nicht einfach von selbst einstellt, ist eine tägliche Herausforderungen an uns Therapeutinnen und Therapeuten.
- Eine weitere wichtige Aufgabe besteht darin, Raum geben zu können. Therapeutische Kunst richtet sich darauf, genügend Raum zu schaffen für Geschichten und Empfindungen der Klientinnen und Klienten, und in diesem Kontext Veränderungsszenarien anzuregen und dadurch Hoffnung zu vermitteln.
- Zwei untrennbar zusammengehörende Seiten des therapeutischen Prozesses sind also: Einerseits Geduld und Hartnäckigkeit aufzubringen, und andererseits in der affektiven Begegnung Beweggründe (Lebensthemen) zu verste-

hen und im Verstehen affektiv mit zu schwingen" (Dinkel-Sieber, Hildenbrand, Waeber, Wäschle, Welter Enderlin 1998, S. 240).

Definiert man Prozesse des Rahmens als Akte, in denen ein Verlauf vorgeformt wird, und fügt man dies mit Wäschles Begriff der Verantwortung von Therapeuten für das affektive Klima der Therapiegespräche zusammen, dann wird deutlich, dass Rahmungsprozesse Signalgeber sind: „Hier geht es so und so zu." Darüber muss man nicht viel reden oder Vorträge halten, sondern die Klienten werden dies am Verhalten der Fachkraft auch jenseits von Beratung und Therapie ablesen können. Außerdem wird im Beratungsgespräch erwartet, dass Klienten weinen. Die Rahmensetzung dafür ergibt sich in der Omnipräsenz von Schachteln mit Kleenex-Tüchern auf Therapeutentischen. Sucht man für die genannten Vorgänge ein Beispiel im Bereich der Kinder- und Jugendhilfe, dann wird dies weiter unten am Beispiel des Verhaltens von Frau Geertz am Beginn eines Hausbesuchs ablesen können.

1.7 Kinderschutz als Grenzobjekt, Hilfeplan und Family Group Conference (FGC) als Alternative zum Hilfeplangespräch

Fallverstehen in der Begegnung unter dem Vorzeichen von Verständigung ist keine Zauberformel, sondern beruht auf zwei Fundamenten: Zum einen auf einer grundlegenden Sympathie für die Klienten ohne Distanzverlust und zum anderen auf einer gut reflektierten Berufserfahrung. Zwei Fallbeispiele, die ich im nächsten Kapitel bringen werde, sollen alltagspraktische Realität an die vorgestellten Konzepte herantragen.

Definiert man den *Kinderschutz als Grenzobjekt* (Star 2017), wird die Multiperspektivität, mit der man es im Kinderschutz immer zu tun hat, weil hier mehrere Perspektiven beteiligt sind, auf den Punkt gebracht. Unterschiedliche Fächer, die sich mit einem Fall befassen (Sozialpädagogik, Medizin, Justiz) legen sich einen solchen Fall jeweils unterschiedlich zurecht. Jörg Bergmann und Kollegen (2014) haben für diesen Sachverhalt die Deutung vorgeschlagen, dass jede „Profession" ihren Fall auf je eigene Weise *präpariert*, woraus sich unzweifelhaft die Notwendigkeit der Verständigung zwischen Fachleuten aus folgenden Gründen ergibt: Ihre berufliche Sozialisation und die Rahmenbedingungen ihrer beruflichen Tätigkeit (freiberuflich und/oder als „Einzelkämpfer" arbeitend, eingespannt in eine Organisation wie Jugendamt, Krankenhaus, Gericht) sind jeweils unterschiedlich. Ich komme darauf zurück.

Im Ausbildungsinstitut für systemische Therapie und Beratung haben wir zunächst großen Wert darauf gelegt, dass die Ausbildungsgruppen zusammengesetzt waren aus Berufsfachleuten, wie man sie im Alltag von Beratung und Therapie antrifft: Fachleute aus Medizin, Psychologie und Sozialarbeit/Sozialpädagogik. Im Laufe der Zeit scheiterte dieses Konzept, weil Stimmen aus der

Psychologie geltend machten, dass Psychologen (tatsächlich auch: Psychologinnen) in der Weiterbildung unter sich bleiben sollten. Man fürchtete wohl, sie würden durch Mediziner und Sozialarbeiter kontaminiert. Was daraus geworden ist, entzieht meiner Kenntnis, denn 2012 schied ich krankheitshalber aus dem Institut aus.

Im Zusammenhang mit der Kinder- und Jugendhilfe hat das Konzept „Kinderschutz als Grenzobjekt" einen Sinn, wenn man es verbindet mit den Konzepten *Fallverstehen in der Begegnung* sowie *Verständigung*.

Hilfeplan: Im SGB VIII wurde mit der Einführung des Hilfeplangesprächs (§ 36 SGB VIII) eine Möglichkeit vorgeschlagen, die an einem Fall beteiligten Fachkräfte – bezogen auf den Fall – an einen Tisch zu bekommen (vgl. dazu Neuffer 2011, S. 165–177). „Aufgabe des Hilfeplangesprächs ist es, auf der Grundlage des Hilfeangebots aus dem Fachgespräch einen Hilfeplan mit allen Beteiligten zu erstellen und abzustimmen."

Auch das Thema Verständigungsprozesse ist in diesem Paragrafen eingeschlossen. Verständigen sollen sich die Fachkräfte untereinander, wie auch die Fachkräfte mit den Klienten.

Allerdings sind gesetzliche Formulierung und alltägliche Praxis in der Regel nicht deckungsgleich, das ist von der Sache her auch nicht anders zu erwarten. Auch scheint man sich nicht im Klaren darüber zu sein, wie man Fachlichkeit definieren soll. Irgendwann taucht im SGB VIII, § 8a der Begriff der „insoweit erfahrenen Fachkraft" auf.

Diese Formulierung lässt einen weiten Spielraum an Interpretation. Im Wörterbuch wird *insoweit* übersetzt mit: *unter der Voraussetzung, dass ...* Der Gesetzgeber hätte sich bei der Formulierung dieses Gesetzes etwas mehr Mühe machen können. Jedem, der sich in Sachen Berufsfachlichkeit nicht festlegen will, wird mit dieser Uneindeutigkeit der rote Teppich ausgerollt. Also: Was man sich im Ministerium und in den Parlamenten ausdenkt, hat mitunter mit dem Alltag der Jugendhilfe nicht viel zu tun. Dort grassiert auch die irrige Annahme, man könne soziale Probleme durch die Formulierung eines Gesetzes lösen. Es fehlen auch grundlagenorientierte Erörterungen darüber, was man sich unter einem berufsfachlichen Handeln vorzustellen hat. Ich schließe: Grundlagen dürfen formuliert werden, solange das damit verbundene Denken nicht weh tut. Festlegungen sind unbedingt zu vermeiden. Wer den Dingen auf den Grund gehen will, scheint in die Gefahr zu geraten, zu ertrinken.

Ich hatte zwar Gelegenheit, am Ablauf eines Hilfeplangesprächs teilzunehmen. Jedoch waren nur Mutter und Kind anwesend, von einer Durchführung dieses Gesprächs *lege artis* konnte also nicht die Rede sein.

Von einem Teilnehmer an solchen Gesprächen im Bereich der Erwachsenenpsychiatrie, der gewohnheitsmäßig zu kritischer Distanz gegenüber Maßnahmen der Sozialbürokratie neigt und zugleich ein hohes Maß von Engagement für die ihm anvertrauten Klienten (auch: Klientinnen) an den Tag legt, weiß ich allerdings, dass diese Gespräche der ursprünglichen Intention des Hilfeplangesprächs zuwiderlaufen: Die Fachkräfte tauschen sich nicht aus darüber, wie auf der Grundlage eines vorab durchgeführten Fallverstehens eine Entscheidung gefunden wird. Sie kommen mit bereits vorgefassten Lösungen in das Gespräch. Unklar ist im Übrigen, ob die fraglichen Fachleute vom *Fallverstehen* überhaupt einen Begriff haben.

Dieses Fallverstehen wäre durch die für den Fall „insoweit erfahrene" zuständige Fachkraft im Kollegenkreis darzulegen; daraus wäre ein Vorschlag zur Hilfe, nun unter Einbeziehung des Klienten und der Kollegenschaft, zu entwickeln. Soweit meine Interpretation des Hilfeplangesprächs. Mein Gewährsmann teilt mit, dass in solche Gremien für gewöhnlich fertige Entscheidungen, von denen unklar ist, inwieweit sie mit dem Klienten besprochen bzw. ausgehandelt worden sind, eingebracht werden. Eine Verständigung innerhalb der Kollegen (selbstverständlich gehören zuweilen auch Kolleginnen dazu) findet nicht statt.

Der Begriff des Grenzobjekts hat bei den Sozialpädagoginnen aus gutem Grund eingeschlagen wie eine Bombe. Jedoch bedeutet das nicht, dass eine von ihnen der Sache auf den Grund gegangen wäre. Das blieb den bereits erwähnten Bielefelder Soziologen vom Zentrum für interdisziplinäre Forschung (ZiF) um Jörg Bergmann vorbehalten

Family Group Conference (FGC) als Alternative zum Hilfeplangespräch: Jenseits des in Deutschland erfundenen Hilfeplans lassen sich im europäischen Vergleich auch andere Konzepte vorstellen, die zudem den Vorzug haben, dass die Konzeptentwickler ihre Vorstellungen *in der* Praxis und *mit* der Praxis entwickelt haben. Gemeint ist das skandinavische Modell der Family Group Conference (FGC).

Im Grunde genommen handelt es sich bei der FGC nicht um eine skandinavische Vorgehensweise. Sie wurde ursprünglich entwickelt in Neuseeland, wo man sich angewöhnt hatte, sich an Praxen der Konfliktlösung der eingeborenen Bevölkerung, der Maori, auch in anderen Konfliktfeldern zu orientieren.

Als Zugang wähle ich hier das skandinavische Modell, es liegt uns in Europa näher. Zudem hatte ich Gelegenheit, mich darüber mit maßgeblichen Fachleuten aus Finnland, Tarja Heino und Tom Erik Arnkil, auszutauschen.

Die Unterschiede zum SGB VIII § 36 liegen im Beteiligungsverhältnis und -status der betroffenen Klienten im Hilfeplanprozess.

Demgemäß sind am Hilfeplangespräch die fallführende Fachkraft im ASD, ein Vertreter des freien Trägers sowie das Kind und seine Angehörigen beteiligt. Die Zusammensetzung einer FGC bildet demgegenüber die Arena (Strauss 1993, Kap. 10) ab, in der die Perspektiven auf den Kinderschutz bzw. das Kindeswohl ausgehandelt werden. Zahlreiche fachliche Perspektiven sind in einem Raum versammelt. Obendrein wird die Organisation des Kinderschutzes mit der Fallarbeit verknüpft. Eine FGC setzt sich demgegenüber zusammen aus einem Koordinator; dem Kind und seinen Eltern, die frei gewählte Personen zur Unterstützung mitbringen können; Personen aus dem privaten Netzwerk der Eltern, wo die meisten Ressourcen zu finden sind; einer Fachkraft aus dem ASD sowie anderen Helfern bzw. Diensten und Einrichtungen (z. B. Polizei, Therapieeinrichtungen, Pflegeeltern). Ob dieses dialogische Konzept auf deutsche kommunale Verhältnisse und Mentalitäten zu übertragen ist, sei dahingestellt, im Zweifelsfall muss man dieses Konzept an die lokalen Gegebenheiten angleichen.

Organisationskulturen, welche die Beteiligungschancen der Klienten im Hilfeprozess stärken und gleichermaßen Offenheit bezüglich einer Fehlerkultur und multiperspektivischen Fallverstehens ermöglichen, sind in Deutschland die Ausnahme. Dass sie hier in Sachen Umsetzung vermutlich wenig Chancen haben, wird wohl daran liegen, dass die FGC aufgrund der anwesenden multiplen Perspektiven vorab nicht kontrollierbar ist, während bei der bisherigen Praxis des Hilfeplangesprächs Kontrollmöglichkeiten von Anfang an eingebaut sind. Oft werden Potenziale der Betroffenenbeteiligung plakativ zur Schau gestellt. Dieser Begriff ist hierzulande zumindest bekannt. Wenn es aber zur Umsetzung kommen soll, schweigen die Propagandisten.

Jedoch: Es wäre unangemessen, an dieser Stelle das Feld der Jugendhilfe als Teil der Sozialbürokratie zu kritisieren. Wenn dort Defizite zu monieren sind, dann handelt es sich um Defizite, die für die deutsche Verwaltung typisch sind.

Beispielsweise bemüht man sich seit Jahren darum, Verwaltungsvorgänge zu digitalisieren, um dem Bürger, auch der Bürgerin, einen erleichterten Zugang zu Dienstleistungen der Bürokratie zu verschaffen. Ursprünglich wollte man eine Zahl von über 500 Vorgängen so gestalten, dass der Bürger sie von zu Hause aus am Bildschirm bewältigen kann. Damit ist man gescheitert. Inzwischen hat man seine Ansprüche weise reduziert auf 35 Vorgänge. Im europäischen Vergleich liegt Deutschland in Sachen Digitalisierung der Behörden immer noch im hinteren Feld (SZ 31.07.2023). Die Unfähigkeit der Behörden in Berlin, eine Senatswahl wie auch eine Bundestagswahl so zu organisieren, dass genügend Stimmzettel vorhanden sind, ist immer noch Gegenstand der Bewertung der Gerichte.

Insbesondere am Jugendamt zeigt es sich, dass Bürokratie und Berufsfachlichkeit einander widersprechen. Bürokraten ironisch zugeschriebene Haltung: 1. Das haben wir immer so gemacht. 2. Das haben wir nie so gemacht, 3. Da könnte ja jeder kommen klingt auf den ersten Blick lustig, ist im Alltag jedoch bitterer Ernst. Wir konnten im Verlauf unseres Forschungsprojekts eine einzige Szene beobachten, in der sich die Amtsleiterin, eine promovierte Pädagogin, energisch dem Landrat zur Wehr gesetzt hat, sie hat das aber nicht lange durchgehalten, sondern sich ins Ministerium befördern lassen.

Der Fall im Detail: Als in diesem Amt die Stelle einer Sozialpädagogin vakant wurde, galt auch für das Jugendamt die Regel, dass neu zu besetzende Stellen amtsintern auszuschreiben seien. Es meldete sich eine Köchin, und den Vorgaben des Landrats zufolge hätte diese als Fachkraft am Jugendamt eingestellt werden müssen.[8] Dagegen verwahrte sich die Amtsleiterin, und erst, nachdem in diesem Jugendamt eine Jugendliche einen Suizidversuch gemacht hatte, erkannte der Landrat, dass im Jugendamt möglicherweise Fachkräfte und nicht Köchinnen benötigt würden, und er genehmigte die externe Ausschreibung dieser Stelle. Zermürbt von solchen Kämpfen um den Erhalt oder die Entwicklung von Berufsfachlichkeit in der Jugendhilfe kündigte die Amtsleiterin und bewarb sich auf eine ihrer Qualität angemessenere Stelle.

Man kann also, um zu einem Fazit zu kommen, nicht davon ausgehen, dass berufsfachliches Handeln ausschließlich an eine Person gebunden ist, man muss auch den organisatorischen Kontext in Betracht ziehen, der der Entfaltung von Berufsfachlichkeit förderlich oder hinderlich ist.

Seither haben sich in dem fraglichen Landkreis nach Einstellung einer Amtsleiterin, die der Bürokratie wenig Widerstand bietet, die Wogen wieder geglättet (Hildenbrand 2007, S. 544–555).

1.8 Die beiden Pole der Achse Fallverstehen in der Begegnung: Die Fachperson im persönlichen und organisatorischen Kontext; die individuelle Lebenspraxis als problematische beschrieben

Fallverstehen in der Begegnung:
- Am Pol auf der Seite des Fallverstehens steht: *Die professionelle Fachperson im persönlichen und organisatorischen Kontext*;
- Auf der anderen Seite steht: *die individuelle Lebenspraxis als problematische beschrieben.*

Zunächst zu den Professionellen im persönlichen und organisatorischen Kontext. Hier geht es darum, dass Fachleute, die mit Menschen arbeiten, nicht als Automaten auftreten, Programme inszenieren und Checklisten abspulen, sondern sich auf ihre praktische Urteilskraft verlassen sowie Programme und Checklisten jeweils als nachträgliche Überprüfung heranziehen.

Ein checklistenbezogenes Verhalten kann mitunter bei Fachleuten anderer Art, zum Beispiel bei Piloten, angetroffen werden. Wenn sich dort etwas Unvorhergesehenes ereignet, holt der Copilot eine Checkliste heraus und arbeitet die dort vorgesehenen Maßnahmen systematisch ab.[9]

---

[8] Es war Lenin, der die Ansicht vertrat, ein sozialistisches Staatswesen müsse so beschaffen sein, dass es auch von einer Köchin geleitet werden könne. Ich vermag nicht zu entscheiden, ob in diesem Amt zum Zeitpunkt unserer Untersuchung Lenin dort noch herumgeistert ist.

[9] Man kann das Verhalten von Piloten studieren an einem Vorfall (2009), der weltweit bekannt geworden ist, nachdem ein erfahrener und zugleich wackerer Pilot nach Vogelschlag und Ausfall beider Triebwerke sein Flugzeug an einem kalten Wintertag im Hudson gelandet hat. Personenschaden war nicht zu verzeichnen. Es gibt über diesen Vorfall einen Film mit dem

Im Unterschied dazu ist von Fachleuten der Kinder- und Jugendhilfe erwartbar, dass sie zwar ihre individuellen Erfahrungen (persönlicher Kontext) in den Berufsalltag mitbringen, die sie in ihrer Familie und nach der Ablösung gemacht haben. Jedoch sind die mit diesen Erfahrungen verbundenen Muster der Selbst- und Weltauffassung im Alltag gewonnen. Alltagsweltliches Handeln hat zwar seinen Eigenwert, ist jedoch im Berufshandeln nicht einfach 1:1 umzusetzen. Zwar ist es nützlich, jedoch muss es *reflektiert* und mit dem vorhandenen Fachwissen abgeglichen werden. Zu diesem Punkt habe ich mich oben bereits geäußert.

Damit der Rückgriff auf alltagsweltliche Erfahrung gelingt, ist es auf dem Weg zum berufsfachlichen Handeln erforderlich, dass die Fachleute, die mit Menschen arbeiten, sich einen Zugang zu ihren alltagsweltlichen Mustern der Selbst- und Weltauffassung verschaffen.

Nicht nur im Ausbildungsinstitut für systemische Therapie und Beratung Meilen/Zürich, auch andernorts hat es sich bewährt, in kleinen Gruppen an diesen Mustern zu arbeiten, d. h. zunächst einmal, sie der Reflexion zugänglich zu machen. Als geeigneter Weg hierzu hat sich die Genogrammarbeit erwiesen (Hildenbrand 2018). Darüber hinaus ist es durchaus nützlich, dass man sich einmal selbst dieser Aufgabe unterzieht, die man als Fachkraft gegebenenfalls fraglos den Klienten zumutet, wenn man eine Sozialanamnese in fachlich angemessener Form durchführt.

Diese Arbeit in der Gruppe durchzuführen hat den besonderen Vorzug, dass in Gestalt der Teilnehmerinnen vielfältige Deutungsperspektiven zur Sprache kommen können.

Ein Beispiel: Ich habe im Rahmen einer Genogrammarbeit als Bestandteil der Weiterbildung in systemischer Beratung/Therapie in Meilen einmal eine massive Krise bei einer Teilnehmerin erlebt. Diese Krise soll nun skizziert werden.

Gleich zu Beginn der Rekonstruktion ihres Genogramms hat diese Teilnehmerin das Resultat der Deutung ihres Genogramms vorweggenommen: Erstens komme sie aus einer Arbeiterfamilie, das präge ihre Biografie, und zweitens stamme sie von starken Frauen ab, und von dort leite sich ihre Stärke her.

Titel „Sully" (Spitzname des verantwortlichen Piloten Sullenberger). Der Regisseur war Clint Eastwood.

2012 ereignete sich in Italien ein vergleichbarer Vorfall, bei dem der Kapitän des Kreuzfahrtschiffes Costa Concordia einen schweren Unfall mit Personenschaden verursacht hat, nachdem er zuvor jede Sorgfaltspflicht vernachlässigte, um sich gegenüber seinem Heimatdorf und seinen Bewohnern als Held zu präsentieren. Obendrein hat er gegen eine eiserne Regel auf Schiffen verstoßen: Der Kapitän verlässt das Schiff zuletzt. Sullenberger hat gezeigt, dass das auch für Flugzeuge gilt, vor allem dann, wenn sie auf einem Fluss schwimmen. Seine Aufführung hat dem Kapitän der Costa Concordia eine lange Gefängnisstrafe eingebracht; zu einem Schuldeingeständnis sah er sich nicht in der Lage. Stattdessen ging er in Berufung. Der Funkverkehr in beiden Fällen kann im Internet nachgelesen werden.

Ich hätte das als Signal nehmen können, dass damit das Ergebnis dieser Genogrammarbeit bereits festgelegt und die Teilnehmerin fest entschlossen war, die Rekonstruktion ihres Genogramms zu kontrollieren und eine Abweichung davon nicht dulden würde. Jedoch habe ich die Sache erst einmal laufen lassen: Man werde schon sehen, wohin das führt, und man kann auch auf die Gruppe vertrauen, dachte ich.

Es hätte ein kleines Wunder bedeutet, wenn es am Ende bei diesen vorab festgelegten Deutungen geblieben wäre. Es soll ja vorkommen, dass Selbstdeutungen einem Realitätstest standhalten. Stattdessen stellten sich im vorliegenden Fall diese Deutungen als Mythos heraus. Solche Mythen gilt es, je nach Einzelfall, in der Genogrammarbeit behutsam zu dekonstruieren. Ratsamer ist es jedoch, mit einem solchen Fall achtsam umzugehen, denn die Zerstörung eines auf sein Selbst bezogenen Mythos kann einem Menschen den Boden unter den Füßen wegziehen. Der Leiter einer solchen Genogrammarbeit sollte nicht als Durchblicker, Entlarver oder Besserwisser auftreten, sondern mäeutisch vorgehen, d.h., die Weisheit nicht gebären, sondern ihr zur Geburt verhelfen. Wahrheit wird nicht doziert, sondern gelebt.

Man beachte: Im Zuge der Beschreibung der Achse Fallverstehen in der Begegnung bin ich durch die Wahl dieses Beispiels bereits damit beschäftigt, den einen Pol, die Wissensachse, die hinter der Achse Fallverstehen in der Begegnung liegt, zu beschreiben, nämlich das Thema *die individuelle Lebenspraxis, als problematische beschrieben,* einstweilen bezogen auf die berufsfachlich handelnde Person.

Zurück zum Beispiel: Man kann unschwer erkennen, dass die Beschreibung dieser Ausbildungskandidatin auf Beschreibungen beruht, die einem nüchternen Blick, der unweigerlich in eine Dekonstruktion[10] mündet, nicht standhalten.

Dekonstruktion 1: Die Person, die ihr Genogramm vorgestellt hat, kommt nicht aus einer Arbeiterfamilie, sondern aus einer selbstständigen Handwerkerfamilie. Offenbar weist das Curriculum der Schule für soziale Arbeit, an der sie studiert hat, Mängel auf, was die Vermittlung von Grundzügen der Sozialstruktur dieses Landes (die Schweiz) betrifft.

Eine andere Deutung: Die Kandidatin benötigte die Ableitung ihrer Herkunft aus dem Arbeitermilieu, um sich als Opfer oder als Besonderheit präsentieren zu können. In der Schweiz gilt die Herkunft aus einer Arbeiterfamilie heute noch als Ausweis eines Opferstatus. Die Frau, die sich in Deutschland in dieser Richtung einen Namen gemacht hat, war Karin Struck. Das entsprechende Buch ist in den 1990er Jahren erschienen. Sie wurde im Übrigen in eine

---

[10] Mit diesem Begriff zapfe ich nicht jene obskure, in den Köpfen philosophischer Laien Unheil stiftende, längst vergessene Mode französischer Philosophie an, die seit den 1960er Jahren Hochkonjunktur hatte. Für mich gilt: Wo rekonstruiert wird, muss auch die Dekonstruktion eine Option sein, allen philosophischen Verrenkungen zum Trotz (Frank 1983).

Bauernfamilie hineingeboren, mit der sie aus Vorpommern in die Bundesrepublik Deutschland flüchtete. [Ich habe sogar einmal den grotesken Fall erlebt, dass eine Teilnehmerin auf der verzweifelten Suche nach einem Opfer- oder Besonderheitsstatus sich eine Zigeuner-Großmutter erfunden hat.]

Mit dieser Selbstbeschreibung als Opfer wird die Kandidatin es bei der Entwicklung ihres weiteren Lebens schwer haben. Denn Lebensläufe sind durch die Bewältigung von Krisen auch im Erwachsenenalter gekennzeichnet. Wenn sie nun an jede dieser Krisen mit der Haltung herangeht „Ich bin ein Opfer", wird sich auf lange Zeit diese Existenzform verhärten, betonieren, wie Tom Levold (1994) schreibt.

Dekonstruktion 2: Starke Frauen. Im Genogramm der Teilnehmerin waren Frauen vorzufinden, die sich mit ihrem Lebensablauf arrangiert haben. Dieser Lebenslauf war geprägt durch Abhängigkeit von Ehemännern, die ein landesübliches, mithin rustikales Verständnis von Patriarchat konserviert hatten. Nach Emanzipation sah es nicht aus. Aber solange die Teilnehmerin genügend Material zusammentragen konnte, um ihre Mutter oder ihre Tanten als emanzipiert zu beschreiben (was immer das in ihrem Verständnis heißt), war die Welt für sie in Ordnung, und sie konnte damit in ihrem Freundinnenkreis punkten. Es war besonders die Dekonstruktion des Mythos von den starken Frauen, mit der ich ihren Unmut auf mich zog.

Die Arbeit in der Gruppe stand zunächst auf der Kippe. Denn die Teilnehmerin, die nun ihrer Mythen beraubt war, geriet ins Agieren, wie man in manchen Kreisen sagt. Am Abend gelang es den anderen Teilnehmerinnen, die Wogen zu glätten. Meiner Beobachtung nach hat der Alkohol dabei seine Dienste geleistet. Ich habe mich aus diesem Konfliktlösungsprozess herausgehalten.

Nun habe ich das Thema „individuelle Lebenspraxis" von der Seite der Berufsfachlichkeit her beschrieben. Gemeint ist damit jedoch auch die Seite der Klienten. Deren Genogramm zu rekonstruieren ist wesentlicher Bestandteil des Fallverstehens. Dort kann man mitunter auch nichts anderes erleben als das, was ich im Beispiel beschrieben habe. Soweit zu den Professionellen/Berufsfachleuten im persönlichen Kontext.

Zum Thema der/die Professionelle im beruflichen Kontext habe ich oben insofern bereits Stichworte beigebracht, indem ich auf das schwierige Verhältnis von Profession und Organisation sowie auf die fallweise gegebene Multiperspektivität hingewiesen habe. Berufsfachliches Handeln verträgt sich im Fall der Jugendhilfe mit einer bürokratischen Organisation nicht, wie das überall der Fall ist. Es wundert insofern wenig, dass Sozialpädagoginnen nach der Eröffnung einer eigenen Praxis streben. Damit können sie die organisatorischen Voraussetzungen für die Entwicklung einer berufsfachlichen Tätigkeit schaffen. Ob sie aber auch die Sozialisation für eine freiberufliche Tätigkeit mitbringen, ist eine andere Frage.

1.9 Manfred Hanisch: Die Fachperson im persönlichen/ organisatorischen Kontext – betrachtet aus der Position eines beteiligten Außenstehenden (hier: eines Vormunds)

Werte Leserin, werter Leser, zu Beginn möchte ich mich Ihnen vorstellen. Ich bin 69 Jahre alt. Im Anschluss an eine kaufmännische Ausbildung studierte ich nach einem einjährigen Praktikum in der stationären Jugendhilfe (Kinderheim) Sozialpädagogik am Fachbereich Sozialwesen an der Fachhochschule Hagen. Dieser Fachbereich wurde später der Universität Dortmund zugeordnet. Nach dem Studium wählte ich erneut die stationäre Jugendhilfe als Arbeitsfeld. Ich fand eine kleine, wenige Jahre zuvor neu gegründete Einrichtung. Schon bald fiel uns im Team auf, dass uns die Arbeit mit den Kindern und Jugendlichen in der Gruppe sehr anstrengte, was wir uns zunächst nicht erklären konnten.

Mitte der 1980er Jahre kamen die ersten Hinweise auf die Bedeutung systemischer Sichtweise in unserer Einrichtung an. Infolge dessen begannen mehrere Mitarbeiter und Mitarbeiterinnen, zu denen auch ich gehörte, mit systemischer Weiterbildung.

Wir verstanden zunehmend, dass Kinder nicht sozusagen „eigene Kraftwerke" waren, an denen es für Fachkräfte der Jugendhilfe galt, sich in Form von Verhaltenstrainings abzuarbeiten – oder, um eine weitere Metapher zu benutzen, diese in einer „Werkstatt", genannt Jugendhilfe-Einrichtung, zu „reparieren" und als „heil" oder „geordnet" wieder zu entlassen. Im Übrigen war festzustellen, dass Ziele solcher Art auch mit erheblichem personellem und zeitlichem Aufwand verbunden und selbst mit klugem Geschick in der Ausführung im „pädagogischen Alltag" bestenfalls marginal und zeitlich begrenzt erreichbar waren. Mit einem Wechsel der Bezugspersonen etwa fand häufig auch ein „Rückfall" in frühere Handlungsweisen bei den Kindern statt.

Je mehr wir von dieser Haltung zur Korrektur Abstand gewannen, desto besser gelang es, zu eigener Stabilität, Motivation und Begeisterung in der Arbeit zu finden.

Es entstand in unserer Einrichtung zunehmend die Erkenntnis, dass Eltern nicht nur „Beiwerk" waren, die dazu noch häufig über defizitäre Handlungsweisen in Bezug auf ihre Kinder beschrieben wurden. In der Praxis der Kontaktgestaltung mit den Eltern stellte sich das in der Form dar, dass man Eltern bestenfalls „zum Kaffeetrinken am Sonntag" empfing und sie lieber gehen als kommen sah, denn sie wurden weitgehend als Belastung gesehen.

Mit der wachsenden Bedeutung der systemischen Sichtweise ergab sich nach und nach eine andere Wertschätzung der Kindeseltern, die zunehmend in ihren Stärken und Fähigkeiten gesehen und verstanden wurden, sodass sich infolge dessen auch deren (andere) Bedeutung für ihr/e Kind/Kinder erschloss.

Wenn (noch) keine Potenziale erkennbar waren, machten wir es uns zur Aufgabe, diese zu eruieren. In der Praxis bedeutete das z. B., zu erfahren, dass der über Alkoholabhängigkeit definierte Vater eine kleine Werkstatt im Keller hatte, in der er bei Bedarf kleinere Installationsarbeiten für Bekannte vorbereitete. Damit hatten wir eine persönliche Befähigung des Vaters identifiziert. Auf einmal hatte man eine gegenüber dem Kind positiv darstellbare persönliche Besonderheit des Vaters, die über seine Alkoholabhängigkeit hinausging. Eine solche Besonderheit war in der bisherigen Aktenführung zum Fallgeschehen noch nicht dokumentiert worden. Frech, wie wir damals waren, haben wir gesagt, dass Akten in Jugendämtern nicht zum „Schrottsammeln" dienen sollten.

Im Zusammenhang stellte sich für uns als Team und später auch in der Einrichtung als ganzer ein (neuer) Blick auf Familie ein „als dem Ort in der Welt, an dem sich Identität im Entwurfshandeln konstituiert" (Hildenbrand 2011).

Profaner könnte man auch fragen: Was hat ein Kind aus der Familie als Inhalt in seiner Identifikationsbeziehung von Mutter und Vater übernommen? Oder auch: Was hat das Kind aus der Familie (an Lebensideen!) „geerbt", mit denen es den Anforderungen im Leben gegenübertritt?

Dass in dieser Einrichtung danach noch der Blick auf die „dritte Generation", also auf die Großeltern der Kinder, als bedeutsam gesehen wurde, muss der Vollständigkeit halber an dieser Stelle hinzugefügt werden, kann jedoch aufgrund der hier vorliegenden Thematik nicht vertieft werden.

Diese Jugendhilfe-Einrichtung hat sich über Jahrzehnte mit dieser Spezialität der Sicht auf und dem Umgang mit Kindeseltern beschrieben und damit von anderen Einrichtungen in ihrer Region unterschieden.

Nun zum vorliegenden Thema der Kinder- und Jugendhilfe aus der Sicht einer/eines beteiligten Außenstehenden als Professioneller/m im persönlichen/organisatorischen Kontext. Die Sicht erfolgt aufgrund meiner Aufgabe als Vormund bzw. Ergänzungspfleger auf die Kinder- und Jugendhilfe.

Dieses Arbeitsfeld hat sich mir aus einer vorausgegangenen (Teil-)Selbständigkeit (neben der Angestelltentätigkeit) heraus seit mehr als einem Jahrzehnt als selbständige Tätigkeit erschlossen. Es betrifft den Bereich, in dem sich juristische Perspektiven und sozialpädagogische Sichtweisen überschneiden, d. h. den Bereich der Vormundschaften und Ergänzungspflegschaften. Der Unterschied liegt darin, dass ein Vormund den gesamten Sorgebereich von einem Familiengericht übertragen bekommt, ein Ergänzungspfleger nur Teile davon (z. B. das Aufenthaltsbestimmungsrecht, die Gesundheitsfürsorge oder das Antragsrecht auf Jugendhilfeleistungen). Daneben gibt es eine Reihe von mitunter sehr spezifizierten Wirkungskreisen wie z. B. das „Recht der schulischen Angelegenheiten" oder das „Recht der behördlichen Angelegenheiten". Auf Besonderheiten oder „Stolpersteine" bei spezifischen Wirkungskreisen im Kontext des ansonsten bei den Eltern verbliebenen Sorgerechts einzugehen, würde das Thema überschreiten. Es bleibt deshalb bei dieser Darlegung.

Meine persönliche Motivation, sich der Selbständigkeit und diesem Arbeitsfeld zuzuwenden, entstand einerseits aus der Feststellung erheblichen Bedarfs in diesem Sektor, zum anderen aufgrund des eigenen Bestrebens, den Freiraum in der Arbeitsgestaltung zu erweitern. Hinzu kamen diverse Hinweise aus dem Kreis von Familienrichtern und Familienrichterinnen, die auf die Bereitschaft schließen ließen, sozialpädagogisch geprägte Sichtweisen in den „Familiensachen" (das ist der im Rechtswesen gebräuchliche Begriff für mitunter hochstrittige, immer aber klärungs- und regelungsbedürftige familiäre Angelegenheiten) jedenfalls dort, wo es um Kinder ging, in die juristische Sichtweise einfließen zu lassen.

Der Familienrichter Dr. Raack (Amtsgericht Kerpen) drückte das in einem als Plädoyer für die Figur des Verfahrensbeistands (sog. „Anwalt des Kindes", vgl. oben: FGC) so aus:

> Aufgrund meiner jahrelangen Erfahrung als Familien- und Vormundschaftsrichter halte ich den verfahrensübergreifenden Anwalt des Kindes nach wie vor als unverzichtbaren Garanten der Kinderrechte in allen das Kind betreffenden Verfahren. Leider hinken wir im Jugendhilfe- und Familienrecht aber auch im Opferschutzrecht immer noch hinter den aus der Pädagogik bekannten Standards her. Die dort praktizierte Hinwendung zum Kind in seiner Lebenswelt und die daraus resultierende Partizipationsdebatte stellen die Berücksichtigung des Willens des Kindes in den entsprechenden gesellschaftlichen Kontext und erklären die rasche Etablierung und Akzeptanz der neuen Rechtsfigur des Verfahrenspflegers (inzwischen heißt es: Verfahrensbeistand – M. H.) jedenfalls im familiengerichtlichen Verfahren von anfänglich 2544 auf 7121 Bestellungen im Jahr 2003 (Raack 2006, S. 72–75).

Mit dem Vormundschafts- und Betreuungsrechtsänderungsgesetz von 2011 wurde der § 1800 BGB eingeführt, der zu den Vorgaben über die Arbeit des Vormunds einen klaren Ausdruck hat: „§ 1800 BGB: Umfang der Personensorge. Das Recht und die Pflicht des Vormunds, für die Person des Mündels zu sorgen, bestimmen sich nach §§ 1631 bis 1633. Der Vormund hat die Pflege und Erziehung des Mündels persönlich zu fördern und zu gewährleisten."

Der § 1800 BGB kann als eine der Auswirkungen aus dem „Fall Kevin, Bremen" aus dem Jahr 2006 gesehen werden, als nach bereits länger zurückliegendem Todeszeitpunkt das Kleinkind Kevin (1 Jahr) in einem Kühlschrank seines damaligen Stiefvaters gefunden wurde, der das Kind umgebracht hatte. Das Kind stand unter Vormundschaft des Jugendamts Bremen, der Sachbearbeiter hatte jedoch über 200 Vormundschaftsfälle zu bearbeiten. Er hatte die tödliche Gefahr, die dem Kind in diesem Haushalt gedroht hatte, aufgrund Überlastung nicht wahrgenommen.

Seither sind maximal 50 Fälle für Amtsvormundschaften (Vormundschaften, die seitens des Jugendamts geführt werden) die Obergrenze. Nebenbei bemerkt, wäre man auch mit 50 Vormundschaften bis an die Grenze persönlicher Leistungsfähigkeit belastet, wenn man z. B. einem Vormund die Verpflichtung unterstellt, jedes Kind monatlich einmal an seinem Wohnort zu besuchen.

Da also steht ein Berufsvormund nun (Vormundschaften können als Amtsvormundschaften von Jugendämtern oder Vormundschaftsvereinen geführt werden, ebenso wie ehrenamtlich (!) von Privatpersonen; sie können aber auch berufsmäßig durch einzelne freiberufliche Fachkräfte geführt werden). Der Berufsvormund ist beteiligter Außenstehender mit verpflichtendem Blick auf die Kinder- und Jugendhilfe. Er hat Freiräume und Verpflichtungen, die es auszufüllen gilt.

Hier lassen sich Parallelen zur Mitarbeiterin/zum Mitarbeiter im Allgemeinen Sozialen Dienst eines Jugendamts aufzeigen, denn auch für diese Mitarbeiter besteht ein persönlicher/organisatorischer Kontext.

Die Mitarbeiterinnen im ASD eines Jugendamts sind Teil einer Behördenstruktur. Wesentliches zum Verständnis einer Behördenstruktur hat ein Mitarbeiter eines Jugendamts in einem Beitrag auf dem 2. Vormundschaftstag („Vormundschaft in Bewegung", Landschaftsverband Rheinland, Köln 6.7.2012) wie folgt treffend zusammengefasst: „Diese Struktur generiert ihrer Natur nach Zweckbindungen, Sachzwänge und Abhängigkeiten. ASD-Mitarbeiter sind Teil dieses Systems. Auch der Vorteil der innerbehördlichen Weisungsgebundenheit kann immer nur begrenzte Wirkung entfalten."

Das lässt Vermutungen entstehen, im ASD auch auf widrige Bedingungen treffen zu können. Sollte dieses Ihr Arbeitsfeld beschreiben, haben Sie vermutlich im bisherigen Text schon Hinweise gesichtet, als so genannte beteiligte außenstehende Person in der Fallarbeit Initiative zu entfalten, Lücken in der Bearbeitung zu füllen und/oder eventuell vorgegebene, vermeintlich selbstverständliche Falldarstellungen nicht als unwiderruflich anzunehmen.

Ich habe meine Fälle grundsätzlich als auslegungsbedürftig betrachtet und damit nach Möglichkeiten gesucht, sie in der praktischen Arbeit auch mit Auslegungen, d. h. mit Varianten in der Betrachtung und Handhabung, auszustatten. Denn was bedeutet es für die Ausgestaltung der eigenen Aufgabenstellung, wenn der § 1800 BGB bestimmt: „Der Vormund hat die Pflege und Erziehung des Mündels persönlich zu fördern und zu gewährleisten"?

Bei dem erwähnten Vormundschaftstag in Köln 2012 hieß es dazu in einem Diskussionsbeitrag:

> Gemeint ist hiermit die Pflicht und Verantwortung des Vormunds, die Pflege und Erziehung des Kindes zu gewährleisten und dieser persönlich nachzukommen. Es reicht nicht aus, dass er diese Pflicht ausschließlich Dritten überlässt, z. B. dem ASD des Jugendamts.

Damit ist einem nicht geholfen, denn es wird damit inhaltlich nichts ausgedrückt. Es beschreibt die Rahmung – aber die war uns ja schon bekannt.

Ich versuche es mal anders: Fallbearbeitung findet in Form von Kommunikation statt. Nach der 1. Grundregel nach Paul Watzlawick zur menschlichen Kommunikation (vgl.: „Alpha-Lernen", Bayerischer Rundfunk vom 8.4.2020, Zugriff: 13.9.2022) kann man nicht n i c h t kommunizieren.

Das könnte einem als beteiligtem Außenstehenden schon eher Hinweise vermitteln darauf, wie intensiv man in die Fallbearbeitung einbezogen ist. Das Problem oder was auch immer man bestrebt ist zu analysieren und/oder das man anregen möchte sich weiterzuentwickeln, besteht nicht außerhalb der eigenen Person, auch wenn das zunächst so erscheint bzw. nicht ungerne auch so gesehen wird. Man wäre mit einer solchen Sichtweise vermeintlich weder Teil des Problems noch Teil der Lösung, wie das Steve de Shazer in Zusammenhang gebracht hat.

Es irritiert zunächst, wenn man die Vorstellung zugrunde legt, dass alle an einem Fallverlauf Beteiligten sich auch als solche verstehen müssen, nämlich als Beteiligte an der infrage stehenden Situation bzw. Entwicklung. Diese Irritation ist nur logisch. Man ist zwar Außenstehender, hat also in der Regel mit z. B. dem Handeln eines Mündels (das ist immer noch der Begriff für einen Heranwachsenden, zu dem eine Vormundschaft eingerichtet ist) wenig zu tun. Man ist jedoch immer auch Beteiligte/r und ist eventuell verwundert darüber, wenn man als vermeintlich „nur" Beobachter einer Veranstaltung oder als Kritiker einer Vorgehensweise selbst zum Gegenstand von Beobachtung und Kommentierungen wird. Damit hat man mitunter nicht gerechnet.

Es ist zu realisieren, dass man bei jeglicher, noch so kleinen Äußerung daraufhin beobachtet werden kann, ob man Beiträge zur Verstetigung, Ausdehnung oder gar Eskalation der Fragestellung macht oder zur Lösung beiträgt. Die Besonderheit dabei ist, dass es immer die „andere Seite" ist, von der die eigene Kommunikation eingeschätzt/bewertet wird. So fachlich qualifiziert der eigene Beitrag einem auch vorgekommen sein mag. Als vermeintlich „nur" Außenstehende/r, stellt man fest, dass man immer auch Akteur im Prozessverlauf ist.

Ich gebe nun einige Beispiele, an denen das bisher Dargelegte überprüft werden kann und die als Ausgangspunkt für noch weitere Hinweise zur inhaltlich werthaltigen Zusammenarbeit von beteiligten Außenstehenden und sozusagen „beteiligten Innenstehenden" herangezogen werden. Letztere sind diejenigen Personen, die in Einrichtungen der Jugendhilfe, als Pflegeeltern oder als leibliche Eltern oder Verwandte eines Kindes mit den Anstrengungen im Alltag beschäftigt sind, diejenigen, welche sich die Hände schmutzig machen (müssen).

1. Der Fall: Z.: Dieser stammt aus der Zeit Ende der 1990er Jahre, aus der Zeit, als die zu Anfang beschriebene Einrichtung mit dem eigensinnigen Anspruch an Elternarbeit noch mein Arbeitsplatz war. Der Junge, M. Z., war 14 Jahre alt. Er ging im Alltag „über Tisch und Bänke" – um mit dieser Floskel einen Eindruck vom alltäglichen Zusammensein zu vermitteln, ohne Einzelheiten in der alltäglichen Auseinandersetzung noch in den Vordergrund zu holen. Der Schulbesuch war nachlässig und musste zum Teil begleitet werden; Diskussionen mit seinen Lehrern zum weiteren Verbleib an der Schule wie auch zur Ausgestaltung des nächsten Schultages waren an der Tagesordnung. Die Einhaltung von Regeln im alltäglichen Zusammenleben war nur bis zu einer gewissen – engen – Grenze möglich.

Wo es anstrengend wurde, d. h., die Gefahr von Frustration für ihn bestand, war hingegen mindestens mit Verweigerung zu rechnen, immer wieder kamen auch aggressive Aktionen gegen Betreuungspersonen oder – häufig – gegen andere Kinder vor. Alles in allem also ein schwieriger Klient, bei dem das schöne Wort meines damaligen Heimleiters von der „Verhaltensoriginalität" mancher Kinder diesem nicht mehr über die Lippen kommen wollte. Besuch bekam Z. nicht, sein Vater war unbekannten Aufenthalts, seine Mutter eine in einer Großstadt lebende Alkoholabhängige. Eine weitergehende Beschreibung in der „Aktenlage" der Jugendamtsakte gab es nicht. Der Kontakt zur Familie bestand in gelegentlichen Besuchen bei seiner älteren Schwester, die selbst schon ein Kind hatte.

Aufgrund unserer Neugier in unserer eigenen damaligen Entwicklungsphase in der Einrichtung gingen wir der „Elternfrage" nach und fanden eine Mutter, die dem Alkoholkonsum nicht abgeneigt war – die jedoch auch bei einem Marktstand auf dem in dieser Stadt täglich stattfindenden Markt mitarbeitete. Die „Marktleute" trafen sich nach getaner Arbeit in einem bestimmten Lokal, und es erwies sich als möglich, dort mit der Mutter immer wieder ins Gespräch zu kommen. Sie interessierte sich für die Erzählungen über ihren Sohn und nahm aufmerksam wahr, dass seitens der Jugendhilfe-Einrichtung dieser Kontakt mit viel zeitlichem Aufwand betrieben wurde und eine gewisse Stetigkeit bekam. Nach jedem Kontakt mit Z.s Mutter konnte man bei der Rückkehr dem Sohn dann einige Eindrücke vermitteln. Seine Standardfrage war selbstverständlich: „Wie geht es meiner Mutter?" Als er dann ein Jahr älter war, hat er auch selbst den Kontakt zu ihr gesucht. Sie verstarb kurze Zeit später.

Zu Z.s Vater gab es Hinweise, dass dieser keinen Kontakt wünsche. Das wurde respektiert, jedoch ließ sich feststellen, dass sein Vater in einer Großstadt bei der Pflege von öffentlichen Grünflächen und Friedhöfen mitarbeitete. Das war überraschend. Denn damit hatten wir eine qualitative Beschreibung zu einer Identitätsperson dieses Heranwachsenden, dem Vater, d. h. eine Beschreibung, *die sich noch in keiner Akte fand* und die man dem Sohn als werthaltigen Inhalt mitteilen konnte.

Es verwundert vermutlich nicht mehr, dass der Sohn seine zu dieser Zeit schon bestehenden Kontakte zu einer Firma für Garten- und Landschaftsbau am Ort der Jugendhilfe-Einrichtung (diese waren durch ein Schülerpraktikum entstanden) intensivierte und dort eine Tätigkeit aufnahm, die er nach Erreichen seiner Volljährigkeit fortsetzte. Der Chef der Firma war für ihn lange Zeit eine absolute Autoritätsperson.

Das Verwunderliche ist für den Betrachter sicher nicht diese Lebensgestaltung des jungen Mannes, sondern vielmehr, dass anlässlich eines Hilfeplangesprächs in der Jugendhilfe-Einrichtung die fallführende Fachkraft des zuständigen Jugendamts es als unnötig ansah, wenn nicht gar als aus ihrer fachlichen Sicht falsch, mindestens jedoch als sozusagen den Aufwand nicht wert, dass der Elternkontakt zu beiden Elternteilen seitens der Einrichtung aufgenommen worden war. Sie verwies mit dem Ton der Empörung darauf, dass man „schlafende Hunde" wecke und dem Heranwachsenden einen Weg zu Personen ebne, die er besser meiden solle. Was könne er von denen – die sich jahrelang um nichts gekümmert hätten – schon Sinnvolles „lernen"? Zur Verdeutlichung: Gemeint waren hier seine Eltern. Und: Z. war inzwischen 15 Jahre alt.

Vom Sinn unserer Arbeit konnte die ASD-Kollegin nicht überzeugt werden. Wir haben uns damals jedoch nicht von unserer Haltung und Arbeitsweise abbringen lassen, zumal der entstandene Antrieb für die Entwicklung von Z. deutlich war. Nach kurzer Zeit fand im Jugendamt ein Zuständigkeitswechsel in der Fallbearbeitung statt. Damit stellte sich Entspannung in der Betrachtung ein.

2. Der Fall: P.: Der Junge, 13 Jahre alt, lebt in einer Einrichtung der Jugendhilfe. Zuvor war er in einer anderen Einrichtung der Jugendhilfe, dort war er „nicht mehr tragbar" – diese gängige Formulierung aus dem Berichtswesen in der Jugendhilfe wird der Leserin/dem Leser vom Fach bekannt vorkommen. Davor hat er bei Pflegeeltern gelebt. Dieser Aufenthalt scheiterte, da diese sich trennten und der Pflegevater einen weiteren dort lebenden Pflegesohn bei sich behielt, während P. im Alter von zehn Jahren gehen musste. Zur früheren Pflegemutter besteht kein Kontakt, sie ist für mich als Vormund des Kindes nicht erreichbar. Die Mutter des Kindes P. starb vor einiger Zeit infolge Drogenkonsums, der Vater ist unbekannten Aufenthalts. Die Oma (mütterlicherseits) ist behindert und lehnt einen angebotenen Besuch des Kindes bei ihr ab. Beide haben sich vier Jahre nicht mehr gesehen, zuletzt im Beisein der Mutter, sodass ein unbegleiteter Besuchskontakt – jedenfalls als Erstkontakt – nicht erfolgen sollte.

Die derzeitige Jugendhilfe-Einrichtung, in der sich P. gerade befindet, hat in letzter Zeit verstärkt Personalfluktuation zu verzeichnen. Auch „Bezugsbetreuer" wechselten mehrmals. Kürzlich wechselte die Fallzuständigkeit im zuständigen Jugendamt, verbunden mit dem Hinweis, dass die nunmehr bestehende Fallzuständigkeit in den nächsten Monaten erneut wechseln wird. Der Vormund, also ich, blieb als Konstante im Fallverlauf bestehen. Das Kind wünscht sich kontinuierlich die Wiederbelebung des Kontakts zum früheren Pflegevater. Dieser besteht deshalb nicht mehr, weil aufgrund eines Besuchskontakts der Junge darauf in der Einrichtung Auffälligkeit gezeigt hatte, u. a. in der Art, dass er über „bestimmte Dinge" in der damaligen Zeit der Pflegschaft nicht sprechen wollte. Umgehend entstanden Missbrauchsvermutungen in Bezug auf die damalige Pflegesituation. Offen blieb, ob diese sich mehr an der Pflegemutter oder mehr am Pflegevater festmachten. Oder an beiden. Der Versuch des beteiligten Jugendamts, im Kontakt zu dem früher zuständigen Jugendamt mehr Klarheit zu den Vermutungen zu erreichen, lief ins Leere, da aufgrund Zuständigkeitswechseln keine Ansprechperson mehr erreichbar war.

Mit dem früheren Pflegevater wurden die genannten Vermutungen nicht kommuniziert, er merkte jedoch am Ausbleiben weiterer Vorschläge zu (begleiteten) Besuchskontakten, dass „irgendetwas nicht stimmte". Er teilte deshalb allen mit, dass er sich zurückziehen werde, da er den Verlauf nicht mehr verstehe. Als Vormund habe ich nach längerem Abwarten ohne vorhergehende Abstimmung mit der Einrichtung oder dem Jugendamt den Kontakt zum früheren Pflegevater wieder gesucht. Dieses geschah aus der Erwägung heraus, dass der Vormund die aus Sicht des früheren Pflegevaters eventuell am wenigsten belastete Figur sein könnte, obwohl er auch zu mir den Kontakt abgebrochen und mir dieses schriftlich mitgeteilt hatte. Und: Wäre der Kontaktversuch „schief" gegangen, hätte niemand einen Schaden daraus gehabt. Der damalige Pflegevater reagierte jedoch auf mein Schreiben positiv.

Diese Situation wurde in einem Hilfeplangespräch erörtert und seitens der Jugendhilfe-Einrichtung aufgegriffen, sodass ein weiterer begleiteter Besuchskontakt stattfand.

Die ersten Reaktionen seitens der Jugendhilfe-Einrichtung fielen entspannt bis begeistert aus und lauteten: „Gestern fand der ‚erste' Besuch des ehemaligen Pflegevaters und dessen aktuellen Pflegekindes in der Einrichtung statt. Als der Besuch endete, zeigte P. sich am restlichen Tag zufrieden und erreichte seit längerer Zeit nochmals die volle Punktzahl in seinem Verstärkerplan".

Eine erste Reaktion eines anderen Mitarbeiters noch am Besuchstag selber lautete: „Der heutige Besuch von Pflegevater und -bruder lief hervorragend. Die Stimmung war harmonisch, und wir planen weitere Treffen. Ich hoffe, der Pflegevater kann sich zu einer langfristigen Ressource für P. entwickeln."

3. Der Fall S.: Eine Familienrichterin ruft mich an und fragt hinsichtlich der Übernahme einer Vormundschaft an. Der Junge sei 17 Jahre alt, es handle sich also um eine Zeit von weniger als einem Jahr bis zur Volljährigkeit. Die Mutter sei mit ihm überfordert und wolle „die Verantwortung abgeben". Im Gesprächsverlauf erwähnt die Familienrichterin dann den Aufenthalt des Jungen in einer stationären Kinder- und Jugendpsychiatrie. Das machte mich hellhörig. Wie bitte? Warum das? Das bleibt zunächst einmal unklar. Es erfolgt dann meinerseits die für normal gehaltene Frage zum Vater des Jungen. Antwort: Die Mutter fordere, darüber solle nicht gesprochen werden. Der Mann der Mutter sei nicht der leibliche Vater des Jungen, dieses solle er jedoch (noch) nicht erfahren. Und: Von mir erneut die Frage – diesmal mit Erstaunen: Wie bitte?

In einer ersten – sicher gewagten, jedoch nicht völlig unbegründeten – Arbeitshypothese vermittle ich der Familienrichterin, dass es eventuell einen Zusammenhang von – vermeintlichem – Nichtwissen des Jungen und seiner Betreuung im medizinischen Feld der Kinder- und Jugendpsychiatrie gegeben haben könnte. Sie findet diese Vermutung interessant. Ich erkläre außerdem, dass ich unter derartigen Vorgaben bzw. Erwartungen als Vormund nicht arbeiten könne, die Information müsse freigegeben werden.

Die Familienrichterin nimmt den Hinweis auf und erklärt, diesen an die Mutter weiterzuleiten. Am selben Tag noch erhalte ich eine wütende Mail der – mir unbekannten – Mutter des Jungen. Die Kernaussage von ihr lautet, dass sie nach Rücksprache mit einer Kinder- und Jugendpsychiaterin (!) sich habe bestätigen lassen, dass es auf keinen Fall passieren dürfe, dass der Junge erfährt, dass ihr Mann nicht der Vater ihres Sohnes ist. Diese Erwartung sei „irre". Später stellt sich heraus, dass der Junge längst zu seinem Vater Bescheid weiß – was man sich unschwer hätte denken können und was meiner allerersten Vermutung in dem Telefonat mit der Familienrichterin entspricht.

Damit war klar, dass ich den Fall nicht übernehmen würde. Die Familienrichterin hat die Mutter danach noch einmal angeschrieben mit dem dringlich gehaltenen Hinweis, den Kontakt zu mir wieder aufzunehmen und ein Gespräch zwischen mir und dem Jungen zu veranlassen. Im anderen Fall sehe das Gericht für den Fall eines (Teil-)Sorgeentzugs nur die Möglichkeit einer Amtsvormundschaft/Ergänzungspflegschaft durch das Jugendamt.

Wie man sich vorstellen kann, ergab sich kein Kontakt zwischen der Familie und mir.

An diesem Punkt ist erforderlich, einige Qualitätskriterien für den Blick auf die Arbeit in der Jugendhilfe zu formulieren. Diese sind grundlegender Bestandteil meiner Sicht auf Jugendhilfe als beteiligtem Außenstehenden, und in einigen Familiengerichten im Rheinland bin ich nach ca. 18 Jahren für eine mitunter unkonventionelle Arbeitsweise bekannt.

Folgende Punkte sind aus meiner Sicht von besonderer Bedeutung:

Die Jugendhilfe hat die Aufgabe, die Entwicklung der individuellen Persönlichkeit des Kindes mit ihren Besonderheiten zu unterstützen. Es ist nicht ihre Aufgabe, die Persönlichkeit an bestehende oder gewünschte Normen anzupassen. Sie sollte vielmehr zum Ziel haben, ein Maximum der persönlichen Ressourcen für das spätere erwachsene Leben in der Gesellschaft nutzbar zu machen.

Die Ressourcen des Kindes müssen in erster Linie in der Lebens- und Familiengeschichte und nicht im aktuellen Verhalten oder in den Fähigkeiten, von außen gesetzte Anforderungen zu erfüllen, gesucht werden. Individualität und persönliche Identität kann nicht von der Jugendhilfe erzeugt werden. Mit anderen Worten: Sie kann nicht sozusagen fremd erzeugt werden.

Ich unterscheide zwischen Versorgungsbeziehung und Identifikationsbeziehung bei einer Person. Das sind Begriffe, die ich in Fortbildungen bei dem Psychologen Helmut Johnson in Siegen gelernt habe und die in seinem Artikel *Was Kinder brauchen* (Johnson & Johnson 2008) eingehend erörtert werden. Folgendes Zitat daraus stellt den Zusammenhang dar:

> Ein neugeborenes Kind ist zu hundert Prozent auf die Versorgung durch erwachsene Bezugspersonen angewiesen. Mit zunehmendem Alter ist es in der Lage, immer mehr Teile seiner Versorgung selbst zu übernehmen. Mit dem Erwachsenwerden soll es in der Lage sein, selbstständig zu leben und sich selbst zu versorgen. Demgegenüber ist die Frage der eigenen Identität für das neugeborene Kind noch bedeutungslos. Die Möglichkeit aber, den „eigenen Platz" im Leben zu bestimmen, wird mit zunehmendem Lebensalter immer wichtiger. Während also die Bedeutung der Versorgungsbeziehung immer mehr abnimmt, nimmt die Bedeutung der Identifikationsbeziehung immer mehr zu. In den meisten Fällen, nämlich dann, wenn das Kind in einer intakten Familie aufwächst, werden Versorgungs- und Identifikationsbeziehung von derselben Person – eben den Eltern – getragen. Schon in Scheidungsfamilien oder „unvollständigen" Familien, erst recht aber bei fremd betreuten Kindern können diese beiden Beziehungsarten nicht von identischen Personen zur Verfügung gestellt werden. Dies muss nicht unbedingt zu Konflikten oder Komplikationen führen. Ein Kind kann sich durchaus zu einer eigenständigen und stabilen Persönlichkeit entwickeln, wenn jemand anderes als der biologische Vater oder die biologische Mutter mit ihm zusammenlebt. (…) Probleme entstehen erst dann, wenn die betreuenden Personen oder ihr soziales Umfeld den Anspruch erheben, die allein identitätsspendende Instanz für das Kind zu sein. Wenn damit Herkunftsvater oder Herkunftsmutter ersetzt werden sollen, entsteht eine Konfrontation mit der kulturellen Norm, nach der Vater und Mutter nur einmal „zu vergeben" sind (Johnson & Johnson 2008, S. 33).

Die Jugendhilfe kann insofern die Versorgungsbeziehung ersetzen, nicht aber die Identifikationsbeziehung, die in unserer Kultur vorzugsweise in Verbindung mit der Ursprungsfamilie (Vater und Mutter) entstehen kann. Deshalb ist zentrales Kriterium für die Qualität die Erweiterung der Identifikationsbasis mit den Eltern der Zuwachs an für das Kind verwertbaren Informationen über Vater und Mutter. Die Arbeit an der Identifikationsbeziehung kann auch unabhängig davon stattfinden, ob ein Kontakt des Kindes zu den Eltern bestehen kann oder nicht. Das bedeutet u. a. auch, dass diese Arbeit mit Bezug auf schon verstorbene Elternteile stattfinden kann. In diesem eher seltenen Fall wären allerdings Fotos aus dem Familienalbum äußerst hilfreich.

Abschließend noch folgender Hinweis, der noch einmal den Ernst, aber auch die Erfordernis von Aufrichtigkeit im Umgang mit komplexen Fallgeschichten unterstreichen soll. Das Besondere an dem oben genannten „2. Fall. P." ist, dass man hier in der Arbeit mit der Identifikationsbeziehung aufgrund der Fallentwicklung noch weit zurückliegt. An diesem Fall lässt sich eher erkunden, dass das Bedürfnis der Fachkräfte, zu moralisieren und zu verurteilen, entwicklungsorientierte Jugendhilfearbeit zumindest verzögern kann.

Diese kann dadurch auch gänzlich verlorengehen, wenn das Kind P. nichts weiter als die Information zur Verfügung gestellt bekommen würde, dass der Pflegevater vermutlich sich eines Missbrauchs an ihm schuldig gemacht haben könnte. Dieses Vorgehen entsteht von beteiligten Außenstehenden schnell, wenn sie sich in die Rolle des „Richters" begeben – oder sich in der des vermeintlich moralisch gerechtfertigten „Pastors" sehen. Hilfreich wird die Arbeit für das Kind nur, wenn sich beteiligte Außenstehende als Forscher verstehen.

Um es zu verdeutlichen: Selbst wenn in diesem Fall des Kindes P. sexualisierte Übergriffe durch den Pflegevater stattgefunden haben sollten, entbindet es die das Kind betreuenden Personen nicht von der Aufgabe, den Wünschen des Kindes und denen des Pflegevaters (im Übrigen auch noch dem Kontaktwunsch des weiteren Pflegekindes, das bei dem Besuchskontakt ebenfalls anwesend war) nachzukommen – und begleitete Besuchskontakte umzusetzen. Jedenfalls so lange, bis klare Hinweise darauf erkennbar würden, die weitere begleitete Besuchskontakte ausschließen müssten. Im bisher erkennbaren Fallverlauf entstehen diese nicht. Erst danach könnte in diesem Fall die Bereitschaft entstehen, sich seiner Biografie zuzuwenden. Dabei kommt es auf die Kunst des Umgangs mit den noch entstehenden Themen an.

Damit endet der Beitrag von Manfred Hanisch, der bereits vorgreifend Hinweise zum Familienbild an Jugendämtern enthält (vgl. Kap. 5.11).

1.10 Praktische Urteilskraft am Übergang von Wissenschaft zum Handeln als Klammer des Meilener Konzepts

Das eingangs erwähnte Konzept der *praktischen Urteilskraft ist* keine Zutat zum Meilener Konzept. Ich betrachte es als dessen *Klammer*. Es geht dabei um das Verhältnis von Wissenschaft und Lebenspraxis und um seinen Status als *Kunst* berufsfachlichen Handelns.

Hans-Georg Gadamer, der Heidelberger Philosoph, hat in einem Schlüsselaufsatz mit dem Titel *Theorie, Technik, Praxis* (1972/1993) dazu das Nötige geschrieben, ohne, wie bei Philosophen üblich, sich um Beispiele aus der

Lebenspraxis zu bemühen. Seine Erwartung war offenbar, dass seine Leser- oder Zuhörerschaft von selbst in der Lage sein werde, seine philosophischen Ausführungen mit ihren lebenspraktischen und berufspraktischen Erfahrungen zu erden.

Ich halte es für einen Erkenntnisgewinn und Anker meiner Ausführungen, wenn ich im Folgenden die wesentlichen Stellen aus diesem Aufsatz vorstelle.

Erstens: Praxis verlangt Wissen, und das heißt, das jeweils herangezogene Wissen, so es sich um wissenschaftliches Wissen handelt, im landläufigen Verständnis wie ein Abgeschlossenes und ein Gewisses zu behandeln. [Als ich einmal gegenüber meinem psychiatrischen Chef, Wolfgang Blankenburg, die Formulierung „gesichertes Wissen" benutzte, hat er mir einen kritischen Blick zugeworfen. Seither ist mir diese nicht mehr über die Lippen gekommen.]

Blankenburg sah sich in Übereinstimmung mit Gadamer, der schreibt: „Von der Art (gesichert zu sein – B. H.) ist allerdings das Wissen der Wissenschaft nicht" (Gadamer 1993, S. 15).

Im Prinzip weiß das jedes Kind. In meiner Kindheit, als die Wissenschaft noch nicht zum Religionsersatz geworden war, stattdessen ironisiert wurde, sangen wir die Verse (ich bitte darum, mir diese kühne Entgleisung nachzusehen und nicht als peinlich zu betrachten. Es geht eben nichts über Anschauung):

Die Wissenschaft hat festgestellt/
Dass Margarine Fett enthält/
Drum essen wir auf jeder Reise/
Margarine zentnerweise

Hans-Georg Gadamer ist nicht der Einzige, der auf die prinzipielle Offenheit wissenschaftlicher Ergebnisse hingewiesen hat. Max Weber, zeitweise ebenfalls ein Heidelberger, hat in seinem Vortrag *Wissenschaft als Beruf* (1917), den er vor und auf Einladung von Studenten (von Studierenden sprach man damals noch nicht) gehalten hat, auf das Dilemma wissenschaftlich Tätiger hingewiesen. Dieses bestehe darin, dass „wissenschaftlich überholt zu werden nicht nur unser aller Schicksal, sondern unser aller Zweck" ist (Weber 1995, S. 17). Er stellt sodann die Wertfrage hinsichtlich einer sich ständig selbst entwertenden Wissenschaft. Einen Wert hat sie, weil sie „die Selbstbesinnung und Erkenntnis tatsächlicher Zusammenhänge" (ebd., S. 40) fördere. Weber beschließt seinen Vortrag mit einem eindrucksvollen Zitat aus Jesaja, 21,11 (ich zitiere nach der Zürcher Bibel):

Von Seir ruft man mir zu:
Wächter, wie weit ist die Nacht?
Der Wächter hat gesprochen:
Es kommt der Morgen und auch die Nacht!
Wollt ihr fragen so fragt! Kommt wieder!

Mehr als diese Unabgeschlossenheit wissenschaftlicher Bestände können Sie, werte Leserin, werter Leser, hier nicht erwarten. In absehbarer Zeit wird unser Konzept berufsfachlichen Handelns bis auf die darin enthaltenen philosophischen Bezüge überholt sein. Philosophische Gedankengänge haben eine längere Verfallszeit als wissenschaftliche, die oft nur dem Tagesgeschäft verpflichtet sind. Als Beispiel dafür nennt Weber Platons Höhlengleichnis[11] (Weber 1995, S. 21).

Fazit: Fachkräfte der Sozialpädagogik, die sozialwissenschaftliches und anderweitiges wissenschaftliches Wissen zur Kenntnis nehmen, können nicht damit rechnen, dass ihre Rezeption von Fachlektüre von Dauer ist. Dieses Wissen muss immer wieder geprüft und aktualisiert werden. In Zeiten beschleunigter Wissensproduktion und allgegenwärtigem Publikationsdruck ist die Verfallsdauer entsprechend hoch. Das kann eine Herausforderung von Berufen sein, deren Schwerpunkt in der Praxis liegt, die sich unabhängig davon aber auf ihre Wissenschaftlichkeit berufen. Im Zweifelsfall hat dort die Praxis immer Vorrang.

Gadamer verweist darauf, wie nötig es ist, dem „Aberglauben" (Gadamer 1993, S. 40), den viele mit der Wissenschaft verbinden, entgegenzutreten. Zu diesem Aberglauben gehören nach meiner Einschätzung die im Kinderschutz so heiß begehrten Checklisten.

> Im Verlauf unseres Forschungsprojekts über Identitätsbildung in Pflegefamilien (Gehres & Hildenbrand 2008) habe ich einen anderen Aberglauben im Kinderschutz, speziell im Fachdienst Pflegekinderwesen, gefunden: das ist die Bindungstheorie. Ohne dieser auf den Grund gegangen zu sein, wurden Glaubenssätze aus dem damals gängigen Klassiker (Nienstedt & Westermann 2020, 6. Aufl.) bezogen. Kritische Anfragen wurden als Gotteslästerung empfunden, wer, wie ich, die Auffassung vertrat, die leiblichen Eltern seien ein wichtiger Bezugspunkt im Leben der Kinder, wurde als Nazi verunglimpft.

Nun weiter im Gedankengang Gadamers:

> „Aber was heißt hier Praxis? Ist Anwendung von Wissenschaft als solche schon Praxis? Ist alle Praxis Anwendung von Wissenschaft?" (Gadamer 1993, S. 14).

Hier die Antwort auf diese Fragen: Wenn auch in alle Praxis (im vorliegenden Zusammenhang) Anwendung von Wissenschaft eingeht, so ist sie doch nicht mit ihr identisch. Denn Praxis bedeutet nicht nur Machen dessen, was man alles machen kann. Praxis ist stets auch Wahl und Entscheidung zwischen Möglichkeiten. Sie hat immer schon einen Bezug zum „Sein" des Menschen.

Kurzum: *Die Wissenschaft ist wesenhaft unabgeschlossen – die Praxis verlangt Entscheidungen im Augenblick* (Gadamer 1993, S. 14, Hervorh. von mir B. H.). Das ist ein Widerspruch.

Um ein konkretes Bild zu bemühen: Wenn ein Wissenschaftler mit einem zu lösenden Problem konfrontiert ist, steht er auf, geht in die Bibliothek und sta-

---

[11] Zum Nachlesen: https://www.studium-universale.de/platons-h%C3%B6hlengleichnis-text/.

pelt noch einige Bücher auf den Tisch. Wenn es sich nicht vermeiden lässt, arbeitet er bis in die Nacht. Wird er von einem Kamerateam zu Hause aufgesucht, dann setzt er sich zum Beleg seiner Belesenheit vor eine gut bestückte Bücherwand. Ist eine solche nicht vorhanden, begibt er sich in die Bibliothek seines Instituts. Findet der Wissenschaftler (tatsächlich auch: die Wissenschaftlerin) in den herangezogenen Büchern nicht unmittelbar eine Lösung, verschiebt er den Fortgang der Arbeit auf den nächsten Tag, steht auf und geht nach Hause.

Andere Perspektive: Hat in einem Notfall ein Praktiker oder sein weibliches Pendant (man erinnere sich an die oben erwähnten Notfallmediziner) ein Problem zu lösen, kann er sich nicht aus der Situation zurückziehen, um ein Kolloquium mit seinem Berufskollegen unter freundlicher Einbeziehung des Rettungssanitäters zu veranstalten. Denn es kann vorkommen, dass der Patient derweil verstirbt.

Ich wiederhole: *Die Wissenschaft ist wesenhaft unabgeschlossen – die Praxis verlangt Entscheidungen im Augenblick*
Des Weiteren:

> „Zwar hängen alle praktischen Entscheidungen des Menschen von seinem allgemeinen Wissen ab, und doch liegt in der *Anwendung* dieses Wissens in concreto eine spezifische Schwierigkeit. Es ist die Aufgabe der Urteilskraft (und nicht wieder eines Lehrens und Lernens), dass man in einer gegebenen Situation den Anwendungsfall einer allgemeinen Regel erkennt" (Gadamer 1993, S. 31).

So weit ist Gadamer zuzustimmen. Jedoch hat er nicht bedacht, dass in der Welt, in der wir derzeit leben, wissenschaftliche oder pseudowissenschaftliche Deutungsmuster zunehmend in den Alltag eingedrungen sind. Das war zu dem Zeitpunkt, in dem Gadamers Aufsatz entstanden ist, erst in Ansätzen der Fall.

Beispiel: Während der ersten Welle der Covid-19-Pandemie 2020/2021 war die Durchdringung des Alltags durch wissenschaftliche oder pseudowissenschaftliche Deutungsmuster zu erleben. Plötzlich entstanden allerorten Expertinnen und Experten für Impfung, Durchseuchung etc. Je schmaler die Erfahrungsbasis war, desto stärker wurde das Urteil. Das ist das zentrale Merkmal eines jeden Dilettantismus und beinahe schon eine Grundregel: Halbbildung ist schlimmer als Unbildung, soll Theodor W. Adorno gesagt haben, und wo er recht hat, hat er recht. Impfgegner jedweder Provenienz fuhren zur Höchstform auf. Darunter fanden sich nicht wenige Ärztinnen und Ärzte. Ihr Lieblingsbegriff war eine Zeit lang, vor allem kurz vor dem Höhepunkt der Pandemie, die Herdenimmunität nach schwedischem Modell, allerdings zeigte der Verlauf der Pandemie, dass diese Hoffnung, an die und deren Konsequenzen man so inniglich geglaubt hatte, vergebens war. Deshalb muss man sich Sorgen um den fachlichen Stand in diesem Bereich auf der Ebene der Praktiker machen.

Aus dem Voranstehenden lässt sich ein Erkenntnisgewinn ziehen: Eine Wissenschaft kann noch so solide sein, gegen Ideologie hat sie keinen Bestand.

Oder bündiger formuliert: Wo Ideologie auf Hirn trifft, geht das zu Lasten des Hirns.

Die *praktische Urteilskraft* ist ein Privileg der Berufsfachlichkeit und ihre Grundlage zugleich. Ihr Vorhandensein entscheidet darüber, ob ein berufsfachliches Handeln das Etikett berufsfachlich verdient oder nicht.

Weiter in der Erläuterung des „Meilener Konzepts", bezogen auf die Achse *Fallverstehen in der Begegnung*.

An den Enden der Achse „Fallverstehen in der Begegnung" stehen nicht Patienten und Professionelle, sondern auf der einen Seite *die individuelle Lebenspraxis, als problematische beschriebene*, und auf der anderen Seite *der/die Professionelle im persönlichen und organisatorischen Kontext*. Darauf bin ich bereits eingegangen.

Damit habe ich die beiden Achsen des Meilener Konzepts ausführlich beschrieben.

1.11 Zusammenfassung des Bisherigen

Handeln in der Logik des Konzepts des *Fallverstehens in der Begegnung* erfordert,
- Krisen im Kontext von anstehenden krankheitsbedingten und lebensgeschichtlichen Übergängen zu sehen,
- die Biografie der Patienten von den Geschichten ihrer Herkunftsfamilien über drei Generationen zu entwickeln, und ich füge hinzu: Das gilt auch für Migrantenfamilien. Hat man mit solchen zu tun, kommt man mitunter nicht darum herum, sich mit den im Herkunftsland der Klienten gängigen Vorstellungen von Familie und Familienstrukturen vertraut zu machen. Ich konnte einmal Manfred Hanisch angesichts einer westafrikanischen Klientin helfen, indem ich ihn hingewiesen habe auf eine einschlägige Publikation von Erdmute Alber (2005) über westafrikanische Familienmuster.
- Der distanzierenden diagnostischen Betrachtung gilt es, eine affektive Haltung der Begegnung im Zuge von Verständigung zur Seite zu stellen, ohne die Distanz aufzugeben, und schließlich
- neben der situativen Einschränkung der persönlichen Autonomie auch die Resilienzpotenziale zu deren Überwindung zu sehen, sowohl bei den Klienten selbst als auch in ihrem sozialen Umfeld, v. a. in der Familie mit dem Ziel, *gemeinsam* sich verständigend
- mit den Klienten alternative Möglichkeiten der Zukunftsgestaltung zu entwickeln
- und über allem sich um die Entwicklung einer *praktischen Urteilskraft* zu bemühen.

1.12 Menschenbild und Resilienz

Erst mit der Beschreibung der in der Überschrift angezeigten beiden Konzepte wird die Darlegung des Meilener Konzepts vollständig.

Menschenbild. Dem Begriff der praktischen Urteilskraft liegt ein spezifisches Menschenbild zugrunde: Es beschreibt den Menschen als aktiv handelndes Wesen.

Im Folgenden will ich anhand von drei Zitaten die wesentlichen Elemente unseres Menschenbilds skizzieren. Zunächst ein Zitat von Karl Marx aus dem Jahr 1869:

> Die Menschen machen ihre eigene Geschichte, aber sie machen sie nicht aus freien Stücken, nicht unter selbst gewählten, sondern unter unmittelbar vorgefundenen, gegebenen und überlieferten Umständen (Marx & Engels 1964, S. 226).

Diesem Satz liegt eine kreative Spannung in Gestalt von Widersprüchlichkeit zugrunde, weshalb er in den sich auf Marx berufenden Kreisen selten zitiert wird. Populärer ist dort die vulgärmarxistische These: „Das Sein bestimmt (ironisierend: verstimmt) das Bewusstsein".

Jean Paul Sartre bot für das Zitat von Marx eine kurze und griffige Formel, formuliert in Gestalt einer Frage, an: „Was macht der Mensch aus dem, was die Verhältnisse aus ihm gemacht haben?" Das kam in den Sozialwissenschaften hierzulande gut an. Als 1980 das Buch *Sartres Flaubert lesen. Essays zu Der Idiot der Familie* erschien, war es für ein paar Wochen in aller Munde (König 1980).

Marx' Formulierung lag zu jener Zeit (1869), als er sie zu Papier brachte, längst in der Luft: Im dritten Brief über die „Ästhetische Erziehung des Menschen", schreibt Friedrich Schiller:

> *Die Natur fängt mit dem Menschen nicht besser an als mit ihren übrigen Werken: sie handelt für ihn, wo er als freie Intelligenz noch nicht selbst handeln kann. Aber eben das macht ihn zum Menschen, daß er bei dem nicht stille steht, was die bloße Natur aus ihm machte, sondern die Fähigkeit besitzt, die Schritte, welche jene mit ihm antizipierte, durch Vernunft wieder rückwärts zu tun, das Werk der Not in ein Werk seiner freien Wahl umzuschaffen und die physische Notwendigkeit zu einer moralischen zu erheben* (Schiller 1975, S. 7f, Hervorh. v. mir – B. H.).

Ich selbst bin mit Unterstützung verständiger Lehrer, zu nennen sind Thomas Luckmann und Wolfgang Blankenburg, zu der Auffassung gelangt, mich dem Menschen aus der Perspektive heraus zu nähern, dass er mit einem *Vorgegebenen* konfrontiert ist, das zu *gestalten* ihm *aufgegeben* ist. Zu diesem Vorgegebenen gehören unter anderem erbliche Belastungen, soziale Schicht, in die man hineingeboren ist, etc.

Da das Vorgegebene vom Aufgegebenen mehr oder weniger moderiert wird, läuft die Aufteilung von Vorgegebenem und Aufgegebenem auf eine antideterministische Position hinaus.

Ziehe ich wiederum Gadamer[12] zu Rate, dann erfahre ich von ihm, dass ein Menschenbild notwendig normativ sei. Wenn es das nicht wäre, dann verlöre es seine Bedeutung.[13]

> Aber es ist ein kritisches Maß, das das Handeln des Menschen von vorschnellen Wertungen und Abwertungen befreit und seinen Zivilisationsweg an sein Ziel erinnern hilft, der – sich selbst überlassen – weniger und weniger ein Weg zur Beförderung der Humanität zu werden droht. So, und nur so, dient die Wissenschaft über den Menschen dem Wesen des Menschen von sich selbst und damit der Praxis (1993, S. 49).

Kritisch anzumerken ist an dieser Stelle, dass Gadamer ohne Unterschied den aktuell tonbestimmenden Wissenschaften unterstellt, Humanität zu befördern. Da muss differenziert werden: Nach meiner Auffassung ist der Behaviorismus (die Verhaltenswissenschaft) (Dualismus: Reiz/Reaktion) des Herrn Pawlow mit seinem Hund so weit vom Menschen entfernt wie eine Wissenschaft, die den Menschen auf Genetik oder auf sein Hirn reduziert. Allerdings plädiert Gadamer für ein wissenschaftlich fundiertes Menschenbild, und wissenschaftlich heißt, dass es entdogmatisiert ist. Wer allerdings kommt heute auf die Idee, einen auf die Perspektive seines Fachs reduzierten Naturwissenschaftler, Genetiker oder Hirnforscher, einen Dogmatiker zu nennen?

Die Ehrfurcht gegenüber der Wissenschaft, die Gadamer hier zum Ausdruck bringt, erscheint mir naiv. Zwar deutet er Skepsis gegenüber den Wissenschaften von heute an, jedoch wird er nicht konkret. Man wird nicht um die Frage herumkommen, Kriterien dafür anzugeben, welche Wissenschaft bzw. welcher Stil von Wissenschaft zur Formulierung eines Menschenbilds herangezogen werden kann. Was auf keinen Fall infrage kommt, da stimme ich Gadamer zu, sind Anleihen bei Wissenschaften, die im Dienst des „social engineering", einer skandinavischen Besonderheit (Etzemüller 2010), stehen (Gadamer 1993, S. 49). Und „social engineering" lauert immer hinter der Tür, wenn es um Themen wie beispielsweise dem der Prävention geht, die Niklas Luhmann als eine „nützliche Ermutigungsfiktion" (Luhmann 2003, vgl. auch Hildenbrand 2014) bezeichnet.

Resilienz: Fachleute, die eine hinreichend fachliche Sozialisation durchlaufen haben und über eine angemessene Berufserfahrung verfügen, müssen nicht

---

[12] 1976 hatte ich Gelegenheit, Gadamer am Sommerkurs „Phänomenologie und Marxismus" in Dubrovnik als Lehrer kennen zu lernen. Diese mehrwöchige Erfahrung hat mich nachhaltig geprägt, die Fritz-Thyssen-Stiftung hat mir dafür die finanziellen Möglichkeiten verschafft, wofür ihr an dieser Stelle gedankt sei.

[13] Mir ist einmal während eines Vortrags über die Ergebnisse unseres Kinderschutzprojekts, in dem ich den Begriff des Menschenbilds eingeführt habe, von einer Sozialpädagogin mit empörter Stimme zugerufen worden: Menschenbild ist normativ! Das hat mich so überrascht, dass es mir zunächst die Sprache verschlagen hat. Der anwesende Lehrstuhlinhaber ließ mich im Regen stehen. Möglicherweise ist er selbst der Ansicht, dass das Vertreten eines Menschenbilds normativ ist. Offenbar lehrt dieser Herr die Arbeit mit Menschen, ohne ein Bild vom Menschen zu haben, weil ein solches in seiner Blase bzw. in seinem Milieu nicht opportun ist.

eigens darauf hingewiesen werden, dass ihr Klientel nicht nur über Beschädigungen, sondern auch über Autonomiepotenziale verfügt. Aus verschiedenen Gründen kann es aber doch zu Prozessen einer *déformation professionnelle* kommen. Oft werden im Medizin-, Psychologie- und Sozialarbeit-/Sozialpädagogikstudium vorzugsweise Störungsbilder, kaum aber Resilienzbilder[14] (sowie, aber das ist hier nicht das Thema, Salutogenesebilder) vermittelt. Hinzu kommt, dass in der professionellen Praxis die defizitären Komponenten einer Krisenbewältigung (haben Sie schon einmal eine Diagnose gesehen, die Ihre Stärken in den Vordergrund rückt?) im Zentrum stehen, während die Autonomiepotenziale je nach Situation überhaupt nicht oder nur kontrafaktisch thematisiert werden. Wer jahrelang Klienten nur in Notfallsituationen erlebt hat, verliert irgendwann den Blick für das Gelingen eines im Prinzip schwierigen Lebens. Das ist vor allem dann der Fall, wenn es zu häufigen Stellenwechseln beim Personal kommt und Entwicklungen der Klienten nicht über längere Zeit beobachtet werden können, auch, weil sie nicht angemessen dokumentiert sind. Aber auch dann, wenn flankierende Unterstützungen des Klientels außerhalb von Krisensituationen, etwa in Form von Gemeinwesenarbeit,[15] fehlen, hat die Realisierung von Resilienzpotenzialen einen schweren Stand. Der Resilienzbegriff ist ein *Hilfsmittel*, die Autonomiepotenziale von Klientinnen und Klienten in prekären Lebenslagen und deren Förderung nicht zu übersehen. Wird dieser Begriff benutzt, weil er gerade in Mode ist(diese Mode klingt gerade ab), ist er wert- bzw. folgenlos.

„Resilienz" bedeutet „Biegsamkeit" bzw. die Fähigkeit eines Materials (der Begriff der Resilienz war zunächst ein ingenieurialer, er stammt aus der Materialforschung), nach einer Belastung in den ursprünglichen Zustand zurückzukehren. Die sozialwissenschaftliche Perspektive auf die Resilienzforschung geht allerdings nicht davon aus, dass menschliche Systeme nach einer Belastung in den vorherigen Zustand *zurückkehren* (= „to bounce *back*"). Menschen, das unterscheidet sie von Material, lernen bestenfalls aus Krisen und entwickeln im Durchlaufen einer Krisensituation, wenn es gut geht, *neue* Handlungs- und Orientierungsmöglichkeiten (= „to bounce *forward*").

Resilienz bezieht sich auf Handlungs- und Orientierungsmuster, die Individuen und Familien in der Konfrontation mit und der Bewältigung von widrigen

---

[14] Als das Meilener Institut Zürich am Beginn dieses Jahrhunderts auf Anregung von Rosmarie Welter-Enderlin eine internationale Tagung zum Konzept der Resilienz veranstaltete, war dieser Begriff noch neu. Inzwischen ist er in den Alltagssprachgebrauch übergegangen (Welter-Enderlin & Hildenbrand 2012).

[15] An die Stelle der Gemeinwesenarbeit tritt in der Sicherheitsgesellschaft die Sozialraumorientierung. Ob das den Klienten nützt, sei dahingestellt. Ich habe in der Stadt Stuttgart, wo in Sachen Sozialraumorientierung laut fachinterner Propaganda angeblich Maßstäbe gesetzt wurden, live beobachten können, wie das Leben eines psychisch kranken Mannes aus Afrika im Dschungel von Unzuständigkeiten und generalisierter Verantwortungslosigkeit vollends ruiniert wurde.

Lebensumständen herausbilden. Diese Muster konstituieren im besten Fall den Kern autonomer Lebenspraxis. Die Entwicklung dieser Muster ist nicht auf spezifische Lebensphasen beschränkt oder mit einer bestimmten Lebensphase abgeschlossen, sondern dauert lebenslang an.

Resilienzfaktoren finden sich auf den Ebenen des Individuums, der Familie und der Milieuwelt: Froma Walsh hat in ihrem Buch über Familienresilienz (1998) folgende Dimensionen aufgezeigt, in denen Familienresilienz hergestellt werden kann:

1. *Resilienzfaktoren im Kind*:
    - Konstitution
    - Kommunikations- und Problemlösungsfähigkeiten
    - Intelligenz
    - Fähigkeit zu planen
2. *Resilienzfaktoren in der Familie*
    - Geschwisterposition (günstig ist die Position des bzw. der Erstgeborenen)
    - Orientierungspersonen (Mutter, älterer Vater, Bruder, Onkel)
    - deren Fähigkeiten, klare Bilder von Positionen in der Familie zu vermitteln
    - Ersatz für solche Personen finden, falls sie nicht vorhanden sind
    - stabiles Weltbild
3. *Resilienzfaktoren in der Milieuwelt*
    - verlässliche Verwandte, Freunde und Nachbarn
    - Vorhandensein eines Lieblingslehrers

Wie diese Übersicht zeigt, läuft hinsichtlich der Entwicklung von Resilienz alles auf die Familie zu. Jedoch: Mit einem Ansatz, in dem von Resilienz*faktoren* die Rede ist, kann ich nichts anfangen. In der Praxis wie in der Wissenschaft ist es schlichtweg nicht zielführend, Familien in Faktoren zu zerlegen. Ich sehe darin nicht mehr als eine Quelle für Inspiration. Was soll man beispielsweise mit der Information anfangen, die Emmy Werner (1982) in ihrer maßgeblichen Studie zur Resilienz mitgeteilt hat, dass nämlich die Ableistung von Militärdienst sich günstig auf das Leben von Jugendlichen, die aus dissozialen Milieus stammen, auswirken kann? Entweder man behandelt diesen Befund auf der Ebene des gesunden Menschenverstands und schließt daraus: Gehorchen lernen kann nicht schaden. Oder man wählt einen fachlichen Zugang und fragt danach, in welchem Kontext und auf der Grundlage welcher Familiengeschichte dieser Militärdienst stattgefunden hat und in welcher Art von Militär. Der Verweis auf den Kontext ist entscheidend: Denn auch der einfache Sachverhalt, dass jemand als erstes Kind in eine Familie hineingeboren wird, hängt in seiner Bedeutung von den jeweiligen Umständen ab. Wie immer, ist die Beobachtung des Falls der Königsweg für die angemessene Einordnung solcher Aufzählungen von Faktoren. Sie auswendig zu lernen, dient in keinem Fall der Erkenntnisbildung. In dem wissenschaftlichen Milieu, welches die Referenzgruppe von

Froma Walsh darstellt, gilt der einzelne Fall nichts, die große Fallzahl alles. Walsh sieht also das Thema Resilienz aus naturwissenschaftlicher Sicht. Dem will ich nun einen Fall entgegenstellen, damit deutlich wird, dass man so nicht weiter kommt:

Das Buch *Hillbilly Elegy* von J. D. Vance, das 2016 in den USA erschien und 2020 gut verfilmt wurde, bildet diesen Fall. Vance stammt aus einer typischen Familie der Appalachen. Das ist eine der ärmsten Regionen der USA. Wenn man diese Region kennenlernen will, kann man den Film *Deliverance* (dt. *Beim Sterben ist jeder der Erste*, nebenbei: eine idiotische, unnötig reißerische Übertragung des ursprünglichen Titels, denn „deliverance" ist in seiner Bedeutung ein vielschichtiges Wort und kann übersetzt werden mit „Befreiung", „Erlösung") anschauen, muss dabei aber auch einiges aushalten können. Das Grundprinzip der Bewohner dort ist das der Selbstversorgung und Unabhängigkeit von anderen. Viele wandern aus in Gegenden, die wirtschaftlich gut dastehen, etwa nach Cincinnati (früher) oder an die großen Seen, solange die Stahlindustrie noch florierte. Dort finden sie sich dann mit ihren Landsleuten zusammen und leben in eigenen, integrierten Gemeinden. Der Bezug zur Herkunftsgegend wird lebenslang aufrechterhalten. In dem erwähnten Film gibt es dazu eine ergreifende Szene: Der Großvater des Autors, der in seiner Jugend an die großen Seen gezogen ist, dort als Stahlwerker gearbeitet und sich einen bescheidenen Wohlstand erarbeitet hat, wird nach seinem Tod in einem Leichenwagen in seinen Heimatort gebracht. Die Männer, die der Leichenwagen passiert, bleiben stehen und nehmen die Kopfbedeckung ab. J. D. fragt seine Großmutter nach dem Warum. Sie antwortet: Um dem Heimgekehrten die Ehre zu erweisen.

Die Mutter von Vance war OP-Schwester, verfiel jedoch den Drogen. Im Zusammenhang damit waren ihre Partnerbeziehungen sehr instabil, sodass J. D. ständig mit Männern konfrontiert war, die ihm als „Väter" präsentiert wurden (nur schlichte, ahnungslose Gemüter greifen in diesem Zusammenhang zu dem Begriff „soziale Väter", vgl. Kap. 5). Ohne seine Großeltern hätte Vance Kindheit und Jugend wohl nicht überlebt oder wäre der in den USA bekannt rustikalen Jugendhilfe anheimgefallen[16]. Fast wäre das passiert: Nachdem im Zusammenhang mit einer schweren Auseinandersetzung in seiner Familie die Nachbarn die Polizei gerufen hatten, beschlossen die Großeltern, den Jungen zu sich zu nehmen, bevor die Polizei ihn mitnahm. In Erinnerung an die Familiensolidarität, dem Zentralwert der Bewohner der Appalachen, verschwieg J. D. gegenüber der Polizei die Bedrohung, die er durch seine Mutter erfahren hatte.

---

[16] Der Großvater war ein unverbesserlicher Patriarch: Auf seinem Nachttisch lag ein 45er Revolver (Kaliber 11,43 mm), seiner Frau gestand er lediglich einen 38er (Kaliber 9,65 mm)zu. Aus feministischer Sicht ist das ein Skandal. – Im Film wird der Anteil der Großmutter an der Erziehung von J. D. betont, die des Großvaters ignoriert.

Vor diesem Hintergrund (in diesem Kontext) konnte Vance von dem in den Appalachen ausgeprägten Familiensinn profitieren. Er schaffte die Zugangsberechtigung zur Universität und schloss nach seinem Militärdienst bei den Marines, einer bekannt harten Truppe, ein Jurastudium an einer der besseren Universitäten erfolgreich ab, wurde Investmentbanker und schrieb das erwähnte, in den USA sehr erfolgreiche Buch. Es ist eine Art Neuauflage des alten US-Mythos „vom Tellerwäscher zum Millionär".

Dann zog es ihn wieder nach Hause. Er kehrte aus Kalifornien nach Ohio zurück, zog nach Cincinnati und ging in die Politik. Für die Republikaner bewarb er sich erfolgreich als Senator für den Kongress. Dann aber bog er an der (je nach politischer Einstellung: falschen) Stelle ab und wurde vom Trump-Gegner zum Trump-Befürworter. Angenommen, dieser Sinneswandel ergab sich bei Vance nicht aus opportunistischen Gesichtspunkten, was für einen politisch Verantwortlichen problematisch genug wäre, ist nur schwer zu verstehen, wie man sich zum Gefolgsmann eines gerichtsnotorisch kriminellen politischen Geisterfahrers entwickeln kann. Aber wie gesagt: Im vorliegenden Zusammenhang steht mir eine politische Stellungnahme nicht zu, und man kann sich fragen, ob Vance als Musterbeispiel für Resilienz feilgeboten werden kann. Aber es ist, wie es ist, die Fakten liegen auf dem Tisch.

Zurück zu Froma Walsh. Nachdem sie eine Reihe von Resilienzfaktoren genannt hat, geht sie zum Thema Familienleben über, das sie mit Überlegungen aus dem Feld der Familientherapie beschreibt. Zu einem konsistenten Konzept von Familie fügen sich diese Ausführungen nicht zusammen; man muss mit den Theoriebeständen, auf die Walsh sich bezieht, vertraut sein, um in der Praxis damit etwas anfangen zu können.

Resilienzfördernde Prozesse sind, folge ich Walsh, in folgenden Bereichen zu suchen. (Wer einen Bezug zu den familienwissenschaftlichen Grundlagen vermisst, sei auf Kapitel 5 verwiesen.)
- *Kommunikationsprozesse*. Hier sind die entscheidenden Gesichtspunkte: Klarheit im Ausdruck, offenes emotionales Verhalten und Kooperation beim Problemlösen.
- Damit eng verbunden sind die *organisatorischen Muster*: Flexibilität, Verbundenheit und das Vorhandensein sozioökonomischer Ressourcen.
- Dazu kommen *familiale Überzeugungssysteme*, die sich im Wesentlichen darauf beziehen, auch in Notsituationen von den Fähigkeiten des eigenen Handelns überzeugt zu sein, entsprechend positiv in die Zukunft zu schauen und dem Leben einen Sinn zu geben, der über die unmittelbare Situationsbewältigung hinausreicht (siehe oben: Selbstbeschreibung als Opfer).
- Schließlich wird das *Wechselspiel von Integration der Familie nach innen und Adaptation der Familie nach außen* als Dimension von Familienresilienz genannt, also die Fähigkeit, je nach Phase im Familienzyklus die Familiengrenze flexibel zu öffnen oder zu schließen.

Keine Rolle spielt in dieser Richtung der Resilienzforschung die *triadische Struktur der sozialisatorischen Interaktion*, auch findet man hier keinen Bezug auf Fälle, an denen die theoretischen Gedanken überprüft wurden. Die triadische Struktur der sozialisatorischen Interaktion, so werde ich weiter unten ausführen, ist konstitutiv für die Entwicklung einer autonomen Lebenspraxis und deshalb angemessen zu berücksichtigen.

Ich fasse zusammen: Resilienz bezieht sich auf die Fähigkeiten von Einzelnen, Paaren und Familien, mit widrigen Umständen fertig zu werden und aus der Bewältigung widriger Umstände Lehren für die Bewältigung künftiger Krisen zu ziehen.

Kinder oder Familien sind, um noch einmal das Konzept von Froma Walsh zu kritisieren, nicht dann resilient, wenn alle der weiter vorne aufgeführten Aspekte (Faktoren) einschließlich der triadischen Struktur sozialisatorischer Interaktion realisiert sind. Es geht ihr um etwas anderes: Auch wenn die allgemeinen Lebensumstände bedrückend sind, so kann doch (im Extremfall) *ein einziger Aspekt (Faktor)* oder ein Verbund von wenigen Faktoren aus der oben aufgeführten Liste, die zum richtigen Zeitpunkt auftreten, entscheidend sein, damit die Betroffenen ihre Lage nachhaltig verändern können. Daraus schließe ich: Die Aufgabe der Sozialpädagogik besteht in einer solchen Situation darin, sich den Gedanken der *Resilienz als Haltung* zu eigen zu machen und mit den Klienten gemeinsam solche Resilienzpotenziale zu erkunden. Wie dies geschehen kann, soll in den weiteren Kapiteln und insbesondere in den noch folgenden Fallbeispielen behandelt werden.

Zumutbarkeit im Grenzbereich von Hilfe und Kontrolle als rechtes Maß zwischen Über- und Unterforderung. Die Haltung, die bei berufsfachlichem Handeln unter dem Vorzeichen von *Fallverstehen in der Begegnung* vorausgesetzt wird, lässt sich als jeweils neu auszuhandelnde *Zumutbarkeit* von Autonomie in Prozessen der Verständigung beschreiben. Die Frage nach der Zumutbarkeit bedeutet, dass Klienten und Fachleute gemeinsam nach dem *rechten Maß* zwischen *Autonomie* und *Heteronomie*, zwischen Selbst- und Fremdbestimmung, zwischen Über- und Unterforderung suchen, und das nicht nur einmal, sondern kontinuierlich im Lebensablauf, solange der Klient unterstützungsbedürftig ist. Denn die autonome Lebenspraxis zeigt sich je nach aktueller Belastung in anderer Gestalt; sie ist auf die Auseinandersetzung mit und Gestaltung von sich ständig ändernden gesellschaftlichen Wandlungsprozessen verwiesen. Was dies im jeweiligen Einzelfall konkret bedeutet, gilt es in *Verständigungsprozessen* des *Fallverstehens in der Begegnung* herauszufinden.

Gerade in Krisensituationen ist *Begegnung* unverzichtbar. Stellen Sie sich vor, Sie erhalten die Nachricht, dass Ihr Kind soeben auf einer Intensivstation aufgenommen wurde. Worauf legen Sie in einer solchen Situation vor allem Wert: Auf eine fachlich fundierte Diagnose (die vielfach am Beginn einer Behandlung und vor einem gründlich durchgeführten differenzialdiagnostischen

Prozess nicht zu haben ist) oder auf einen vorgängigen Empfang, bei dem Ihnen ausreichend Ruhe und Sicherheit vermittelt wird, damit Sie die erwartete Nachricht an sich heranlassen können? Lassen wir eine Mutter sprechen, die uns im Zusammenhang mit einem Lehrforschungsprojekt ihre Auffassung dazu dargelegt hat. Die besondere Bedingung ist hier, dass diese Mutter, die aus Thüringen stammt, ihre Tochter in einem schottischen Krankenhaus besucht hat und der englischen Sprache nicht mächtig war. Dies ist eine Bedingung, die den Aspekt der Begegnung in seiner Bedeutung steigert. Ich zitiere:

> Also sie (die Tochter) war ohne Bewusstsein und sie wussten nicht, ob sie es schafft. Es war schon lebensbedrohlich. Und da haben wir eigentlich die Erfahrung gemacht, dass die, selbst, wenn man nicht die Sprache spricht, einem das Gefühl gegeben haben, dass wir dort immer – man konnte immer hin, und man hatte immer jemand, wenn man Fragen hatte, den man fragen könnte, wenn wir denn die Sprache hätten ordentlich sprechen können.

Zugewandtheit und Empathie waren die entscheidenden Begegnungsformen, die dieser Familie (die Mutter spricht hier für alle) in der doppelten Notsituation, die Tochter in einer lebensbedrohlichen Situation zu wissen und gleichzeitig Verständigungsprobleme zu haben, eine Grundsicherheit gegeben haben, sodass die vorliegende Situation bewältigt werden konnte.

Der Vater der Patientin, ein Ingenieur aus Thüringen, war im Übrigen der festen Überzeugung, dass derlei in einer Thüringer Notaufnahme nicht zu erleben sei (womit er u. U. recht hat), geschweige denn, dass man dort mit dem Vornamen angesprochen würde (von den Eigenheiten der englischen Sprache wusste er nichts, wie er allgemein in der Erfahrung schwach, entsprechend im Urteil stark war).

Zumutbarkeit in Situationen im Grenzbereich von Hilfe und Kontrolle. Die fachliche Arbeit mit Familien, in denen sich die Frage des Kindeswohls stellt bzw. in denen die Kinder schutzbedürftig sind, kann nicht ausschließlich im Rahmen des Gegensatzpaares bzw. des Dualismus Hilfe vs. Kontrolle abgehandelt werden. Kontrolle schließt Hilfe nicht aus und umgekehrt, wie mir während meiner Tätigkeit auf einer geschlossenen psychiatrischen Station deutlich wurde.. Nicht selten sind Fälle, bei denen einer intensiven Hilfebemühung ein radikaler Umschlag in eine Kontrollbeziehung folgt, weil die Klienten die gebotene Hilfe nicht in der von ihnen erwarteten Form angenommen haben. Mit anderen Worten: Auch Eltern, denen vorgeworfen wird, dass sie nicht genügend für das Wohl ihrer Kinder sorgen, haben Anspruch darauf, dass die *Kontrollbeziehung in eine vorgängige Hilfebeziehung eingebettet ist.*

Wie aber könnte eine Hilfebeziehung aussehen, in der Hilfe und Kontrolle nicht einander gegenübergestellt sind? Um dieser Frage näher zu kommen, ist die Überlegung wichtig, dass Autonomie und Heteronomie nicht einander gegenübergestellt werden können. Kein Mensch ist entweder durchweg autonom oder fremdbestimmt. Autonomie und Fremdbestimmung treten in einem Mischungsverhältnis auf, das *im jeweiligen Einzelfall* für den *jeweiligen Zeitpunkt* bestimmt werden muss. Das macht nebenbei auch deutlich, dass Checklisten und dergleichen, die derzeit im Zusammenhang mit dem Kinderschutz verstärkt diskutiert und als ultimative Problemlösung angesehen werden, allenfalls ein diagnostisches Hilfsmittel in der Einzelfallbetrachtung sein und keinesfalls die gründliche Einzelfallbetrachtung im Hilfeprozess ersetzen können.

Die menschliche Lebenspraxis bewegt sich flexibel zwischen den Polen Autonomie und Heteronomie. Auch hier ist eine dualistische Sichtweise nicht zielführend. Erst aus einer wohlerwogenen Einschätzung des im Fall gegebenen Verhältnisses von Überforderung und Unterforderung heraus kann bestimmt werden, was im *gegebenen* Augenblick den Akteuren *zumutbar* ist (Blankenburg 2007, S. 21–48). Mit dem Kriterium der *Zumutbarkeit* verstehe ich, wie gerade dargelegt, in Anlehnung an Wolfgang Blankenburg das interaktive (auf Verständigung basierende) Herausfinden des rechten Maßes zwischen Unterforderung und Überforderung.

Unterforderung ist die Folge einer Überbetonung von Aspekten der *Beschädigung*. *Überforderung* ist die Folge einer Überbetonung von Aspekten der *Autonomie*. Das rechte Maß dazwischen zu finden bedeutet, sich mit den Klientinnen und Klienten darüber zu verständigen, was die *im jeweiligen Augenblick* gegebenen Möglichkeitsspielräume sind. Das Ergebnis ist dann die Aushandlung einer fallspezifischen Normalität im *gegebenen Augenblick*.

Diese fallspezifische Normalität muss nicht notwendig die Einrichtung einer Lebenspraxis sein, die dem entspricht, was der „Normalbürger" für „normal" hält. Wichtig ist nur, dass ein Ergebnis zustande kommt, das dem Schutz des Kindes dient und gleichzeitig die Eltern so weitgehend wie möglich anerkennt.

Am anderen Ende der Wissensachse liegen „Handwerksregeln und Handwerkszeug". Um diesen Komplex weiter auszuführen, will ich Ihnen eine Geschichte erzählen.

1.13 *„Hast du Hammer, Zange, Draht, kommst du bis nach Leningrad." Oder: Lob und Fluch des Werkzeugkastens*

2020 bot ich der Zeitschrift *Familiendynamik* (2020a) einen Aufsatz zum Thema Geschwisterbeziehungen an. Der Aufsatz wurde angenommen. jedoch wurde von mir verlangt, ihn zu ergänzen durch einen „Werkzeugkasten". Ursprünglich wollte ich diese Forderung ablehnen, aber die Schriftleitung zeigte sich hartleibig, und ich konnte mich aus der Affäre ziehen, indem ich diesen Werkzeugkasten mit einer veränderten Form von Zusammenfassung bestückte.

Im Anschluss daran formulierte ich einen Text, in welchem ich begründete, weshalb so etwas wie ein „Werkzeugkasten" in dieser Zeitschrift nichts zu suchen habe. Dieser Text wurde vornehm beschwiegen und in einer Schublade, vielleicht auch im Papierkorb der Redaktion versenkt. Mein Vorschlag war, den Text, wenn nötig auch in einer verkürzten Fassung, abzudrucken und ihn Kolleginnen und Kollegen zur Kritik anzubieten, auf die ich dann antworten würde. In den vergangenen Zeiten, in denen sicher nicht alles besser war, haben solche Debatten ein Fach vorangebracht. Dazu kam es im vorliegenden Fall jedoch nicht. Später teilte mir ein ausscheidender Schriftleiter der Zeitschrift *Familiendynamik* mit, dass er meine Argumente für bedenkenswert gefunden habe, zu diesem Zeitpunkt allerdings andere Projekte im Vordergrund gestanden hätten.

Daraufhin bot ich meinen Text der Zeitschrift *Kontext* (Hildenbrand 2020b) an. Das ist eine Zeitschrift, die vorzugsweise von Fachleuten der Jugendhilfe gelesen wird und als Konkurrenzblatt der Familiendynamik angesehen werden kann. Sie ist die Zeitschrift der Deutschen Gesellschaft für Systemische Therapie, Beratung und Familientherapie. Dieser Text erschien 2020 dort unter dem Titel *Hast du Hammer, Zange, Draht, kommst du bis nach Leningrad oder: Das Werkzeug und die praktische Urteilskraft*.

In meiner Auseinandersetzung mit der Schriftleitung der *Familiendynamik* fiel das Wort „Tooligan". Es lief mir wieder über den Weg in einem Buch von Tom Levold und Hans Lieb im Gespräch mit Uwe Britten (2017). Im Zusammenhang mit dem Thema Diagnostik habe ich dieses Buch bereits erwähnt. Offenbar handelt es sich bei den „Tools" um ein Thema, das im Feld im Gespräch ist. Ich bin nicht der Einzige, der daran Anstoß genommen hat. Am Ende des erwähnten Austauschs fällt dieser Begriff „Tooligan", der klanglich und vielleicht auch inhaltlich auf Fußballrowdies der Sorte verweist, der man nicht unbedingt begegnen möchte: die Hooligans. In dem erwähnten Buch verweisen Tom Levold, Lieb und Britten auf die Tooligans und erläutert: „Das sind Menschen, die in erster Linie auf der Suche nach neuen Tools und neuen Methoden sind" (2017, S. 155). Das Wort „Tooligan" taucht also in einem Sprachspiel auf, und die Zweideutigkeit ist intendiert. Sie soll wohl Skepsis gegenüber dem „Tool" andeuten.

Problematisch sei diese Suche nach neuen Tools und neuen Methoden deshalb, weil dabei verloren gehe, „erst mal Ideen zu haben, was das Problem sein könnte oder wie man ein Problem verstehen kann" (Levold 2017, S. 155). Ich erlaube mir, diesen wichtigen Punkt Levolds und anderen in meine Worte zu fassen, auch wenn die seinen an Klarheit nichts zu wünschen übriglassen: Tooligans vertrauen ihrer praktischen Urteilskraft nicht, stattdessen liefern sie sich aus an die Anonymität eines Werkzeugkastens.

Ich stelle mir vor (bezogen auf das Fallbeispiel in 2.1), (ACHTUNG: IRONIE) Frau Geertz hätte vor ihrem Hausbesuch bei dieser Familie den in ihrem Jugendamt vorhandenen Werkzeugkoffer geöffnet, dort ein bisschen gewühlt und schließlich ein Werkzeug mit dem Titel „Hausbesuch" entnommen. Zum Werkzeug Hausbesuch heißt es in dem fiktiven Werkzeugkoffer:

Punkt eins: Läuten oder klopfen. Falls keine Antwort: Nochmals läuten oder klopfen. Wenn nach dem vierten Läuten/Klopfen keine Reaktion erfolgt, auch wenn bereits 20 Minuten verstrichen sind, tritt Punkt 2 in Kraft: Den Hausbesuch als gescheitert verzeichnen und den nächsten Hausbesuch in Angriff nehmen.

Angenommen, es gäbe einen solchen (fiktiven) Werkzeugkasten und Frau Geertz hätte sich sklavisch daran gehalten, dann wäre ihr mutmaßlich entgangen, dass im Vorfeld des Besuchs der Hund aus dem Garten entfernt worden war. Denn man kann wohl kaum annehmen, dass das Vorhandensein von Hunden (auch: Hündinnen) als Eventualität in Werkzeugkästen in Sachen Hausbesuch verzeichnet ist. Damit wäre die von Tom Levold geforderte Kreativität im Verkehr mit Klienten zerstört gewesen. Freuen wir uns also an dieser Stelle, dass es solche Werkzeugkästen nicht überall gibt. Ich werde an anderer Stelle auf einen gelungenen Werkzeugkasten zurückkommen, der allerdings nicht so heißt. Es geht um den § 8a im Frankfurter Kommentar zum SGB VIII. Dieser Kommentar hat die Qualität, selektiv unter dem Aspekt Werkzeug in Betracht genommen werden zu können.

Levold, Lieb und Britten setzen ihren Gedankengang fort: Ein Werkzeugkasten verhindert eine Haltung, „einfach nur mal was Neues (zu) machen, um auf Ideen zu kommen, wo das Problem sein könnte" (2017, S. 155). Ich würde deutlicher formulieren: Werkzeugkästen wirken wie Scheuklappen und ersticken die praktische Urteilskraft.

Noch einmal zum Kontrast der beiden Positionen: Während Levold, Lieb und Britten durch den Werkzeugkasten die Kreativität auf Therapeutenseite bedroht sehen, lenke ich meinen Blick auf die Frage der Individualität der Klienten und sehe diese durch den Werkzeugkasten bedroht. Es wird wohl alles darauf hinauslaufen, dass man beide Einschätzungen miteinander kombiniert.

Was sind die Alternativen zum Werkzeugkasten? Wer meine bisherigen Ausführungen so gründlich zur Kenntnis genommen, dass er (auch sie) diese verinnerlicht hat, wird sich über die Auffassung nicht wundern, dass in einem Konzept namens *Fallverstehen in der Begegnung* kein Raum ist für Werkzeuge. Werkzeuge sind geschaffen für *allgemeine* Problemlagen, Individuelles hat dort keinen Platz. Dazu ein simples Beispiel.

Ein Fahrradmechaniker, der mit einem Grundbestand an Werkzeugen ausgestattet ist, kann sich auf allgemeine Prinzipien verlassen, nach denen Fahrräder konstruiert sind. Individuelle Fälle werden ihm eher selten auf den Montageständer kommen. Im Prozess der fabrikweisen Herstellung von Fahrrädern gibt es nur standardisierte Fahrzeuge dieser Art. Und falls der erwähnte Handwerker doch auf ein individuell zugeschnittenes („customized", wie man heute sagt) Rad trifft, kann er sich auf seine praktische Erfahrung als Handwerker berufen, herausfinden, was da anders ist, und zur Tat schreiten. Anders könnte zum Beispiel sein, dass die verwendeten Schrauben amerikanische Maße aufweisen. Dann muss er sich um amerikanisches Werkzeug bemühen oder solches von einem Kollegen ausleihen. Der oben bereits vorgestellte Bürokrat würde an dieser Stelle die erste seiner drei eisernen Regeln der Bürokratie zur Geltung bringen (das haben wir nie so gemacht), und der Fall wäre für ihn erledigt. Der Kunde würde sich in diesem Fall einen geistig wendigeren Fahrradmechaniker suchen. Bei der Jugendhilfe hat man im Bedarfsfall diese Freiheitsgrade nicht.

Gleichwohl bin ich gern bereit, das Lob des Werkzeugkoffers zu singen und ihn zu preisen. Insbesondere Anfänger, die am Beginn ihrer Berufstätigkeit vor dem unbekannten Neuen stehen, kann geholfen werden, wenn man ihnen praktische Tipps an die Hand geben kann. Wichtig ist dann nur, dass Berufsanfänger in ihrem Anfang sich nicht auf praktische Tipps reduzieren (der Mensch ist ein Gewohnheitstier, das wissen wir alle, und er sucht gerne die einfachen Wege), sondern, wie Frau Erle im nächsten Kapitel, einen Blick für Klienten entwickeln. Ein vorschnelles Rekurrieren auf Werkzeugkästen kann diesen Blick entwerten. Von Bedeutung wäre hier, dass eine erfahrene Kollegin der jungen Kollegin das Werkzeug im Dialog vermittelt. Es besteht allerdings auch die Gefahr, dass das Werkzeug den Dialog ersetzen soll. Rosmarie Welter-Enderlin pflegte darauf hinzuweisen, dass es sich bei Klientenproblemen nicht um Damenstrümpfe handelt: „One size doesn't fit all."

Auch hier hilft wieder ein Abgleich mit der Praxis in medizinischen Handlungsfeldern, wenn das auch gerne Widerstand hervorruft: Ärzte, auch Ärztinnen, sind mit den so genannten *Leitlinien* konfrontiert. Diese Leitlinien dienen auch dazu, im Bedarfsfall ein ärztliches Handeln als sachangemessen ausweisen zu können. Im Extremfall kann das dazu führen, dass das auch von der Sache her gebotene Abweichen vom Leitfaden dazu führen kann, ein ärztliches Handeln als unangemessen zu sanktionieren. Anfänger halten sich daher sklavisch, auch wider besseres Wissen, an Leitfäden. *Erfahrene Ärzte überlegen erst einmal, wie sie im konkreten Fall vorgehen würden, und klären im Nachhinein ab, welche Vorschläge der Leitfaden gemacht hätte.* Über solche Freiheitsgrade verfügen Anfänger per definitionem nicht, eine Erkenntnis, die auf die schwierige Aufgabe hinweist, bei Anfängern zunächst die Ausbildung einer praktischen Urteilskraft zu fördern, bevor sie sich ausruhen auf Leitlinien bzw. Werkzeugkästen. Es wäre interessant zu prüfen, ob die in obigem Beispiel erwähnten Notfallmediziner im Leitfaden die Anweisung gefunden hätten: Unter Umständen muss ihr Rettungsassistent mit dem Daumen auf die Halsschlagader drücken. Diese Maßnahme, ein Ergebnis praktischer Urteilskraft, wird sich in keiner Leitlinie finden lassen.

Sind solche Leitfäden in der Lage, Einzelfälle zu erfassen, die in abgelegenen Gebieten des Thüringer Waldes auftreten? Ich komme zurück auf das oben bereits vorgestellte Problem: Man stelle sich gedankenexperimentell einen ärztlichen Leitfaden vor, der so ausgefeilt ist, dass er alle möglicherweise auftretenden Einzelfälle umfasst. Das müsste dann ein offen gehaltener Leitfaden sein, der jeweils um die neu aufgetretenen Fälle erweitert würde. Ich bezweifle, dass die Propagandisten (und, warum auch nicht, Propagandistinnen) des Leitfadens mit ihren Gedankengängen diesen zuletzt genannten Punkt bereits in Betracht gezogen haben.

1.14 Alternativen zum Werkzeugkasten. Der Frankfurter Kommentar. Ein Fallbeispiel: Die vereinsamte Großmutter

Es gibt Alternativen zum Werkzeugkasten. Eine davon ist der Frankfurter Kommentar, der für den Fall einer Meldung einer Kindeswohlgefährdung ein klares Ablaufschema vorgibt. Zur Explikation dient das folgende Fallbeispiel:

Ein Hausbesuch

An einem Feiertag nutzte ich die Ruhe im nordöstlichen Jugendamt, an welchem Frau Geertz angestellt ist, um das Protokollbuch zu Kinderschutzeinsätzen im Bereitschaftsdienst auszuwerten.

Im Vorgespräch zu dieser Aktion berichtete mir die Leiterin des ASD, Frau Erle, von ihrem ersten Einsatz in diesem Bereitschaftsdienst.

Sie wird während ihres Bereitschaftsdiensts zu einem einsamen und teils verfallenen Gehöft gerufen, wo ein Fall von Kindeswohlgefährdung vorliegen soll. Sie trifft dort drei Männer und zwei Frauen an, die alle schwer betrunken sind. Außerdem findet sie zwei ca. dreiwöchige Säuglinge vor, die sie sich ohne weitere Umstände unter die Arme klemmt, und sie will sich gerade davon machen, als sich einer der Männer ihr in den Weg stellt und ihr eine abgebrochene Flasche an den Hals hält. Frau Erle, die an einem Sportgymnasium das Abitur gemacht hat, tritt ihm in die Weichteile und nutzt das Überraschungsmoment, um die beiden Säuglinge in ihr Auto zu legen und eiligst den Ort zu verlassen.

Ich zitiere dieses Beispiel als Hinweis auf die *Grenzen* von Begegnung und Verständigung. Man stelle sich vor, Frau Erle hätte auf eine Intervention verzichtet, um Prozessen von Begegnung und Verständigung Raum zu geben. In der akuten Krisensituation wäre sie wohl nicht weit gekommen, und den Säuglingen wäre auch nicht geholfen gewesen. Man beachte also, dass die Annahmen im Meilener Konzept der jeweiligen Akutsituation angemessen sein müssen.

Ein Garant dafür ist eine situationsangemessene praktische Intelligenz. Der Bezug auf ein Konzept wie *Fallverstehen in der Begegnung* wäre, um es zu wiederholen, in der vorliegenden Situation, im Unterschied zur praktischen Urteilskraft, unangebracht gewesen. Jedoch hätte er im weiteren Verlauf, im

Gespräch mit den Eltern der Säuglinge, nachdem Ruhe eingetreten ist und die Beteiligten wieder nüchtern und ansprechbar sind, eine Rolle spielen müssen.

Um nun auf das Thema *Werkzeugkasten* zurückzukommen: Hier war das Knie der Fachkraft das geeignete Werkzeug. Die Hersteller von Werkzeugkästen wären wohl kaum auf diese Idee gekommen, und ich trage folgende Ergänzung (ironisch) nach. Es könnte im Werkzeugkasten auch heißen: Wenn Gefahr in Verzug ist, dürfen Sie gerne unter Zuhilfenahme eines geeigneten Körperteils dorthin treten, wo es weh tut.

Was sind die Alternativen zum Werkzeugkasten? Wer das Konzept *Fallverstehen in der Begegnung* verinnerlicht und entsprechend gegenüber Werkzeugen eine skeptische Haltung entwickelt hat, wird in Werkzeugkästen eine Entlastung für Anfänger sehen, *aber auf keinen Fall einen Ersatz für berufsfachliches Handeln, bei dem Fallverstehen in der Begegnung* im Zentrum steht. Das Argument für diese Behauptung will ich gerne noch einmal wiederholen.

Leitlinien, Werkzeugkästen, Checklisten und dergleichen erfüllen in dem Maße ihre Bedeutung, indem sie *allgemein*, d. h. so formuliert sind, dass sie auf eine Vielfalt von Situationen passen. Die Situationen ihrer Anwendung sind jedoch *individuelle*, also meist nicht vorhersehbare. Wären sie vorhersehbar, würde man Leitlinien etc. nicht benötigen.

Es ist dieser Widerspruch vom Allgemeinen und Individuellen, in welchem die Herausforderung für ein jedes berufsfachliche Handeln steckt. Entsprechend sind Werkzeugkästen u. Ä. mit Skepsis zu betrachten.

In einem lesenswerten Beitrag mit dem Titel „Die Bedeutung des Kontexts für die Therapie" (ich beziehe mich auf einen Beitrag aus der Rubrik „Post aus der Werkstatt", der 1987 in der Zeitschrift *Familiendynamik* erschienen ist, vgl. auch F. B. Simon & G. Weber, 2022). Hier geht es darum, wie wichtig es ist, vor Beginn einer Therapie (Beratung) den Kontext zu klären. Vom Driften ist im weiteren Verlauf nur indirekt die Rede insoweit, als jeder, der vorab den Kontext der Beratung nicht geklärt hat, unweigerlich ins Driften, anders formuliert in die Orientierungslosigkeit gerät. Meine *These* ist, dass die Verwendung von Werkzeugkästen eine sichere Garantie dafür ist, ehe man sich's versieht ins Driften zu geraten, anders formuliert: den Kurs zu verlieren; denn Werkzeugkästen sind kontext-irrelevant.

Gibt es Alternativen zu Instrumenten wie Werkzeugkästen u. Ä.? Als eine solche Alternative sind in der letzten Zeit „fact sheets" im Gespräch. Auf engstem Raum soll aktuelles Fachwissen Fachleuten, die keine Zeit für Lesen aufwenden wollen, auf knappem Raum angeboten werden (ob die verwendeten Sätze über Drei-Wort-Sätze hinausgehen dürfen, entzieht sich meiner Kenntnis).

Fallbeispiel

Die vereinsamte Großmutter. Am Morgen nach dem erwähnten Feiertag saß ich wiederum bei Dienstbeginn im Jugendamt. Man hatte mir zugesagt, mich bei einer Gefährdungsmeldung hinzuzuziehen. Eine solche ging im Laufe des Vormittags ein, die Meldende wurde für den folgenden Tag einbestellt.

Bei diesem Fall handelt es sich um eine Familie, bestehend aus einem Neunjährigen, nennen wir ihn Felix, der mit seinen Eltern zusammenlebt, die nicht verheiratet sind. Die Großmutter väterlicherseits erstattet zunächst telefonisch und anonym beim zuständigen Jugendamt eine Kindeswohlgefährdungsmeldung. Die annehmende Fachkraft, Frau Brusius, bittet die Anrufende, am Folgetag ins Amt zu einem Gespräch zu kommen, und sichert ihr Vertraulichkeit zu.

In diesem Gespräch berichtet die Großmutter: Ihr Sohn sei Alkoholiker. Seine Partnerin entziehe ihm das Kind, allerdings wisse sie nicht, wer von den Eltern das Sorgerecht innehabe. Die Partnerin und Felix' Mutter, stamme aus einer Familie mit verrohten Sitten, sie wolle, dass ihr Partner sich tot saufe, und sie entziehe ihr, der Großmutter, das Kind. Felix habe sich in der letzten Zeit sehr verändert, habe Heimlichkeiten und benutze Notlügen. Manchmal komme er hungrig zu ihr. Seine Mutter sorge nicht für ihn, sie komme morgens nicht aus dem Bett, vermutlich trinke sie ebenfalls. Ihr Sohn habe neulich eine Verletzung am Kopf gehabt, er sei angeblich beim Pinkeln zwischen Badewanne und Waschmaschine gestürzt, aber das sei technisch nicht möglich. Das Kind werde von einer Tante der Mutter versorgt, die ebenfalls einen schlechten Ruf habe, manchmal auch von Nachbarn, warum bringe man das Kind nicht zu ihr?

Die Jugendamtsmitarbeiterin hört sich geduldig die ausführliche Erzählung der Großmutter an. Das Gespräch dauert über eine Stunde. Zwischendurch zieht Frau Brusius Erkundigungen bei der Suchtberatung ein, nachdem ihr die Großmutter die Erlaubnis dazu gegeben hat. Der Alkoholismus des Sohnes wird verifiziert, ein erneuter Behandlungsbedarf wird dem Suchtberater angezeigt. Das Gespräch abschließend, lobt die Sozialarbeiterin die Großmutter für ihre Offenheit, klärt sie über ihre Rechte als Großmutter auf und sichert ihr für denselben Tag einen Hausbesuch bei Felix zu.

Im Anschluss an dieses Gespräch nennt mir Frau Brusius folgende Optionen: Ambulante Hilfe/Vater zur Entgiftung/die Mutter soll ebenfalls vom Sozialpsychiatrischen Dienst am Gesundheitsamt Hilfe annehmen. Wenn der Junge nicht bei den Eltern bleiben könne, werde sie ihn zur Inobhutnahme in ein Heim in der Nähe seines Wohnorts bringen, sodass er weiter seine Schule besuchen könne. Die Idee, dem Begehren der Großmutter stattzugeben, verfolgt sie nicht und sichert sich auf diese Weise die Souveränität ihres fachlichen Zugriffs.

Dann fordert Frau Brusius ein Dienstfahrzeug mit Kindersitz an – so hält sie sich die Option auf eine sofortige Kindesherausnahme offen. Im nächsten Schritt ruft sie den Leiter der Schule an, die Felix besucht und der auch den Jungen unterrichtet, wobei sie erfährt, dass Felix sich in der letzten Zeit nicht verändert habe.

Unmittelbar im Anschluss an dieses Gespräch findet, wie in § 8a SGB VIII vorgeschlagen, eine Teamberatung statt. Zunächst wird der Frage nachgegangen, ob diese Familie bereits im Jugendamt bekannt sei. Eine ältere Kollegin (es ist die, das will ich aus Dankbarkeit erwähnen, die mich während meiner feiertäglichen Klausur im Jugendamt mit Stärkungen versorgt hat) verweist auf eine namensgleiche „bekannte Dynastie". Wenn die Mutter dazu gehöre, dann habe sie eine sehr schwere Kindheit gehabt. Der Idee, Felix unmittelbar zur Großmutter zu bringen, wird entgegengehalten, dass es sich um die Konstellation „böse Schwiegermutter" handeln könne, möglicherweise sei die Großmutter ein „Schwiegermuttermonster". Ein anderer wirft den Scherz ein: „Was ist flüssiger als Wasser? Schwiegermütter. Sie sind überflüssig." Man sieht: Die Sympathien der Anwesenden wandern auf die Seite von Felix' Mutter. Andere verweisen auf die Kopfverletzung und spielen auf mögliche Gewalt in der Partnerschaft an (scherzhaft verweist ein Kollege auf die mögliche Intervention der Partnerin mit Unterstützung einer Bratpfanne). Der allgemeine Ton ist humorvoll, hat aber nichts Despektierliches an sich und deutet darauf hin, dass diese Äußerungen nicht als Tatsachenfeststellungen gemeint sind, sondern als Möglichkeiten, als Versuch, sich auf eine Situation, von der man nichts Genaueres weiß, einen Reim zu machen.

Die Teamberatung wird mit folgendem Protokoll abgeschlossen, das verlesen und gebilligt wird:
- Großmutter väterlicherseits hat heute persönlich im Jugendamt vorgesprochen.
- Beschreibt, dass der Sohn Alkoholiker ist.
- Unklar, ob alleinige oder gemeinsame elterliche Sorge besteht.
- Alkoholprobleme sollen auch bei der Mutter bzw. in der Herkunftsfamilie der Kindsmutter eine Rolle spielen.
- Psychische Störung bei der Kindsmutter wird vermutet.
- Mutter der Kindsmutter habe auch psychische Probleme.
- Rücksprache seitens Frau Brusius mit Schulleiter am heutigen Tag ergab, dass es keine Auffälligkeiten in der Schule gibt.
- Haushalt soll in Ordnung sein.
- Gesundheitsamt wurde involviert, Herr M. (Suchtberater) wird Kontakt aufnehmen.

- Bekannte der Familie haben Veränderungen bei Felix bemerkt, er soll ruhiger geworden sein und Geheimnisse haben.[17]

Von den in der Teamberatung eher spielerisch ins Gespräch gebrachten Optionen, die auf gravierende Probleme zielen würden, taucht keine einzige in diesem Protokoll auf. Zudem enthält die Liste der Punkte nicht nur Hinweise auf die Existenz einer möglichen Kindeswohlgefährdung, sondern auch Gegenbelege. Als Ergebnis der Beratung wird festgehalten:

- Sofortiger unangemeldeter Hausbesuch zur Abklärung einer möglichen Kindeswohlgefährdung.
- Gespräche mit beiden Eltern und dem Jungen notwendig.
- Ggf. Inobhutnahme des Jungen.

Am Nachmittag findet der Hausbesuch statt, ich darf Frau Brusius begleiten. Es findet nun ein Ablauf statt, der seit Eingang der Kindeswohlgefährdung im Jugendamt den Vorschlägen entspricht, die im *Frankfurter Kommentar zum SGB VIII: Kinder und Jugendhilfe* zum § 8a in der fünften, vollständig überarbeiteten, zum Zeitpunkt der Datenerhebung einschlägigen Auflage 2006 (Münder et al.) unter der Überschrift: *Übersichten zum idealtypischen Ablauf (S. 124f)* unterbreitet werden. Allerdings weist der hier referierte Ablauf einige Abweichungen auf, die der Fall nahelegt.

Eine Vorbemerkung zur Begrifflichkeit. In den Sozialwissenschaften ist der Begriff des Idealtypus v. a. mit Max Weber verknüpft. Dieser schreibt zum Idealtypus, den er als *Gedankenbild* bezeichnet.

> In seiner begrifflichen Reinheit ist dieses Gedankenbild nirgends in der Wirklichkeit empirisch offenbar, es ist eine *Utopie*, und für die *historische* Arbeit erwächst die Aufgabe, in jedem *einzelnen Falle* festzustellen, wie nah oder wie fern die Wirklichkeit jenem Idealbild steht (Weber 1988/1904, S. 191, Hervorh. im Orig.).

Die aufmerksame Leserin wird feststellen, dass Max Weber in diesem Zitat sich mit dem Verhältnis von Allgemeinem und Besonderem auseinandersetzt. Das wird für sie nichts Neues sein, denn in den bisherigen Kapiteln habe ich dieses Thema mehrfach angesprochen.

Fazit: Die Autoren des hier zu Rate gezogenen Frankfurter Kommentars machen einen Ablaufvorschlag zu einem im jugendamtlichen Handeln nicht außergewöhnlichen Geschehen und verwenden dabei den Begriff des Idealtypus. Damit machen sie, im Gegensatz zu den Erfindern von Werkzeugkästen, Leitlinien, Checklisten usw., auf die Thematik des Zusammenhangs von Allge-

---

[17] Ich möchte darauf hinweisen, dass diese Phänomene, entwicklungspsychologisch betrachtet, altersentsprechend sind. Man könnte sich an dieser Stelle also fragen, ob man bei Mitarbeitern eines ASD oder bei Lehrern solche Kenntnisse erwarten kann. Im vorliegenden Fall offenbar nicht, oder sie werden nicht preisgegeben. Es geht hier um die Entwicklung des moralischen Bewusstseins (Kohlberg, vgl. Oerter und Montada (1998), den Klassiker der Entwicklungspsychologie) einerseits, um ein Bewältigungsmuster einer schwierigen Situation in der Kindheit, die im vorliegenden Fall im mentalen Rückzug besteht, andererseits.

meinem und Besonderem von vorneherein aufmerksam, und setzen voraus, dass ihre Leser mit dem Begriff des Idealtypus vertraut sind. Zur Erleichterung des Zugangs habe ich das Konzept Webers beigefügt.

Im Folgenden werde ich den Ablauf, den die Gefährdungsmeldung einer Großmutter im fraglichen Jugendamt in Gang gesetzt hat, beschreiben und dabei, jeweils fett formatiert, den Bezug zum idealtypischen Ablauf herstellen, wie er im Frankfurter Kommentar vorgeschlagen wird.

Aktivierung des Fachteams: erste Risikoabschätzung (§ 8a Abs. 1 Satz 1)
1. **Informationssichtung (Welche Tatsachen sind bekannt? Sind bereits Vorgänge im ASD vorhanden?)**
2. **Hypothesenbildung (Liegen nach allem, was man weiß, gewichtige Anhaltspunkte für eine Kindeswohlgefährdung oder sogar ein akuter Notfall vor, der sofortige Schutzmaßnahmen veranlasst?)**
3. **Methodenwahl (Welche Möglichkeiten der Kontaktaufnahme mit der Familie bestehen?)**
4. **Dokumentation der Beratungsergebnisse; Information der Dienstvorgesetzten (eventuell schon früher)**

Unmittelbar, nachdem die Großmutter das Jugendamt wieder verlassen hat, ruft Frau Brusius die im Amt aktuell sich aufhaltenden Kolleginnen und Kollegen zusammen. In einer Runde von zehn Fachkräften stellt sie die Sorge der Großmutter vor und lässt die anderen frei fantasieren. Die oben bereits erwähnte ältere Kollegin, die mit der Klientel dieses Jugendamts seit Jahrzehnten vertraut ist, stellt die Frage, die in solchen Zusammenhängen immer gestellt wird und die auch im Frankfurter Kommentar unter 1) erwähnt wird. Das ist die Frage nach der Bekanntheit der fraglichen Familie im Jugendamt. Der Familienname wird noch einmal genannt, und die ältere Kollegin stellt Verknüpfungen her: „Wenn das eine von den Koslowskis aus Mönchenhagen ist, dann hat sie ein ganz schweres Leben gehabt." Sie äußert dies als Möglichkeit, nicht als Tatsachenbehauptung. Die anderen Anwesenden tragen ihr Wissen zu dieser Familie bei, und man kommt zu dem Schluss, dass die fragliche Großmutter wohl doch nicht aus diesem Familienzusammenhang stammt. Allerdings wird der Bezug zu einer anderen Familie genannt, die ein kleines mittelständisches Unternehmen betreibt und wirtschaftlich gut situiert ist.

Ich konnte auch beobachten, dass die Fachkräfte in der Runde vor dem präsentierten Fall nicht saßen wie das Kaninchen vor der Schlange. In freier Assoziation wurden auch Scherze gemacht. Allerdings hat das nicht zu einer im Nihilismus entgleisenden Runde geführt. Am Ende gewann der Ernst der Lage wieder die Oberhand.

Aufgrund der Sachlage wird beschlossen, unverzüglich einen Hausbesuch durchzuführen.

Fazit zum bisherigen Vorgehen: Zunächst findet der Versuch einer sozialen Situierung der Familie statt, die so plötzlich zum Gegenstand jugendamtlicher

Erforschung geworden ist. Dies hat den Vorteil, dass man an Vorerfahrungen anknüpfen kann, aber auch den Nachteil, dass man u. U. vorschnell bereit ist, den Fall in eine Schublade zu stecken. Die von mir beobachteten Akteure konnten diese Problematik in den Griff bekommen, indem sie in quasi differenzialdiagnostischer Vorgehensweise den Fall erörterten, ohne zu einer vorschnellen Einschätzung zu gelangen.

Es findet nun der Übergang zum nächsten Punkt im Frankfurter Kommentar statt.

Kontaktaufnahme mit der Familie (§ 8a Abs. 1 Satz 2)
1. Daten sind grundsätzlich beim Betroffenen zu erheben (§ 62 Abs. 2)
2. Vereinbarter (oder unangemeldeter) Hausbesuch; ggf. einzelfallangemessene anderweitige Kontaktaufnahme

Am Nachmittag fahren wir mit dem Dienstwagen zur Wohnung der Familie, wo sich, so die Großmutter, der Vater von Felix aufhalte. Tagsüber arbeite die Mutter in einem Café in der Innenstadt.

Ein unangemeldeter Hausbesuch ist eine riskante Maßnahme, da er einem Überfall gleichkommt. Der Kontrollaspekt jugendamtlichen Handelns wird hier besonders deutlich. Andererseits hängt es vom Verhalten der Sozialarbeiterin ab, wie sie diesen „Überfall" rahmt.

Die Familie wohnt in einem mehrstöckigen Siedlungshaus, die Vorstufe der aus der DDR noch bekannten Plattenbauten. Der Wohnblock, in dem die Familie lebt, ist Frau Brusius bekannt. Hier habe sie schon einmal mit einem Fall einer schweren Kindeswohlgefährdung zu tun gehabt: „Frau H. (eine Kollegin) und ich haben geweint, als wir das Kind im Krankenhaus gesehen haben." Niemand öffnet, als wir an der Wohnungstür der Familie klingeln, so auch bei den Nachbarn. Daraufhin beschließt die Sozialarbeiterin, Felix' Mutter an ihrer Arbeitsstelle aufzusuchen.

Frau Brusius parkt ihren Dienstwagen außerhalb des Stadtzentrums, kündigt einen längeren Fußmarsch an und begründet: „Es muss ja nicht jeder gleich wissen, dass das Jugendamt da ist."

[Das habe ich auch schon anders gehört: In dem südöstlichen Jugendamt, das in unserer Studie am schlechtesten abschnitt und sich auch beim Versuch des Transfers unserer Erkenntnisse zunächst kooperativ, dann unkooperativ zeigte, pflegen die Jugendamtsmitarbeiterinnen mit dem Dienstwagen direkt vor den Eingang des Wohnblocks zu fahren, in dem die zu besuchende Familie wohnhaft ist. Der Motor ist noch nicht abgestellt, da erscheinen bereits an allen Fenstern Köpfe, um herauszufinden, was da zu besichtigen ist. - Ergänzend sei hinzugefügt, dass ich diese Beobachtung nicht selbst gemacht habe. Sie ist mir von einer wissenschaftlichen Hilfskraft im Projekt mitgeteilt worden, die in Sachen Feldforschung sich sehr geschickt zeigte.]

Aus diesem südöstlichen Jugendamt bekam ich auch den Bescheid, dass man sich am idealtypischen Ablauf bei Kindeswohlgefährdung, wie im Frankfurter

Kommentar zu lesen, *nicht* orientiere; denn eine vorgesetzte Dienststelle arbeite gerade an einem eigenen Entwurf, zu dem man jedoch nichts sagen könne. Während, wie ich oben ausgeführt habe, am Entwurf im Frankfurter Kommentar fachlich nichts auszusetzen und auch nichts zu verbessern ist, hat man sich hier für einen eigenen Weg entschieden, ohne angeben zu können, weshalb die Vorlage im Frankfurter Kommentar als nicht genügend erachtet wird. Auch erhielten wir keine Hinweise darauf, ob der Ersatzvorschlag von Fachkräften erarbeitet wird, die über den erforderlichen Sachverstand verfügen.

Wir sind der Sache nicht weiter nachgegangen; denn diese Auskunft erschien uns als denkbar unglaubwürdig, und in der Feldforschung versucht man zu vermeiden, die Gesprächspartner zu konfrontieren. Es geht hier, wie Erving Goffman (1975, S. 10–53) ausgeführt hat, um Techniken der Gesichtswahrung. Man verwendet diese Vorgehensweise nicht aus Gründen der Höflichkeit, sondern um den Fortgang der Situation zu sichern.

Zurück zu Felix: Nach dem angekündigten längeren Fußmarsch betreten wir das Café, in dem nach Angaben der Großmutter die Mutter von Felix arbeitet, und setzen uns an einen Tisch im Hintergrund. Die Bedienung (Felix' Mutter) hält uns für Gäste, wir bestellen etwas, und Frau Brusius skizziert flüsternd den Grund unserer Anwesenheit. Die Mutter bringt eine laufende Arbeit zu Ende und setzt sich dann zu uns. Sie bestätigt sogleich, dass sie nicht aus jener „Dynastie" (auch in der DDR war der in Westdeutschland geläufige Begriff „alter Sozialhilfeadel" in Gebrauch) stammt, mit der man sie bei der Teamberatung im Jugendamt provisorisch in Verbindung gebracht hat. Die Mutter teilt mit, dass sie dieser Tage ihren Partner mit der Mitteilung konfrontiert habe, sie werde in den nächsten Tagen mit dem Kind ausziehen, wenn er nicht zum Alkoholentzug in die Klinik gehe. Eine Wohnung habe sie bereits besorgt. Frau Brusius bietet Felix' Mutter zunächst eine sozialpädagogische Familienhilfe, später einen Erziehungsbeistand an, damit Felix einen Ansprechpartner habe. Die Mutter stimmt zu. Auf die Frage, was die Sozialarbeiterin vorfinden würde, wenn sie ihre Wohnung beträte, sagt sie: Es ist sauber und ordentlich. Dann bittet Frau Brusius um die Erlaubnis, Felix im Hort aufzusuchen, die sie auch erhält.

Im Hort spricht Frau Brusius zunächst die Hortnerin an, bittet um Erlaubnis, Felix sprechen zu können, kündigt an, eine schriftliche Genehmigung der Mutter nachzureichen, mündlich liege sie vor, und fragt die Hortnerin nach ihrer Erfahrung mit dem Jungen. Die Frau kann keine Auskunft geben, sie sei nur vertretungshalber anwesend. Auf Bitte von Frau Brusius führt uns Felix, der gerade alleine an einem Turngerät klettert, in einen ruhigen Raum. Er wirkt als ein besonnen und bedacht formulierender Junge, der folgende Beschreibung der Situation abgibt: Er wolle, dass die Oma nicht immer schimpfe. Der Vater trinke oder schlafe, die Mutter arbeite, und er sei gerne bei der Oma. Dem Vorschlag einer Erziehungsbeistandschaft stimmt Felix zu. Wir werfen also auf der Rückfahrt ein entsprechendes Antragsformular in den Briefkasten der Familie (an dieser Stelle überschreitet der Feldforscher seine Grenzen, indem er diese Aufgabe der Höflichkeit halber selbst übernimmt).

Nach unserer Rückkehr ins Jugendamt erstattet Frau Brusius ihren Kolleginnen und Kollegen Bericht.

Gemäß dem „idealtypischen Ablauf" im Frankfurter Kommentar steht nun an:

Gemeinsame Problemkonstruktion mit Familie (§ 8a Abs. 1 Satz 2)
1. **Information der Familie, Klärung der Situation und gemeinsame Problemkonstruktion**
2. **Ggf. Anbieten von Hilfen (§ 8a Abs. 1 Satz 3)**
3. **Ggf. Hinwirken auf Inanspruchnahme von ärztlicher oder polizeilicher Unterstützung oder Hilfen anderer Sozialleistungsträger; in akuten Notsituationen eigene Einschaltung (§ 8a Abs. 4)**

Hier wird ein Vorschlag zur Betroffenenbeteiligung formuliert. [Zur Erinnerung: Das erwähnte skandinavische Vorgehen der FGC geht darüber hinaus, indem dem Kind eine erwachsene Person zur Seite gestellt wird, die seine Interessen vertritt.] Darüber hinaus eröffnet der Frankfurter Kommentar eine Schnittstelle zur Familienberatung.

Nun kann man nicht von jeder Fachkraft in einem Jugendamt erwarten, dass sie über die entsprechenden Kompetenzen verfügt. Entsprechend wäre vorzuschlagen, dass Jugendämter sich einschlägiges Wissen verschaffen, indem sie einer Mitarbeiterin eine entsprechende Weiterbildung ermöglichen und dafür die Kosten übernehmen. Diese Mitarbeiterin könnte dann in den jeweiligen Fällen das erworbene Wissen den anderen als beratende Kollegin zur Verfügung stellen, wodurch auf lange Sicht, wenn es gut geht, Kompetenzen in Familienberatung zum Gemeingut im fraglichen Jugendamt werden. Nebenbemerkung: Das ist ein pragmatischer Vorschlag, der sicher, wie im Feld üblich, ausführlich diskutiert werden würde, auch die notorischen Bedenkenträger kämen nicht zu kurz.

Damit schließe ich dieses Fallbeispiel ab. Der weitere Verlauf ist der folgende: Drei Monate später teilt mir Frau Brusius den aktuellen Stand in Sachen Felix und seiner Familie mit: Felix' Vater hat einen Alkoholentzug auf eigene Faust gemacht und eine Stelle als Bauhelfer angenommen. Allerdings soll er gerade dieser Tage wieder einen Rückfall gehabt haben. Im Hilfeplangespräch wurde die Erziehungsbeistandschaft durch eine Sozialpädagogische Familienhilfe ersetzt. Die Mutter ist mit Felix nicht ausgezogen, die Familie ist kooperativ.

Nun komme ich zurück auf das oben erwähnte Konzept der „Jugendhilfe als Grenzobjekt" und die Frage, welche Konsequenzen aus diesem Konzept für die jugendamtliche Praxis zu ziehen sind.

1.15 Ein anderer Ansatz zur Arbeit mit Familien in kritischen Lebenssituationen. Kritik am Hilfeplangespräch. Auch andernorts wächst das Gras nicht grüner

Ich nehme nun die Gelegenheit wahr, das Buch von Patricia Minuchin, Jorge Colapinto & Salvador Minuchin *Verstrickt im sozialen Netz: Neue Lösungswege für Multiproblemfamilien* (2000) erneut ins Gespräch zu bringen, in welchem ein eigenständiger Blick auf das Phänomen des Grenzobjekts geworfen wird. Sieht man einmal von der Problematik des Untertitels ab: Was eine „Multiproblemfamilie" ist, lässt sich in der Regel nicht vorab bestimmen, sondern erst nach einem durchgeführten Fallverstehen feststellen. Zudem wird mit diesem Begriff unterstellt, dass Probleme sich addieren oder multiplizieren lassen, während sie sich üblicherweise wechselseitig interpretieren oder gar aufschaukeln. Der „reinen" Lehre systemischen Denkens entspricht dieser Begriff nicht.

Die Konsequenzen der Verstrickungen im sozialen Netz von Familien, die mit unterschiedlichen Fachleuten konfrontiert sind, liegen auf der Hand. Man muss die beteiligten Fachkräfte miteinander ins Gespräch bringen, muss sie ihre unterschiedlichen Perspektiven auf den Fall austauschen lassen können. Hierzulande nennt man das neuerdings „Hilfeplankonferenz" oder einfach nur „Hilfekonferenz". Wieder wird das Rad neu erfunden. Sie hat, wie erwähnt, im geschilderten Fall stattgefunden, jedoch hatte ich keine Gelegenheit, daran teilzunehmen. Damit eine Hilfeplankonferenz gelingt, halte ich es für erforderlich, dass die Beteiligten, die einen Fall einbringen, mit einem klar konzipierten Ergebnis eines Prozesses von Fallverstehen auftreten und bei dieser Gelegenheit auch den Klienten die Möglichkeit geben, ihre eigene Perspektive zur Sprache zu bringen (diese Reihenfolge kann auch umgekehrt werden). Im Frankfurter Kommentar heißt es „gemeinsame Problemkonstruktion", woraus zu folgern wäre, dass im Hilfeplangespräch besonderer Wert auf die Gemeinsamkeit dieser Problemkonstruktion, gegebenenfalls auch auf die Kenntnisnahme abweichender Einschätzungen, gelegt wird.

In dem von uns untersuchten Jugendamt im Nordosten brachten wir Jugendamt und Gesundheitsamt miteinander ins Gespräch. (Am Beispiel Felix kann man zeigen, dass in diesem Landkreis die Hilfeeinrichtungen gut untereinander vernetzt sind. Ob das für die Klienten eine günstige oder ungünstige Situation ist, steht hier nicht zur Debatte.) Im südöstlichen Jugendamt, das mit vollem Beritt und dramatisch inszeniert bei der Klientel einzufallen pflegt, ernteten wir bei entsprechendem Vorschlag eine schroffe Abfuhr. Von Vernetzungen mit anderen Diensten hält man hier nichts, von einem Austausch der Standpunkte der am Fall beteiligten Berufsgruppen auch nicht. In diesem Landkreis ist es üblich, die Regeln selbst zu erfinden, wogegen zunächst einmal nichts spricht. Aber: Auf andernorts erworbene Kenntnisse glaubt man verzichten zu können. Vorgebracht wurde das klassische Argument: Keine Zeit. Dabei ist uns nicht entgangen, dass in diesem Jugendamt reichlich Zeit für Klatsch auf dem Flur (Wo gibt es heute die besten Sonderangebote, bei Aldi oder bei Lidl?) und ausgedehnte Klatschrunden in der Teeküche vorhanden ist (wogegen auch nichts spricht, vorausgesetzt, im Klatsch aufgekommene Erkenntnisse werden wahrgenommen).

Aber auch in der Arbeitsgruppe um Patricia Minuchin ist nicht alles Gold, was glänzt. Während der Tagung (2011) zum 50-jährigen Bestehen der *American Family Therapy Academy* in Santa Fé, New Mexico, USA, auf der ich auch Tarja Heino und Tom Erik Arnkil getroffen habe, sprach ich Jorge Colapinto auf die Verbreitung ihres Ansatzes in den USA an. Er erwähnte, es sei zunächst erwogen worden, auf die Verbindlichkeit ihres Vorgehens in den einzelnen Bundesstaaten hinzuarbeiten. Daraus sei jedoch nichts geworden.

Fragt man sich, warum daraus nichts geworden ist, liegt die Antwort auf der Hand: Ihr Konzept ist so angemessen wie anspruchsvoll und kaum gegenüber einem familientherapeutischen Ansatz abgegrenzt (auch wenn sich ein solcher fallweise aufdrängt, wie oben gezeigt). Im Übrigen habe ich von Tom Erik Arnkil, Partner von Tarja Heino, bezogen auf die skandinavischen Länder, eine vergleichbare Auskunft bekommen. Anders, und etwas bissig formuliert: Wenn es schwierig wird, macht sich die Jugendhilfe aus dem Staub. Stattdessen steigen Wortproduktion und Eigenlob. Das ist international so.

Jedoch zeigt das Beispiel der Familie Stöver-Renner, dass eine grundsätzliche Bereitschaft zum Respekt gegenüber den Klienten und das Bemühen um praktische Urteilskraft zielführend sind. Die Leistungen, die Frau Geertz, im zweiten Beispiel Frau Brusius, samt Kolleginnen und Kollegen gezeigt haben, bleiben auch ohne Kenntnis der erwähnten Konzepte beachtlich. Es ist nicht bekannt, dass jemand unter ihnen über eine familientherapeutische Zusatzausbildung verfügt. Hier haben berufliche Erfahrung, Engagement und Reflexion zum Ziel geführt.

Mit der Erläuterung der Wissensachse beende ich die Vorstellung des Meilener Konzepts. Meinem Unmut über die irrige Vorstellung, man könne die komplexe Aufgabe im berufsfachlichen Handeln durch Tricks wie Werkzeugkästen, Leitlinien und Checklisten etc. aus der Welt schaffen, ohne deren Begrenztheit von Grund auf zu reflektieren, habe ich explizit, und, um nicht zu sagen lautstark, Ausdruck verschafft. Die Komplexität der Aufgaben im Kinderschutz, ich wiederhole mich, besteht darin, das Allgemeine mit dem Besonderen in einen Bezug zu setzen. Den Frankfurter Kommentar, der in diesem Zusammenhang das Konzept Max Webers vom Idealtypus in den Vordergrund rückt, habe ich als richtungsweisend aufgeführt. Die Welt muss nicht immer neu erfunden werden, auch von uns in Meilen nicht, kluge Köpfe, auf deren Schultern es sich gut stehen lässt, haben bereits hilfreiche, anspruchsvolle Vorarbeit geleistet.

Dabei ist mir wohl bewusst, dass meine herausfordernden Vorstellungen über die Ansprüche, die an die berufsfachliche Tätigkeit im Jugendamt zu stellen sind, nicht von jedermann geteilt werden, auch wenn ich in dieser Hinsicht den Autorinnen und Autoren des Frankfurter Kommentars die Hand reichen kann.

Die Sozialpädagogik profitiert gerne von sozialwissenschaftlichen Beständen, seit sie zu ihrem Nachteil ihre philosophische Grundlegung aufgegeben hat. Diese Anleihe funktioniert aber, so ist zu beobachten, nur so lange, wie diese Bestände dem eigenen, sozialpädagogischen Denken nicht wehtun. In diesem Zusammenhang will ich einen anderen meiner Lehrer, Ulrich Oevermann, zitieren. Er schreibt:

> Nun löst, wie ich weiß, diese Argumentation [es geht um einen Gedankengang, in welchem Oevermann aus wohl erwogenen und sauber argumentierten Gründen vorschlägt, die Abschaffung der allgemeinen Schulpflicht in Erwägung zu ziehen] das allergrößte Unbehagen und Befremden aus, wenn nicht gar die erhaben wissende, überlegene Reaktion, dass es sich hier doch wohl um einen *weltfremden Unsinn* handeln müsse (Oevermann 2000, S. 36, Hervorh. von mir – B. H.).

Im von uns untersuchten südöstlichen Jugendamt wird man wohl über mich ähnlich gedacht haben, hat aber nicht den Mut gehabt, mich damit zu konfrontieren. Es werden wohl die intellektuell schwächer bestückten Fachkräfte der Kinder und Jugendhilfe sein, wie es sie in jedem Fach gibt, die sich anspruchsvollen Vorschlägen gegenüber verweigern.

Man könnte diese kühne These mit einem „unobstrusive measure"[18] testen: Man bittet in einem ASD darum, den (oder die) in diesem Dienst vorhandenen Ausgaben des Frankfurter Kommentars zu präsentieren. Ich könnte fast darauf wetten, dass im erwähnten südöstlichen Jugendamt ein solcher überhaupt nicht vorhanden ist. Wäre er aber in einem oder mehreren Exemplaren vorhanden, könnte man diese auf Gebrauchsspuren einschätzen und daraus ein Maß beziehen, wie oft sie benutzt werden.

Am Ende dieses Kapitels angelangt, steht mir noch die Aufgabe bevor, zu erläutern, warum ich zu dem Begriff der Professionalisierung auf Abstand gegangen bin.

---

[18] „Unaufdringliche Messung". Ich benutze diesen Begriff lediglich in loser Weise, da er dem von mir verwendeten Paradigma nicht entspricht. Vgl. Webb et al. (1981).

2 Berufsfachliches Handeln im Alltag des Jugendamts (ASD)

Werte Leserin, werter Leser, wenn Sie es gewohnt sind, Texte mit kritischem Blick und auch zwischen den Zeilen zu lesen – zwei unbedingt empfehlenswerte Haltungen –, dann werden Sie sich inzwischen fragen, ob das Konzept berufsfachlichen Handelns, welches wir in Meilen und danach entwickelt haben, irgendeinen Bezug zur Wirklichkeit hat oder ob es nur einem Wunschdenken entspricht. Derlei kommt vor bei Lehnstuhlforschern (auch weibliche oder sonst was), nicht aber bei Forschern, die sich, bevor sie zu Ergebnissen kommen, dem von ihnen untersuchten Feld und dem Leben dort aussetzen. Sie können also sicher sein, dass die von uns entwickelten Konzepte im Alltag beruflichen Handelns gegründet sind. Aber das kann jeder behaupten, und mit dem Fallbeispiel der vereinsamten Großmutter konnte ich einen ersten Nachweis dafür liefern, dass das Meilener Konzept einen, wenn auch impliziten, Sitz im Alltag hat. Für den Fall, dass Ihnen ein einzelner Fall nicht reicht, stelle ich Ihnen im Folgenden zwei weitere Fälle vor, die mir (Fall 1) in der Feldforschung begegnet oder (Fall 2) zufällig über den Weg gelaufen sind. Insbesondere den ersten Fall werde ich mit dem Meilener Konzept konfrontieren und umgekehrt: Das Konzept wird mit dem Fall konfrontiert.

2.1 *Frau Geertz stattet der Familie Stöver-Renner einen Hausbesuch ab und verbannt einen Hasen aus dem Wohnzimmer der Familie*

An einem Mittwochmorgen erscheine ich zum Dienstbeginn im Jugendamt eines im Nordosten Deutschlands gelegenen Landkreises. Frau Geertz (die ich nicht gefragt habe, ob sie so heißen will, ich habe ihr diesen Namen einfach zugeschrieben, wie es bei allen anderen in diesen Text verwendeten Eigennamen der Fall ist, die meine eigenen Fiktionen sind), Mitarbeiterin im ASD, hat mich eingeladen, sie auf einem Hausbesuch zu begleiten[19]. Ein Besuch der Familie Stöver-Renner stand an. Frau Renner habe vor drei Wochen ein Kind geboren, und nun gelte es, darauf zu achten, dass das Kind bei seiner Familie eine angemessene Umgebung und einen angemessenen Umgang vorfinde.

---

[19] Um einem Missverständnis vorzubeugen: Frau Geertz ist nicht, wenn man es so ungalant formulieren darf, das „Vorzeigepferd" in diesem ASD des von uns untersuchten nordöstlichen Jugendamts. Ihre Kolleginnen sind ähnlich gut qualifiziert. Dass sie mich eingeladen hat, sie auf einem Hausbesuch zu begleiten, zumal in schwieriger Mission, spricht für ihre Unbefangenheit, einem in das Amt hineingeschneiten, fremden Wissenschaftler, der offenkundig aus dem Westen stammt (das war damals noch wichtig), die Karten aufzudecken.

Frau Renner sei im Jugendamt wohlbekannt. Vor einigen Jahren habe sie sich von ihrem Mann getrennt und die gemeinsamen fünf Kinder mitgenommen. Später habe sie sich mit einem jungen Mann, Herrn Stöver, zusammengetan. Herr Stöver sei als Heimkind im Westen aufgewachsen und über lange Zeit arbeitslos. Er hatte sich entschlossen, sein Arbeitslosengeld, das damals noch so hieß, in einer Gegend zu verzehren, in der andere Urlaub machen (das ist eine Deutung, die Frau Geertz, einige andere vergleichbar gelagerte Fälle kennend, ins Gespräch bringt und für die es in der Gegend einen stehenden Spruch gibt). Inzwischen sind weitere Kinder dazugekommen, das jüngste Kind solle nun besucht werden.

Das Verhältnis zwischen dem Jugendamt und dieser Familie sei angespannt, es gebe keine Entscheidung, gegen die Frau Renner nicht gerichtlich vorgehe. Sie lade mich zu diesem Hausbesuch ein, damit ich einmal einen schwierigen Fall zu sehen bekomme.

Das Haus der Familie Stöver-Renner liegt außerhalb der Stadt an einer viel befahrenen Überlandstraße. In unmittelbarer Nachbarschaft gibt es noch ein weiteres Haus dieser Art. Es handelt sich um eines jener Häuser, wie sie seinerzeit für Landarbeiter oder von ihnen gebaut wurden, und es ist umgeben von einem großen Garten zur Selbstversorgung. In einem Nebengebäude befindet sich ein offen einsehbarer Hundezwinger.

Der vereinbarte Termin ist zehn Uhr. Kurz davor erscheinen wir vor dem mannshohen Zaun, in den eine aktuell verschlossene Tür eingelassen ist. Auf dem Gelände ist niemand zu sehen. Befriedigt nimmt Frau Geertz zur Kenntnis, dass der große Hund der Familie im Zwinger eingeschlossen ist, das deute auf gute Stimmung ihr gegenüber hin. Auf das erste Läuten hin geschieht nichts. Nach einer Weile des Abwartens läutet Frau Geertz ein zweites Mal und ruft. Es erscheint im Giebelfenster ein Kopf. Das sei Herr Stöver. Er will wissen, was wir wollten. Frau Geertz macht ihn darauf aufmerksam, dass man diesen Termin gemeinsam vereinbart habe. Dann stellt sie mich vor: Ich sei ein Wissenschaftler, der die Aufgabe habe, das Jugendamt in dieser Kreisstadt zu beobachten. Herr Stöver antwortet: Ich komme runter, und schließt das Fenster. Es dauert dann noch etwa zehn Minuten, bis er im Garten erscheint und uns ins Haus bittet. Vielleicht hat er sich in der Zeit umgezogen.

Frau Geertz betritt das Haus und wendet sich sogleich nach links. Dort befindet sich eine improvisiert wirkende Küche, in der sich der Abwasch von ungefähr einer Woche, garniert mit Essensresten, stapelt. Sie nimmt das wortlos zur Kenntnis und wendet sich nach rechts, öffnet eine Tür und betritt das Bad. Auch dort haben Reinigungsarbeiten schon länger nicht mehr stattgefunden. Frau Geertz wirft einen Blick in die Badewanne, wo einige Schildkröten im Niedrigwasser schwimmen. Sie blickt fragend auf Herrn Stöver, der wohl vermutet, dass von ihm eine Erklärung erwartet wird. Er spricht: Die Schildkröten gehören dem ältesten Sohn meiner Frau, wenn wir sie entfernen, gibt es Ärger.

Frau Geertz nimmt das wortlos zur Kenntnis und setzt ihren Gang durch das Haus fort. In dessen hinteren Teil öffnet sie eine Tür und betritt ein großes Zimmer, das von einem Tisch für ca. zehn Personen dominiert wird. Sogleich wendet sie sich nach links und öffnet die Kamintür. Dahinter sitzt ein Stallhase. Erstmals äußert sich Frau Geertz: „Ich habe doch beim letzten Mal schon gesagt, dass der Hase hier raus muss."

Inzwischen hat Frau Renner an besagtem Tisch Platz genommen. Sie trägt einen Morgenmantel und hat ihren Säugling auf dem Schoß. Derweil hat sich Herr Stöver daneben gesetzt und eine Zigarette angezündet.

Nachdem Frau Geertz sich nun eine Übersicht verschafft hat, kommt sie auf den Punkt. Sie ermahnt Frau Renner, die für ihr Kind vorgesehenen Vorsorgeuntersuchungen in Anspruch zu nehmen.

Einschätzung dieses Hausbesuchs vor dem Hintergrund des Meilener Konzepts:

Bereits die Betrachtung der Eröffnungsszene des hier zu beobachtenden Ablaufs einer fachlichen Begegnung lässt erahnen, dass es sich hier um eine Rahmung handelt, die ein zielführendes Ergebnis des Besuchs erahnen lässt. Das wird vor allem dann deutlich, wenn man die Vielfalt der *Handlungsmöglichkeiten*, die Frau Geertz zur Verfügung gestanden hätten, vergleichend in Betracht zieht.

Nachdem das erste Klingeln keine Reaktion der besuchten Familie gezeitigt hat, hätte Frau Geertz Sturm klingeln oder an das Tor schlagen und rufen können, um sich durch Geräusche bemerkbar zu machen. Jedoch hat Frau Geertz bereits an einem diskreten Zeichen (der Hund lief nicht frei herum) erkannt, dass die Situation für diesen Hausbesuch günstig war. Zudem: Indem Herr und Frau Stöver-Renner nicht pünktlich am Hoftor Spalier standen, um die Dame vom Amt zu erwarten, haben sie ihre Würde bewahrt. Sie, die Eltern, sind es, die die Familiengrenze, symbolisiert durch das Hoftor, zu regulieren gewillt sind. Nachdem diese Markierer gesetzt sind, kann das vorgesehene Programm in Gang kommen.

Frau Geertz verzichtet auf moralische Vorhaltungen, die die Klienten zu unaufmerksamen Kindern degradiert hätten. Eine Ausnahme bildet der Hinweis, dass man diesen Termin gemeinsam vereinbart habe. Damit nimmt sie eine Verantwortungszuschreibung an die zu besuchende Familie vor und bestätigt die von der Familie ergriffenen Maßnahmen der Rahmung des Hausbesuchs.

Nachdem so von beiden Seiten die Tarife offengelegt sind, kann der Hausbesuch seinen Lauf nehmen. Bereits beim Betreten des Hauses ändert Frau Geertz ihren Kurs. Ohne Umschweife begibt sie sich zu den Brennpunkten ihres Interesses, die in Bezug zu ihrem Auftrag stehen. Es geht offenbar um die

Sicherung von Hygiene im Interesse des Säuglings, womit dem Wächteramt des Jugendamts genügt wird. Dabei enthält sie sich eines Kommentars, wenn man die Bemerkung zum Hasen ausnimmt.

Wie sehr eine Verständigungsbasis bei diesem Hausbesuch voreingerichtet ist, lässt sich daran erkennen, wie Herr Stöver die Anwesenheit von Schildkröten in der Badewanne plausibel macht. Man kann dem des Weiteren entnehmen, dass er es sehr wohl verstanden hat, sich als Stiefvater in dieser komplex zusammengesetzten Familie in angemessener Form einzurichten (vgl. dazu Kap. 5). So viel zum Thema „einfache Verhältnisse" (siehe oben). Und darüber hinaus: Wenn man bereits zu Beginn der Begegnung mit diesem Fall Anzeichen von Resilienz finden will, dann hier.

Zusammenfassende Einschätzung: Ein solches Vorgehen kann man nicht am Reißbrett entwickeln, auch nicht durch ein vorab durchgeführtes ausführliches Nachdenken oder in Vorgesprächen mit den Kolleginnen und Kollegen. Dieses Vorgehen ist ein Ausweis einer tief verankerten Habitualisierung fachlichen Handelns, mit anderen Worten: einer *fachlichen Urteilskraft*.

Frau Geertz ermahnt die Mutter, die für ein Kleinkind vorgesehenen Vorsorgeuntersuchungen in Anspruch zu nehmen. Was sie allerdings vermeidet, ist die beim Jugendamt sehr beliebte Maßnahme einer sozialpädagogischen Familienhilfe (SPFH, § 31 SGB VIII), eine niederschwellige Form einer Hilfe zur Erziehung (HZE), vorzuschlagen (zu installieren, wie es im Jargon heißt).

Intellektuell ist der Vorschlag dieser Maßnahme meist nicht besonders anspruchsvoll. Dass es hilfreich sein kann, Familien in Bedrängnis mit einer Haushaltshilfe zur Seite zu stehen, leuchtet auch dem gesunden Menschenverstand ein. Auch wird meist nicht erwartet, das Pädagogische an dieser Familienhilfe aus einem Fallverstehen, wie wir es verstehen, abzuleiten und daraus Handlungsempfehlungen an die Helferin zu generieren, gesetzt den Fall, dass sie dafür überhaupt empfänglich ist. Ein Workshop, den ich einmal mit einer größeren Gruppe von Familienhelferinnen im Kontext von SPFH durchgeführt habe, lässt mich daran zweifeln. Aber vielleicht hat sich in diesem Feld in der letzten Zeit einiges geändert, und das Gras ist grüner geworden.

Fazit: Dieser Hausbesuch hat gezeigt, dass das Konzept *Fallverstehen in Verständigung und Begegnung* einen Sitz im sozialpädagogischen Alltag im Allgemeinen und im Handeln helfender Berufe im Speziellen haben kann. Das gilt günstigenfalls auch dann, wenn Fallverstehen in der Begegnung von einer Fachkraft realisiert wird, die davon vermutlich noch nichts gehört hat.

Wir haben offenbar mit unserem Konzept eine berufsfachliche Handlungspraxis erfasst und dieser einen sprachlichen Ausdruck verschafft. Einen Ausdruck, der allerdings weit entfernt ist von der einschlägigen Rhetorik der sozialpädagogischen oder anderweitigen berufsfachlichen Vordenker. Ich werde gleich an einem weiteren Fall diese These überprüfen.

Ergebnis: Einige Monate später kann ich Frau Geertz nach dem Stand der Dinge in Sachen Stöver-Renner befragen. Ich erfahre: Die Lage habe sich inzwischen vollständig beruhigt, alle Kinder seien nun fremdplatziert (sie leben in Pflegefamilien), wo Frau Renner sie regelmäßig besucht. Gerichtliche Auseinandersetzungen bestünden nicht mehr.

Ebenfalls einige Zeit später hatte ich eher am Rand Gelegenheit zu erfahren, welche organisatorischen Änderungen im Jugendamt zu diesem Beziehungswandel beigetragen haben. Ich durfte an einer Teambesprechung teilnehmen. Während dieser Besprechung gerieten die Anwesenden in einen Streit. Im Fokus stand eine ältere Kollegin, deren fachliches Verhalten nach altem DDR-Fürsorgemuster jetzt nicht mehr toleriert wurde. Zu den kritisierten Handlungsmustern, die sie an den Tag legte, ohne darüber nachzudenken, jedenfalls nicht erkennbar, gehörten nicht nur autoritäres Verhalten, sondern auch Grenzverletzungen im Bereich der Nähe-Distanz-Regulierung.

Man stritt eine Weile miteinander, dann gab die ältere Kollegin ihren Widerstand auf. Sie war früher für den Bezirk zuständig, in dem die Familie Stöver-Renner lebt. Frau Geertz hat sie dort ersetzt. Dieser Fall ist ein Beispiel für Transformationen im Mikro-Bereich, die in der Feldforschung zutage treten.

2.2 Der zugewandt-aufmerksame Pädagoge, der an einer rückständigen Wirtschaftswelt scheitert

Dieses Fallbeispiel ist mir zugefallen, als ich auf Einladung einer früheren Studentin an einem Berufsförderungswerk im Südwesten Deutschlands einen Vortrag mit dem Titel *Chronische Krankheit, Krise und biografische Bewältigung* hielt. In der anschließenden Diskussion meldet sich ein älterer und, wie ich später erfuhr, kurz vor der Pensionierung stehender Pädagoge mit dem folgenden Fallbeispiel zu Wort.

Er stellt einen Bäckermeister vor, der durch einen Unfall einen Arm verloren hat und deshalb seinen Beruf nicht mehr ausüben kann. Auf der Suche nach einer Umschulung durchläuft er im Berufsförderungswerk zunächst einige Bereiche, auch den Metallbereich, der ihm aber nicht liegt. „Ich bin ein Mehler, kein Metaller", soll er gesagt haben. Dennoch sei er im Metallbereich, so die Mitteilung des Pädagogen, der den Fall vorstellt, durch seine Genauigkeit aufgefallen. Diesen Umstand habe er mit dem Bäcker erörtert, und auf der Suche nach einer Verbindung von Genauigkeit und Bäckerei sei man auf das Thema Qualitätssicherung gekommen. Dieser Idee konnte der Bäcker ein Interesse abgewinnen, *das merke er, der Pädagoge, immer daran, dass ein Leuchten in den Augen des Klienten aufscheine*. Eine solche Umschulung wurde in Angriff genommen, es wurde auch ein Ausbildungsbetrieb gefunden. Der Juniorchef einer Großbäckerei stellte ihn ein. Damit war aber Schluss, als der Seniorchef dieser Bäckerei nach einer Auszeit wieder in den Betrieb zurückkehrte. Faxen wie Qualitätssicherung seien während seines Berufslebens nicht angesagt gewesen, in seinem Betrieb sei eine Qualitätssicherung entbehrlich, sprach der Old-school-Seniorchef und entließ den Mann. Dieser Denkformel begegnet man nicht selten im Alltag. Sie lautet *Das kenne ich nicht, das mag ich nicht* und ist ein untaugliches Grundprinzip des Umgangs mit Neuem.

Ich räume gerne ein, dass dieses Beispiel mit der Kinder- und Jugendhilfe gar nichts zu tun hat. Jedoch zeigt es Prinzipien angemessenen pädagogischen Handelns. Es kommt mir bei diesem Beispiel darauf an, zu zeigen: Erstens, wie man Fallverstehen, Begegnung und Verständigung im pädagogischen Alltag antreffen kann. Zweitens, dass berufsfachliches Handeln keine Zauberei ist, sondern allen Handelnden, die eine offene Einstellung (Haltung) den Klienten gegenüber aufbringen können, zur Verfügung steht. Dass ein Pädagoge seine Erkenntnisse aus dem Leuchten der Augen des Klienten gewinnt, ist ein deutliches Zeichen für Begegnung; ein anderer Begriff dafür wäre Zugewandtheit. Ich habe im Übrigen dieses Fallbeispiel nebst anderen Fallbeispielen bereits veröffentlicht unter dem Stichwort der Resilienz (Hildenbrand 2021b, S. 23–40).

3 Handlungsmuster bei Kindeswohlgefährdung

In diesem Kapitel werde ich die Handlungsmuster bei Kindeswohlgefährdung vorstellen, die wir in der Untersuchung über die Transformation der Jugendhilfe in Ost und West (SFB 580) herausgearbeitet haben. Diese Handlungsmuster haben wir nicht aus irgendeiner Theorie hergeleitet, sondern am Leitfaden des Materials entwickelt.

Im letzten Projektteil, der dem Transfer unserer Forschungsergebnisse in ein Jugendamt gewidmet war, haben die beiden jüngeren, neu hinzugezogenen Mitarbeiter Svenja Marks und Julian Sehmer dem Tableau der Handlungsmuster ein weiteres Handlungsmuster hinzugefügt. Sie nennen es: „Verwalten, kontrollieren, Schuld zuweisen" (Thole et al. 2018, S. 341–362). Es soll hier vorgestellt werden. Bei dem Projektpartner in Sachen Transfer handelt es sich um jenes südöstliche Jugendamt, das in unserer Erhebung, gleichauf mit dem südwestlichen Jugendamt, am schlechtesten abgeschnitten hat. Dass dort unser Vorhaben einer verstärkten Verfachlichung am Unwillen der Mitarbeiterinnen und Mitarbeiter gescheitert ist, geht auf unsere (meine) Kappe. Wir haben dieses Projekt nur auf der Leitungsebene ausgehandelt und nicht auf Mitarbeiterebene. Der Rest scheiterte wegen der nicht vorhandenen Bereitschaft, auf Veränderungsvorschläge einzugehen oder sie zumindest zu diskutieren. Nun aber zu den Handlungsmustern im Einzelnen.

3.1 Die Handlungsmuster[20]

(1) Vigilantes, das heißt: Wachsames Abwarten

Am Beispiel des Vorgehens von Frau Geertz in der Familie Stöver-Renner lässt sich dieses Handlungsmuster gut beschreiben. Diese Familie gehört zu den im Jugendamt bereits bekannten Fällen. Eine solche Situation kann die folgende Reaktion hervorrufen: (1) Bereits am Beginn des Betreuungsverhältnisses hat man sich im ASD eine Auffassung gebildet, an der die für den Fall verantwortliche Fachkraft festhält. Änderungen der Handlungsmuster in der Familie werden nicht zur Kenntnis genommen, die ursprünglich zurechtgelegte Einschätzung bleibt unverrückbar bestehen. Jedoch: Bei Frau Geertz ist es ganz anders. Auch subtile Veränderungen (der eingesperrte Hund bei Antritt des Besuchs) entgehen ihrer Aufmerksamkeit nicht. Sie verlässt sich nicht auf die von ihrer Vorgängerin bereits festgestellten Besonderheiten dieser Familie.

---

[20] Ich benutze den Begriff „Handlungsmuster" in Analogie zu Alfred Schütz' Begriff „Deutungsschema". Damit meint er: „Gemeinter Sinn eines Erlebnisses ist nichts anderes als eine Selbstauslegung des Erlebnisses von einem neuen Erleben her" (Schütz 1960, S. 83).

Gerade deshalb gelingt es ihr, die zentralen Elemente eines Fallverstehens im Blick zu behalten und selektiv daran zu arbeiten (der Hase).

Der weitere Verlauf (Befriedung des Verhältnisses zwischen Familie und Jugendamt, Einverständnis über Hilfemaßnahmen) spricht für den Erfolg des Vorgehens von Frau Geertz und darüber hinaus dafür, dass dieses Handlungsmuster in Fragen des Kinderschutzes in die engere Wahl zu ziehen ist.

(2) Reingehen, rausholen, stationäre Unterbringung: Ein Muster aus vergangener Zeit

Dazu ein Beispiel: Eine Mitarbeiterin am Jugendamt erscheint in Begleitung des Ortsbürgermeisters in der Wohnung der Mutter, die gerade ein Kind geboren hat, und stellt fest, dass es nach Urin riecht. Die sofortige Einweisung des Säuglings in ein Kinderheim wird verfügt. (Für Literatur über das DDR-spezifische Kinderheim vgl. Fußnote 5.)

Diese Akteure, die Fürsorgerin und der Ortsbürgermeister, nehmen eine Abweichung davon wahr, *was sie selbst für normal halten*. Im daraus entstandenen Furor übersehen sie das Entscheidende: Die Schwester der jungen Mutter war angereist, um zu helfen. Weder kam es zu einer Verständigung darüber, welche Änderungen aus fachlicher Sicht vorzunehmen seien (beispielsweise, das ist trivial, die Bettwäsche zu wechseln), noch wurde zur Kenntnis genommen, dass die Mutter, die zu diesem Zeitpunkt augenscheinlich überfordert war, durch ihre Schwester Hilfe bekommen hatte. Der nächste Schritt wäre dann gewesen, sich darüber zu verständigen, welche Erfahrungen diese Schwester mit Säuglingspflege hat. Man stelle sich nun vor, die verantwortlich handelnden Personen hätten ihrem Vorgehen den Kommentar zu § 8a zugrunde gelegt.

Das erste Handlungsmuster entspricht der *Logik der Anerkennung, das zweite der Logik des Verdachts* (Franzheld 2015). Dazu kommt ein drittes Handlungsmuster, das den betroffenen Familien ebenso wenig gerecht wird wie ein Handeln aus der Logik des Verdachts heraus. Wir bezeichnen es als

(3) Minimale Reaktion aus der Distanz, abwarten.

Ich sage nicht, dass dieses Handlungsmuster verwerflich ist. Es ist aber riskant, es ist ein Spiel mit dem Feuer.

Beispiel: Der Bierkasten im Kinderwagen. Dieses Beispiel stammt aus dem von uns untersuchten nordwestlichen Jugendamt. Im ASD geht eine Gefährdungsmeldung aus einem 40 km entfernten Ort ein. Ein für seine Alkoholkrankheit bekanntes Paar schiebe gerade einen Kinderwagen durch den Ort. Da sei ein Kleinkind in Gefahr. Der Leiter des ASD reagiert gelassen und ruft die

Polizeidienststelle dieses Orts an mit der Bitte, die Augen offen zu halten. Er werde sich um die Sache kümmern.

Interpretation: Im Alltag sagt man: „Wo Rauch ist, ist auch Feuer." In der Phänomenologie nennt man das in Anlehnung an Edmund Husserl „Appräsentation" (Schütz 1971, S. 59). Im vorliegenden Fall schiebt ein Paar, von dem jedermann weiß, dass es dem Alkohol verfallen ist, einen Kinderwagen. In einem Kinderwagen vermutet man gemeinhin die Anwesenheit eines Säuglings. Jedoch könnte anstelle eines Säuglings in diesem Kinderwagen genauso gut ein Kasten Bier vorhanden sein. Der Kinderwagen wäre dann eine willkommene Transporthilfe.

Man lernt aus diesem Beispiel, dass man aus einer intuitiven Appräsentation keine belastbaren Schlüsse ziehen kann, *man muss der Sache auf den Grund gehen*. Die dafür nötigen Schritte hat der Leiter des ASD durch Anruf bei der örtlichen Polizei eingeleitet.

Langer Rede kurzer Sinn: Wenn der Leiter des ASD nicht sofort alles stehen und liegen lässt, um an den vermeintlichen Tatort zu eilen, spielt er ein riskantes Spiel. Er hat die Wahl zwischen Pest und Cholera: (1) Er lässt den ASD im Stich, um an einer Stelle zu Hilfe zu eilen, an dem er *aller Erfahrung nach* gerade nicht benötigt wird. (2) Angenommen, das beobachtete Paar ist tatsächlich gerade in einem Stadium der Verantwortungslosigkeit, wie die Person, die die Meldung erstattet, befürchtet, dann ist der Säugling in Gefahr.

Um die Überlegung auf eine abstraktere Ebene zu heben: Es handelt sich hier um die Balance zwischen einem Zuviel und einem Zuwenig an Handeln, um ein Vabanque-Spiel also, oder anders formuliert: Der Leiter des ASD hat die Wahl zwischen einem *minimal-invasiven* und einem *maximal-invasiven* Eingriff. Die beiden oben erwähnten Notfallmediziner waren in derselben Situation. Gemeinsam und, ohne das ausdrücklich zu thematisieren, entschieden sie sich für die minimal invasive Vorgehensweise und waren damit erfolgreich.

Zusammenfassend: Bei diesem Handlungsmuster braucht es Erfahrung und Mut. Das ist gerade in einer aufgeheizten, durch die so genannten sozialen Medien zusätzlich erregungsbereite Bevölkerung, zwingend erforderlich. So gesehen, ist es kein Wunder, wenn das zweite Handlungsmuster („reingehen, rausholen, stationäre Unterbringung") in Krisensituationen besonders Zuspruch findet, auch wenn das Risiko, den Klienten und damit auch dem Kind zu schaden, das größere ist. Lieber steht man dann vor diesen dumm da als vor der Öffentlichkeit. Man erlaube mir folgendes Beispiel: Nur, weil jemand ein Ekzem am Unterschenkel hat, schneidet man diesen nicht ab. Aber immerhin hat im Krisenfall die Fachkraft den eigenen Kopf aus der Schlinge gezogen; sie hat etwas getan und ist nicht untätig geblieben, man wird ihr kein Fehlverhalten anlasten können. Das wird jedermann, der kritisch auf den Fall blickt, überzeugen.

Ein vergleichbarer Balanceakt liegt nicht vor, wenn das Muster „minimale Reaktion aus der Distanz, abwarten" vor dem Hintergrund einer grundständigen Ignoranz, anders formuliert: Wurschtigkeit dem Klientel gegenüber erwachsen ist. Demgegenüber liegt dem eben berichteten Fall aus dem nordwestlichen Jugendamt Erfahrung und Gewissenhaftigkeit zugrunde. Aber auch hierzu braucht es Mut. Wir führten unsere Untersuchung in einer Zeit durch, in der die Bevölkerung besonders in Erregung versetzt und gegenüber Fällen von Kindeswohlgefährdung sehr aufmerksam war, unter besonderer, selten hilfreicher Beteiligung der Boulevardpresse. Nebenbei: Der damalige Amtsleiter des im nordwestlichen Landkreis gelegenen Jugendamts gestand mir einmal in einem Gespräch auf dem Flur: Er habe viele schlaflose Nächte, und jedes Mal, wenn wieder eine Nachricht über Kindeswohlgefährdung durch die Medien gehe, bete er darum, dass sie seinen Landkreis nicht betreffen möge. Ich hätte ihn damals mit der Versicherung trösten können, dass er über ein ausgezeichnetes Personal verfüge, aber das wusste ich damals noch nicht.

An dieser Stelle möchte ich folgenden, riskanten Gedanken nicht unterschlagen – ich bin mir der Gefahr eines Missverständnisses bewusst: Im Gesundheitswesen, wenn auch nicht in der Politik, weiß man mancherorts sehr wohl um den Sachverhalt, dass das gesamte Bruttosozialprodukt einer Gesellschaft dort investiert werden könnte, und man dennoch gewärtigen müsse, dass immer noch Menschen sterben. Übertragen auf die Jugendhilfe würde das heißen: Man kann noch so viel Ressourcen „installieren" und jeder Familie einen Aufpasser zuweisen; des Weiteren von Eltern, um an einen besonders grotesken, vielleicht auch in Vergessenheit geratenen Vorschlag zu erinnern, einen Führerschein verlangen, viel Geld in Elternbildung investieren. Fälle von Kindeswohlgefährdung werden gleichwohl nicht zu vermeiden sein. Eltern sind auch nur Menschen und fehlbar. Aber: Dieser Gedanke ist kein Argument dafür, die Flügel hängen zu lassen, weder für die Medizin noch für die Jugendhilfe. Er ist auch kein Argument dafür, in einen Nihilismus zu verfallen.

Unverzichtbar in einer solchen Situation ist eine aufmerksame, aber reflektierte Öffentlichkeit, die über das Handeln der beteiligten Fachkräfte und über die zugrunde gelegten Argumente informiert ist. Ich werde auf Beispiele zurückkommen.

Dieser Gedanke, dass eine vollständige Beseitigung menschlicher Probleme nicht erreichbar ist, wurde mir als Mitarbeiter in einer psychiatrischen Klinik mit dem Fokus auf junge Klienten in einer psychotisch gefärbten Adoleszenzkrise[21] erstmals bewusst. Der Ausgang dieser Krise war uns, epidemiologisch

---

[21] Diese Krise ist bei nicht wenigen der Klienten durch Cannabis-Missbrauch in einem dafür kritischen Alter ausgelöst worden, weshalb man mit Unverständnis beobachtet, dass es in der Politik hierzulande Bestrebungen gibt, den Handel mit diesem Rauschmittel freizugeben. Während die „Ampelkoalition" es sonst nicht eilig hat mit Entscheidungen, ging diese Sache flugs über die Bühne. Lehre: Wenn es um die ideologischen Herzensanliegen geht, ist man

betrachtet, bekannt (das Verhältnis von einem günstigen zu einem ungünstigen Ausgang lag damals bei 1/3 zu 2/3). Das war kein Grund dafür, zu resignieren; denn die Epidemiologie befasst sich mit großen Fallzahlen, im Krankenhaus hat man es jedoch mit Einzelfällen zu tun. „Du hast keine Chance, aber nutze sie", war die Grundregel, die mir über den Tag half, auch wenn sie zum Inhalt einen Widerspruch hatte.

Immer wieder treffe ich in der Stadt einen Klienten, Herrn Mardorf, einer meiner ersten. Beim letzten Mal begrüßte er mich freundlich, freute sich darüber, dass ich ihn mit seinem Namen ansprach, und äußerte Sorge, weil er mich im Rollstuhl antraf. Ich gab ihm die Erklärung, dass mithilfe des Rollstuhls mein Radius sich erheblich erweitert habe.

Herr Mardorf lebt immer noch in einer psychiatrischen Langzeiteinrichtung und fühlt sich in seinem Leben, in dem er seinen Platz inzwischen gefunden hat, sichtlich wohl. Seinen Bauwagen, der ihm vorübergehend als Rückzugsort diente, von dem er mir erzählte, als ich ihn nach den Hobelspänen in seinem Bart fragte, habe er inzwischen verkauft und das erzielte Geld in einem Elektro-Fahrrad angelegt. An Herrn Mardorf habe ich lernen können, dass der in der Sozialpsychiatrie, lange Zeit auch von mir vertretene, Slogan „ambulant vor stationär" in einem Einzelfall wie diesem nicht greift, gesetzt den Fall, die Einrichtung lässt Raum für Nischen, in denen sich die Klienten entfalten können.

Zurück zu den Handlungsmustern: Mit diesen Mustern im Gepäck reise ich nach Hamburg, um auf einer Tagung des Deutschen Kinderschutzbundes darüber vorzutragen. Beim Frühstück im Hotel las ich im Hamburger Abendblatt einen Artikel über einen Fall, der für das vorliegende Thema interessant war: Es ging um einen 16-jährigen so genannten Intensivtäter, der als letzte Tat (im Juni 2010) aus nichtigem Anlass einen ihm unbekannten 19-jährigen Passanten erstochen hat. Dieser „Intensivtäter" ist zwar der Polizei, dem zuständigen Jugendamt und anderen Instanzen bestens bekannt, und von minimaler Reaktion kann hier nicht gesprochen werden. Stattdessen befassten sich mehrere Gremien (man nennt sie „Vernetzungsgremien") mit diesem Fall, ohne dass es zu einer nachhaltigen Arbeit mit dem Jugendlichen selbst kam. Ich nenne dieses Muster

---

schnell bei der Sache.(Die Gründe pro Freigabe sind diskutabel, aber ernsthaft zu besprechen, was nach meinem Wissen nicht weit genug getrieben wurde).

(4) Minimale Reaktion, abwarten und in Vernetzungsgremien viel darüber reden. Ein Muster, das Eindruck verschafft, aber an den Klienten vorbeigeht

In meinem Vortrag nutzte ich die Diskussion, um dieses quasi aus dem Hut gezauberte, jedoch an Material gewonnene Handlungsmuster zu präsentieren und um die teilnehmenden Kolleginnen aus Hamburg zu fragen, ob sie sich mit meiner Beschreibung einverstanden erklären könnten. Ich traf auf deutliche Zustimmung, offenbar hatte ich ihnen aus der Seele gesprochen. Daraufhin beschloss ich, dieses Muster in mein Tableau aufzunehmen.

Genau genommen, zeigt dieses Beispiel, dass mit dem Anwachsen von Material das Tableau der Muster sich erweitert. Jedoch sind diese Muster lediglich Variationen berufsfachlichen Handelns, man begegnet ihnen immer wieder, das macht sie zu Mustern.

Aber Obacht: In Bezug auf die „Vernetzungsgremien" ist, wie erwähnt, insbesondere darauf zu achten, ob die Redebeiträge in diesen Gremien auf Informationsvermittlung gestützt sind, die auf eine solide Erkenntnisbildung (Fallverstehen) zurückgehen. Falls nicht, müsste man wohl davon ausgehen, dass solche Gremien durch eine *organisierte Verantwortungslosigkeit* charakterisiert sind. Aber aufgrund fehlenden Materials bin ich mir dieser Einschätzung nicht sicher.

Andererseits ist auch zu bedenken: Ist im vorliegenden Fall der als „Intensivtäter" charakterisierte 16-Jährige mangels Beherrschbarkeit ein Leben lang wegzusperren, wie es Volkes Stimme in den Medien zu fordern pflegt? Verantwortungsbewusste Reporter lassen in einer solchen Situation einen kundigen Fachmann zu Wort kommen, der die Rechtslage darlegt und Bedenken artikuliert, die er den Grundlagen der Verfassung dieses Landes entnimmt.

Als Vorstand des Trägervereins eines Kinderheims hatte ich Gelegenheit, über Jahre hinweg die engagierte Betreuung solch schwieriger Fälle („Intensivtäter") zu begleiten, zu beobachten und gegenüber dem Landesjugendamt zu vertreten. Man muss allerdings dazu sagen, dass das Heimleiterpaar, er ein Psychologe, seine Frau war Erzieherin, in seiner Bereitschaft zum riskanten Engagement den lokalen Behörden ein Dorn im Auge war, weshalb man gegen den Heimleiter, der nicht auf den Mund gefallen war, rechtliche Vorwürfe konstruierte, um ihn aus dem Feld zu räumen. Das hat er sich allerdings nicht bieten lassen, er blieb Heimleiter, bis die im Heim lebenden Kinder und Jugendlichen selbstständig genug waren, um auszuziehen und sich in der Welt zu bewähren. Es sind nicht wenige, deren Resilienzpotenziale von dieser Einrichtung entdeckt und zur Blüte gebracht wurden, wie einige der Verläufe zeigen.

Und weiter:

Seit einigen Jahren habe ich die Möglichkeit, mit Mitarbeiterinnen und Mitarbeitern einer großen forensischen Abteilung an einer psychiatrischen Klinik in Baden-Württemberg auf der Grundlage von Genogrammarbeit in meinem Stil Fälle von Patienten zu rekonstruieren, die eine schwere Straftat (Brandstiftung, Mord und dergleichen) begangen haben und aufgrund einer vorliegenden psychischen Erkrankung nicht zur Rechenschaft gezogen werden können (§ 63 StGB). Berufsübergreifend (Fachleute aus Medizin, Sozialpädagogik, Pflege) geht es dabei immer um die Frage nach möglichen, aussichtsreichen Wegen der Resozialisierung, um die Möglichkeiten eines Lebens des Patienten in Freiheit also. Dabei ist mir aufgefallen, dass die beteiligten Berufsfachleute in gegenseitigem Respekt am Fall, der auch hier ein Grenzobjekt ist, zu diskutieren pflegen und man auch bei Mördern noch Spielräume entdecken kann, die ihnen eine Chance eröffnen, den Rest ihres Lebens nicht hinter Gittern zu verbringen.

Die Genogrammarbeit ist dabei nicht das einzige Verfahren, das der Erkenntnisbildung dient. In diese Gespräche in der Forensik gehen vielfache, mit anderen Zugängen gewonnene Perspektiven ein. Diese Arbeit wird geleitet von der so resolut wie verbindlich auftretenden leitenden Ärztin, die auch das Bild auf dem Titelblatt gemalt hat. Ihre Aufgabe ist es letzten Endes, die gemeinsam entwickelte Verständigung über den Fall vor Gericht, als Gutachterin schriftlich oder mündlich, zu vertreten und zu verantworten.

Demgegenüber werden, wie gezeigt, in der Jugendhilfe die Ergebnisse vergleichbarer Fallarbeit an Orten diskutiert, die als „Vernetzungsgremien" bezeichnet werden. Was ich gerade beschrieben habe, ist ein Vernetzungsgremium an Ort und Stelle. Wie sinnvoll die Bezeichnung „Vernetzungsgremium" ist, ist fragwürdig. Ob aber über Vernetzungsarbeit jenseits von Fallverstehen in der Begegnung die passende Hilfe gefunden werden kann, bedarf des Nachweises am Fall.

In unserem Transferprojekt haben zwei Nachwuchskollegen, Svenja Marks und Julian Sehmer, in dem südöstlich gelegenen Jugendamt, wie erwähnt, ein weiteres Muster entdeckt. Sie nennen es „Verwalten, kontrollieren, Schuld zuweisen".

Diese Musterkonstruktion zeigt erneut, dass die von mir (uns) beschriebenen Handlungsmuster nicht erschöpfend sind. Je mehr man sich mit dem Alltag der Jugendhilfe befasst, desto vielfältiger wird das Plateau der zu entdeckenden Handlungsmuster. Denkt man diesen Befund weiter, dann kommt man zu dem Schluss, dass dieses Feld von einer Einheitlichkeit des Vorgehens und damit von einem Selbstverständnis, welches auf eine gemeinsame Grundlage von Berufsfachlichkeit verweist, weit entfernt ist. (Stellen Sie sich vor, jedes Krankenhaus operiert nach nicht vorhersehbaren, ständig wechselnden, wenig durchdachten Verfahren).

(5) Verwalten, kontrollieren, Schuld zuweisen: Ein Muster, das mit pädagogischer Berufsfachlichkeit unverträglich ist

Damit kategorisieren Svenja Marks und Julian Sehmer weitere Praktiken des Kinderschutzes.

Man kann diese drei Begriffe der Reihe nach abhandeln oder aber den Bezügen unter ihnen nachgehen. Ich habe mich für das zuletzt genannte Vorgehen entschieden.

„Verwalten" ist ein Begriff aus dem Kontext bürokratischen Handelns. In seinem Kapitel über „die Typen der Herrschaft" steht die bürokratische Herrschaft und mithin die Verwaltung in einem modernen Staat an erster Stelle.

Hier scheint es mir geboten, Webers Definition von Herrschaft zu zitieren: Herrschaft soll „die Chance heißen, für spezifische (oder: für alle) Befehle bei einer angebbaren Gruppe von Menschen Gehorsam zu finden" (Weber 2005, S. 157).

Als Beispiel dafür mag der Platzverweis gelten, den die Polizei gegenüber einem Ehemann, der seiner Ehefrau gegenüber renitent auftritt, aussprechen kann. Dagegen kann der Ehemann Einspruch erheben.

Marks und Sehmer führen zu ihrem Befund aus: Die Verwaltungslogik tendiert dort (im südöstlichen Jugendamt) vor allem dazu, „Vorgänge zu standardisieren und zu entpersönlichen". Im fraglichen Jugendamt hat man sich dafür entschieden, die Tätigkeit im Zusammenhang mit dem Kinderschutz auf das Ausfüllen von Formularen und Vordrucken zu konzentrieren, in die jeweils der Einzelfall gepresst wird. So stehen zum Beispiel als Darstellungsmöglichkeit bei einer Kindeswohlgefährdungsmeldung sieben Kästchen zur Verfügung, die die jeweilige Fachkraft nach Bedarf ankreuzen kann:
- Vernachlässigung
- Sonstige Gefährdung
- Häusliche Gewalt
- Jobcenter
- Körperliche Misshandlung
- Verdacht sexueller Missbrauch/Alkohol/Drogenmissbrauch.

Für die Einschätzung einer möglichen Gefährdung durch den aufnehmenden Mitarbeiter und eine zweite Fachkraft stehen dann folgende Kästchen zur Verfügung: Erste Zeile:
- Akut
- Latent
- Drohend.

Dem folgen drei Zeilen mit den Kästchen:
- In Augenscheinnahme sofort
- HB später, Begründung
- HB erfolgt, keinen angetroffen

[Nach den Regeln des gesunden Menschenverstandes müsste nun danach gefragt werden, wann der nächste Hausbesuch (HB) geplant ist. Das findet aber nicht statt, gesunder Menschenverstand vermutlich ebenso wenig.]

In ihren Überlegungen kommen Marks und Sehmer auf weitere Befunde zu sprechen: „Die Fallarbeit im Kinderschutz im Modus des Verwaltens drängt darüber hinaus in pauschalierender und subsumierender Weise auf die Einhaltung sozialer Normen, die durch die prüfende Instanz, das Jugendamt, vorgegeben werden" (Thole et al. 2018, S. 348).

Dazu im Einzelnen:
- „Stellen die Fachkräfte bei der Bearbeitung der Formulare ein starkes Abweichen von der über die Standardisierungsbögen kommunizierten Norm fest, können Auflagen für die Familie formuliert werden, die auf die Herstellung des gewünschten Zustands abzielen. Insgesamt wird der Fokus in den standardisierten Formularen auf Defizite oder Mängel der Familien gelegt" (ebd., S. 348).[22]
- „Die Umsetzung einer Resilienzperspektive in der Familienarbeit bedarf einer Einübung auf Seiten der Fachkräfte, damit sie als methodisiertes Handeln praktisch zum Tragen kommt und nicht auf eine inhaltsleere Programmatik reduziert wird" (ebd., S. 348).

Auch diesen Satz würde ich ergänzen um die Aufgabe, innerhalb der Belegschaft eine Verständigung darüber herbeizuführen, was man unter den einzelnen aufgeführten Begriffen versteht. Wie unterscheidet sich beispielsweise eine latente Gefahr von einer drohenden? Man würde wohl sein blaues Wunder erleben, wenn man darüber eine Umfrage im fraglichen ASD veranstalten würde.

Die Autorin und der Autor führen hier einen bereits bekannten Begriff ein (Resilienz). Dort, wo die Wahrnehmung durch die Verantwortlichen des Jugendamts fokussiert und reduziert ist auf das Feststellen von Mängeln, kann eine Vorstellung, der zufolge ein „Gedeihen trotz widriger Umstände" (Welter-Enderlin & Hildenbrand 2012) möglich ist, auch nicht in die Praxis umgesetzt werden.

Die unter 2. und 3. genannten Punkte sind durch das bisher vorgelegte Material nicht gedeckt, jedoch traue ich der Autorin und dem Autor zu, dass sie in der Lage sind, die fehlenden Belege beizubringen. Sodann kommen die Autoren zu einem zusammenfassenden Befund, auf den es hier ankommt:

> „Eine derart standardisierte Fallarbeit widerspricht dem Gedanken eines Handelns, das an der Fallspezifik und gleichwohl an Fachlichkeit orientiert ist, da die Verantwortung an Formulare und Verwaltungsabläufe abgegeben, die Variationsbreite der Umstände von Gefährdungslagen nicht berücksichtigt werden (kann) und somit kein eigenständiges praktisches Urteil getroffen wird. Der Befund einer Verwaltungstendenz im Kinderschutz, die auch als Vermeidungshaltung eigenständiger praktischer Urteile bezeichnet werden kann,

---

[22] Diesen Befund würde ich ergänzen darum, dass ein solches Vorgehen Prozesse der *Verständigung* ausschließt.

setzt sich im zweiten Befund fort und führt zu der Organisationspraxis einer Aufspaltung zweier Arbeitsmodi: einerseits der Erfüllung von Kontrollaufgaben und andererseits der Erbringung von Leistungen im Sinne der Hilfen zur Erziehung gemäß §§ 27 ff. SGB VIII" (ebd., S. 348f).

Zurück zu den Handlungsmustern bei Kindeswohlgefährdung: Im weiteren Verlauf untermauern Marks und Sehmer ihren Befund „Kontrollieren als Modus Operandi" (das ist ein Begriff aus der Kriminalistik und bezeichnet die Art und Weise, wie ein mutmaßlicher Täter üblicherweise vorgeht, gewissermaßen die Handschrift eines Täters). Ein besonderes Augenmerk lenken sie dabei auf die Einrichtung der Stelle eines „Kinderschutzbeauftragten" in diesem Jugendamt. Als ich seinerzeit dort die Frage stellte, welcher Gewinn für das Klientel aus dieser administrativen Maßnahme zu gewärtigen sei, verstand man meine Frage nicht; man hat sich wohl keine Gedanken darüber gemacht. Tatsächlich können Marks und Sehmer zeigen, dass die in diesem Landkreis erfolgte Entscheidung, die Stelle eines Kinderschutzbeauftragten einzurichten, den Kontrollaspekt fortsetzt. Aus der Falle, die man sich in diesem Landkreis gestellt hat, kommt dieses Jugendamt nicht heraus.

Ich sah damals eine Möglichkeit, diesen Teufelskreis zu durchbrechen. Diese Möglichkeit stellte sich später als verwegen, um nicht zu sagen tollkühn, heraus. Ich schlug ein Vorgehen nach skandinavischem Muster (siehe oben, Family Group Conference) vor und regte an, Tarja Heino und ggf. auch Tom Arnkil einzuladen, erntete mit diesem Vorschlag allerdings Unverständnis bzw. schroffe Ablehnung.

3.2 Kinderschutz und berufsfachliches Handeln: Schließen sie sich gegenseitig aus?

3.2.1 Erfahrungen von Eltern mit der Jugendhilfe im Rahmen von Kinderschutzproblemen: Ein durchweg beklagter Mangel an Empathie

Die Zahl der Inobhutnahmen, die zwischen 1995 und 2005 zwischen 1.200 und 1.500 Fällen jährlich lag, ist 2006 auf 2.187 gestiegen (Polizeiliche Kriminalstatistik 2007, zitiert nach der FAZ vom 09.12.2007). Das sind die Zahlen, die im Zeitraum unserer Untersuchung damals vorlagen. Heute, für 2020, gilt laut einer Information des Statistischen Bundesamts (Destatis):

> WIESBADEN – Die Jugendämter in Deutschland haben im Jahr 2020 rund 45.400 Kinder und Jugendliche zu ihrem Schutz vorübergehend in Obhut genommen. Wie das Statistische Bundesamt mitteilt, erfolgten zwei Drittel (67 %) dieser Inobhutnahmen wegen einer dringenden Kindeswohlgefährdung, 17 % aufgrund einer unbegleiteten Einreise aus dem Ausland und weitere 17 % auf Bitte der betroffenen Minderjährigen. Ein Drittel (33 %) aller 2020 in Obhut genommenen Jungen und Mädchen war jünger als 12 Jahre, jedes zehnte Kind (11 %) sogar jünger als 3 Jahre (abgerufen am 01.11.2022).

Am 11.08.2022 gibt das Statistische Bundesamt die Pressemitteilung Nr. 340 heraus:
- Jugendämter melden im zweiten Corona-Jahr 1 % weniger Kindeswohlgefährdungen, aber knapp 2 % mehr Fälle von Hilfebedarf
- Fast jedes zweite gefährdete Kind war jünger als 8 Jahre
- In jedem fünften Fall wurden mehrere Arten von Vernachlässigung oder Gewalt festgestellt
- Die meisten Hinweise kamen von Polizei und Justiz, die zuverlässigsten von den Kindern

Im Jahr 2005/2006 trat der § 8a des Kinder- und Jugendhilfegesetzes in Kraft, in welchem nicht nur das Jugendamt, sondern auch Kindertagesstätten, Hebammen und Kinderärzte Kontrollaufgaben übertragen bekommen. Ihm ist der Anstieg der Inobhutnahmen nicht notwendig anzulasten, sondern wohl eher der Kommunikation über aktuelle Fälle (Kevin, Lea-Sophie und folgende, die entsprechend medial verwertet wurden). Dies lässt auf eine erhebliche Verunsicherung der fachlich Verantwortlichen schließen, deren Bereitschaft zu einer Inobhutnahme angestiegen ist. Am 27.7.2022 meldet das Statistische Bundesamt:
- Nach vier Jahren Rückgang erstmals wieder Anstieg der Fallzahlen
- Inobhutnahmen nach unbegleiteten Einreisen aus dem Ausland stiegen mit +49 % besonders stark
- Gleichzeitig meldeten die Jugendämter auch im zweiten Corona-Jahr weniger Inobhutnahmen aufgrund dringender Kindeswohlgefährdungen (-6 %)

Ich zitiere diese Daten lediglich der Aktualisierung halber und weise darauf hin, dass sie auf Berichten aus Jugendämtern beruhen. Dass diese mit der gebotenen Vorsicht zur Kenntnis zu nehmen sind, zeigen die im Zusammenhang mit bundesweit bekannt gewordenen Praktiken der Dokumentation am Jugendamt Lügde (SZ 09.08.2023). Ein Staatsanwalt erwähnte dafür den Begriff „Manipulation", sah diesen Vorgang jedoch nicht als strafwürdig (Urkundenfälschung) an.

Skeptisch stimmt, dass die Inobhutnahmen parallel zur öffentlichen Diskussion ansteigen und wieder im Sinken begriffen sind, wenn der Sturm sich gelegt hat. Hier wird der Entscheidungsprozess der Verantwortlichen am Jugendamt vermutlich weniger vom Sachverstand als von der Angst geleitet, etwas falsch zu machen und dafür haften zu müssen. (Manfred Hanisch hat mich darauf hingewiesen, dass bis dato noch kein Mitarbeiter – selbstverständlich auch keine Mitarbeiterin - am Jugendamt zur Rechenschaft gezogen worden ist. Das ist, wenn ich mich recht erinnere, im Fall Staufen, auf den ich weiter unten zu sprechen kommen werde, anders.) Die Kinder, die aufgrund der Angst der Fachkräfte unter teils dramatischen Umständen aus der Familie herausgeholt werden, sowie ihre Eltern sind die Leidtragenden unangemessener Entscheidungen.

Dazu liegen interessante Untersuchungsbefunde vor.[23] Die Autoren einer Studie (Maiter, Palmer & Manji 2006) haben folgende Ergebnisse zutage gefördert:
- 28 % der Eltern fühlten sich von den Praktikern kritisiert,
- 44 % identifizierten die Praktiker als kalt und nicht sorgend,
- 38 % sagten, dass die Praktiker ihnen nicht zuhörten,
- 38 % sagten, dass die Praktiker zu kritisch und einseitig seien, den Eltern keine angemessene Möglichkeit, sich zu äußern, gäben und außerdem negativ eingestellt seien,
- 20 % waren der Auffassung, dass die Praktiker unsicher seien, was Sarkasmus und Zurückhaltung von Informationen einschloss.

Einer anderen Studie zufolge (Forrester, McCambridge, Waissbein & Rollnick 2008) beklagen Eltern, dass Sozialarbeiterinnen und Sozialarbeiter in kritischen Situationen (also in Situationen, in denen Kinderschutzfragen im Vordergrund stehen)
- einseitig kritisieren,
- nicht zuhören,
- keine Empathie zeigen,
- geschlossene (nicht-dialogische) Fragen stellen,
- Besorgnis äußern.

In dieser Studie kommen Forrester et al. zu folgendem Schluss:

> Insgesamt tendieren Sozialarbeiter dazu, einen sehr konfrontierenden und aggressiven Kommunikationsstil zu benutzen. Diese Beobachtung ist so durchgängig, dass es sich offenbar um ein systemisches Thema handelt (Forrester et al. 2008, S. 23).

Zentrale Themen sind demnach fachliche (diagnostische) Kompetenz, Klarheit über den institutionellen Verlauf jugendamtlichen Handelns sowie Empathie, also Begegnung. Während „Besorgnis äußern" noch ambivalent gedeutet werden kann (sowohl Begegnung signalisierend als auch diese aus kritischer Distanz verweigernd), sind die anderen vier Punkte eindeutig auf Begegnungsverweigerung angelegt. Sie sind also sozusagen auf den Kopf zu stellen, wenn man erfahren will, was Eltern von Sozialarbeiterinnen und Sozialarbeitern in kritischen Situationen wünschen.

Auch darauf gehen die Autorinnen ein. Die Eltern wollen, dass sie *situationsangemessen*
- akzeptiert werden,
- angehört werden,
- dass alle Perspektiven gewürdigt werden,

---

[23] Ich zitiere diese Studien, auch wenn ich weiß, dass sie mithilfe von Methoden, die ich als unangemessen einschätze, zustande gekommen sind. Die Leserschaft möge selbst entscheiden, ob sie daraus einen Gewinn ziehen will und kann. Mit der von mir präferierten fallrekonstruktiven Forschung (Hildenbrand 2005) haben sie nichts zu tun.

- dass ihnen anteilnehmend und helfend begegnet wird,
- dass eine solide Diagnostik durchgeführt wird,
- dass mit ihnen offen umgegangen, die Rechtslage erläutert und das Vorgehen verdeutlicht wird.

3.3 Kinderschutz und soziale Kontrolle: Grenzen von Fallverstehen in der Begegnung

Je fachlicher die Arbeit im Kinderschutz abläuft, desto resistenter wird sie gegenüber unangemessenen Kontrollzumutungen seitens der Öffentlichkeit. Anders formuliert: In einer als zunehmend unsicher erfahrenen Welt steigen die Ansprüche der Sicherheitsgesellschaft an die Kinder- und Jugendhilfe. Es wird gefordert, die Klienten so zu *kontrollieren*, dass Kindeswohlgefährdungen ein für alle Mal ausgeschlossen sind. Dagegen muss eine in ihrem Handeln selbstsichere Kinder- und Jugendhilfe gut gerüstet sein. Zwar ist die Gesellschaft die Auftraggeberin der Kinder- und Jugendhilfe, aber nur Letztere verfügt über das erforderliche Fachwissen, um zu entscheiden, wie *vigilante Wachsamkeit* ein angemessenes Arbeitsbündnis mit den Klienten leiten kann.

Das ist die Perspektive, auf die es nach meiner Auffassung ankommt: Der Leitfaden für die Arbeit mit Familien und ihren Kindern in prekären Situationen kann nicht sein, ob das jeweilige Vorgehen der Öffentlichkeit passt oder nicht, solange das Vorgehen fachlich angemessen ist.

Einwände gegen diese Forderung sind schnell zur Hand. Geeignete Beispiele dafür werde ich weiter unten geben.

Man erinnere sich an das obige Beispiel, bei dem eine beherzte Jugendamtsmitarbeiterin, Frau Erle, in einer Krisensituation zwei Säuglinge spontan rettete. Dieses Beispiel zeigt, dass in unmittelbaren Gefahrensituationen mitunter wenig Spielraum für das bleibt, was wir als *vigilante Aufmerksamkeit* bezeichnet haben. Diese Haltung kommt *im Nachhinein* zum Zug, wenn die Eltern wieder nüchtern geworden sind, das heißt ihre Handlungsfähigkeit wieder gewonnen haben. Kinderschutz und professionelles Handeln schließen sich *nicht* gegenseitig aus. Zur Sicherheit wiederhole ich den Text:

> Frau Erle wird während ihres Bereitschaftsdiensts zu einem einsamen und teils verfallenen Gehöft gerufen, wo ein Fall von Kindeswohlgefährdung vorliegen soll. Sie trifft dort drei Männer und zwei Frauen an, die alle schwer betrunken sind. Außerdem findet sie zwei ca. dreiwöchige Säuglinge vor, die sie sich ohne weitere Umstände unter die Arme klemmt, und sie will sich gerade davon machen, als sich einer der Männer ihr in den Weg stellt und ihr eine abgebrochene Flasche an den Hals hält. Frau Erle, die an einem Sportgymnasium das Abitur gemacht hat, tritt ihm in die Weichteile und nutzt das Überraschungsmoment, um die beiden Säuglinge in ihr Auto zu legen und eiligst den Ort zu verlassen.

Fallverstehen, Begegnung und Verständigung, das zeigt dieses Beispiel, benötigen praktische Urteilskraft, um situativ angemessen eingesetzt zu werden. In dieser Hinsicht hat die damalige Berufsanfängerin Erle ihr Naturtalent in Sachen praktische Urteilskraft bewiesen.

3.4 Notwendige Einschränkungen; Die Dominanz der praktischen Urteilskraft

Der Radprofi (keine Sorge: er beißt nicht) Guillaume Martin, Kapitän des französischen Radsportteams Cofidis und Zehnter der diesjährigen (2023) Tour de France, hat auf seinen langen Trainingsausfahrten und während langer Flachetappen der Tour de France viel Zeit, um über Aspekte seines anderen Berufs, Philosoph und Schriftsteller, nachzudenken. Entstanden sind daraus zwei Bücher, das letzte davon heißt *Die Gesellschaft des Pelotons – eine Philosophie des Einzelnen in der Gruppe*.

In diesem Buch habe ich eine Passage entdeckt, bei der ich unvermeidlich an die vorliegende Untersuchung gedacht habe. Darauf will ich nun eingehen. Martin schreibt:

> Wenn Philosophen die Macht des Wissens, der Kunst oder Moral preisen (es ist vorher um Platon, Schopenhauer und Kant gegangen – B. H.) sagen sie sich von der Stofflichkeit des Menschlichen los. Ihre Maßlosigkeit – die auch ihre Größe ausmacht – besteht darin, vom Universellen auszugehen und dabei das Primat des Einzelnen zu vergessen. Individualität wird so zurechtgebogen, dass sie sich nahtlos ins gedachte System fügt. Das Subjekt wird je nach Zieldefinition geformt. Das ist schön, intellektuell vollendet, mutet aber auch ein wenig künstlich an, ohne Bezug zu dem, was am Menschen das eigentlich Außergewöhnliche ist, nämlich seine körperliche Anwesenheit in der Welt (Martin 2022, S. 135).

Was beim Philosophen Martin *Stofflichkeit des Menschlichen bzw. körperliche Anwesenheit in der Welt* heißt, heißt für den Klinischen Soziologen *Lebenspraxis* unter Einschluss seiner körperlichen Anwesenheit in der Welt. Aus ihr erwachsen die Aufgaben der Sicherung des Kindeswohls im berufsfachlichen Handeln. Am Beispiel des Films und des Buchs „Homo Faber" werde ich auf dieses Thema zurückkommen (Fußnote 28, S. 136).

Was heißt das von Martin Ausgeführte in Bezug auf die in dieser Untersuchung bisher zur Sprache gekommenen ASD-Mitarbeiterinnen Frau Geertz, Frau Erle und Frau Brusius sowie auf den Pädagogen des Berufsförderungswerks? Können sie immer auf der Höhe der Begegnung sein, worüber die Beobachtung Aufschluss gab, auch dann, wenn sie Nacht für Nacht den Bereitschaftsdienst mit betrunkenen, ungewaschenen und unhöflichen (sorry, aber dergleichen kommt mitunter vor, wie das sogleich folgende Beispiel zeigen wird und Frau Erle bereits gezeigt hat) Vätern zu tun haben, von ihnen beschimpft werden, beschmutzt nach Hause kommen und niemanden haben, mit dem sie sich aussprechen können?

Als Versuch einer Antwort auf diese Frage will ich einen Fall schildern, der von zwei älteren und erfahrenen Mitarbeiterinnen eines Jugendsekretariats, ich nenne sie Regula und Andrea, vorgestellt wurde (der Fall spielt in der Schweiz, er wurde mir vorgestellt als Supervisor am Ausbildungsinstitut für systemische Therapie und Beratung Meilen/Zürich. Ein Jugendsekretariat ist in der Schweiz das Äquivalent für den ASD). [Wer mehr über die im Schweizer Kinderschutz geltenden Regularien wissen will, wende sich an www.profamilia.ch und bedenke, dass dort die Regeln, stark geprägt vom Stil einer Milizgesellschaft, von Kanton zu Kanton unterschiedlich sind.]

Regula berichtet von einem schwierigen, stadtbekannten und suchtkranken Paar. Immer wenn es im Jugendsekretariat zum Gespräch mit dem Kindsvater und seiner Frau in Sachen Sorgerechtsentzug komme, schneide er Grimassen und mache eine Geste des Halsabschneidens in ihre Richtung. Sie selbst, teilt Regula mit, fühle sich durch dieses Verhalten bedroht, ihre anwesende Kollegin Andrea ebenfalls. Nach diesem Bericht fällt mir folgender Witz ein, den ich der Supervisionsgruppe erzähle:

> Im Zürcher Zoo ist ein Affe entwichen und hat sich auf den höchsten Baum geflüchtet. Der Zoodirektor will das Problem noch vor Dienstschluss klären und den Affen in seinen Käfig zurücklocken. Die herbeigerufene Feuerwehr kann den Affen jedoch nicht einfangen. In seiner Not ruft der Zoodirektor den Pastor. Dieser verweilt fast eine Viertelstunde lang vor dem Baum, nimmt Blickkontakt zum Affen auf und schlägt bedächtig das Kreuzzeichen, erst in vertikaler, dann in horizontaler Richtung. Unverzüglich sucht der Affe seinen Käfig auf. Der erstaunte Zoodirektor fragt den Pastor, wie er das zuwege gebracht habe. Der Pastor antwortet: „Ich habe dem Affen gesagt", dabei das Kreuz in vertikaler Richtung markierend, „wenn du nicht sofort runterkommst", dann, nun den Rest des Kreuzes in horizontaler Richtung markierend, „säge ich den Baum ab!"

Diesen Witz erzählte ich zur allgemeinen Erheiterung und schlug Regula vor, ihn dem aggressiven Klienten dann zu erzählen, wenn er wieder seine Halsabschneidergeste mache.

Bei der nächsten Sitzung, vier Wochen später, will ich natürlich sogleich wissen, ob die Intervention funktioniert habe. Regula sagt, sie habe den Witz nicht erzählt. Jedes Mal jedoch, wenn der Klient sich danebenbenehme, denke sie an diesen Witz, lache innerlich und entspanne sich dadurch.

Ich verwende hier dieses Beispiel, das in meinem Buch *Genogrammarbeit für Fortgeschrittene* (2018, Kap. 1.11.3) bereits einen Auftritt hatte, wenn auch in einem anderen Zusammenhang, um vorzuschlagen, dass Humor im Prozess der Begegnung entlastend sein kann.

4 Was stellt man sich am Jugendamt unter einer Familie vor? Die folgenreiche Reduktion der Familie auf die Dyade (Mutter-Kind-Beziehung)

4.1 Was stellen Sie sich, werte Leserschaft, unter einer Familie vor?

Um das herauszufinden, schlage ich einen Selbsttest vor: Beantworten Sie, bevor Sie weiterlesen, folgende Frage:

In welcher Familienkonstellation hat ein Kind die beste Chance, das dritte Lebensjahr zu erleben: Bei den leiblichen Eltern, in einer Stieffamilie, oder bei einem alleinerziehenden Elternteil?

Notieren Sie Ihre Antwort, und vergleichen Sie diese mit der im folgenden Text gegebenen Antwort. Reflektieren Sie über das Verhältnis Ihrer Antwort zu der Auswertung der Statistik.

4.2 Resultate einer Analyse der Danish Child Data Base (Lars Dencik)

Es gibt eine zuverlässige Antwort auf diese Frage. Aus der dänischen *Child Data Base* (Dencik 2002), in der schon seit langer Zeit alle Daten über Kinder erhoben werden, wissen wir, dass das Risiko von Kleinkindern, das dritte Lebensjahr nicht zu erleben,
- bei den leiblichen Eltern am geringsten ist,
- deutlich größer ist bei Alleinerziehenden,
- und am größten ist in Stieffamilien.

Untersucht wurden Kinder zwischen dem zweiten und dem dritten Lebensjahr, um Geburtsrisiken auszuschließen.

Den landläufigen Annahmen entsprechen diese Ergebnisse nicht. Schon die Tatsache, dass die leibliche Familie der sicherste Ort für das Aufwachsen von Kindern ist, ist für manche eine Provokation. Vor allem für jene, die vorzugsweise in ideologischen Kategorien denken, anstatt sich mit dem auseinanderzusetzen, was um sie herum vorgeht, mit dem Alltag also. Seit den 1980er Jahren wird der Tod der Familie beschworen (Cooper 1972) und die Familie als Quelle jeglichen Unheils deklariert (Laing & Esterson 1970), und ein Buch, in dem ein Anonymus seine Familie für sein in dieser Familie erlittenes Unheil, schließlich für seine Krebserkrankung verantwortlich machte (Zorn 1977), wurde jubelnd begrüßt. Ein bekannter Schweizer Schriftsteller hat diesem Buch ein Vorwort gewidmet.

In regierungsamtlichen Familienberichten, meist von Soziologen (auch weiblich oder sonst was) verantwortet, spielt die leibliche Familie eher ein Schattendasein, da ihre schiere Existenz weitverbreitetem politischem Wunschdenken widerspricht (vgl. Fußnote 22, S. 97).

Schon die Erwähnung einer „leiblichen Familie" lässt bei manchen die rote Lampe aufleuchten. In seinem Vorwort zur weit verbreiteten Schrift zum Pflegekinderwesen (Nienstedt & Westermann 2013) formuliert ein Herr Gruen in etwas undurchsichtigen Sätzen, dass jene, die der Ansicht sind, dass die leiblichen Eltern wesentlich seien für Kinder, eine „Blut- und Boden-Psychologie" (ebd. 2013, S. 12) vertreten. Damit meint er auch mich, und niemand sollte sich wundern, wenn ich darauf verstimmt reagiere. Wer lässt sich schon unwidersprochen als Nazi deklarieren?

Gruen stellt eine Behauptung auf, die eine grobe Beleidigung darstellt. Jedoch kommt sie Pflegeeltern und ihrem Lobbyverband entgegen: Für Pflegeeltern hat die Erwähnung der Bedeutung leiblicher Herkunft die unbequeme Konsequenz, dass die leiblichen Eltern ihres Pflegekinds als wesentlich für dieses aufzufassen sind und der Kontakt zu ihnen nicht abgebrochen werden sollte. Das führt im Übrigen dazu, dass die Lobby der Pflegeeltern unablässig Horrorgeschichten verbreitet über sich unangemessen verhaltende leibliche Eltern, deren Kind bei Pflegeeltern lebt. Zeitweise hieß die Website dieser Organisation sogar „moses-online". Wer die Ungeheuerlichkeit, die sich dahinter verbirgt, näher kennenlernen will, wende sich an das Alte Testament (Exodus 2, 1–10).

Weil aber das Jugendamt in seiner unablässigen Suche nach Pflegeeltern auf diese Lobby angewiesen ist, ist jede Stellungnahme recht, die die leiblichen Eltern eines Pflegekinds verteufelt (vgl. Funcke & Hildenbrand 2009, 3.1).

Ignoriert wird dabei, dass in der *Internationalen Charta für die Rechte des Kindes*, der auch die Bundesrepublik Deutschland beigetreten ist, ebenso wie im deutschen Recht, festgelegt ist, dass *das Kind einen Anspruch auf Herkunft hat*, und diese Herkunft ist biologisch, sie geht auf die leiblichen Eltern zurück (vom Fall der heterologen Insemination einmal abgesehen, wo es geraume Zeit gedauert hat, bis man auf das Problem der anonymen Samenspende stieß) (vgl. dazu auch Funcke & Hildenbrand 2009, Kap. 5).

Wenn allerdings der Verweis auf die Internationale Charta für die Rechte des Kindes in die eigene Strategie passt, beispielsweise bei der Suche nach Gründen für eine Kindergrundsicherung, dann kommt diese Charta gerade als Argumentationspotenzial recht. Offenbar ist sie in den einschlägigen Milieus eine Wundertüte, aus der man sich nach Bedarf bedienen kann.

Jedoch gilt, bezogen auf das Pflegekinderwesen: Auf Festlegungen der Art, dass der Kontakt zu den leiblichen Eltern für das Kind schädlich sei, wird gepocht, wenn sie für den eigenen Alltag einen Nutzen haben, falls nicht, werden sie ignoriert, ohne dass sich dafür ein Kläger finden würde, es sei denn, es kommt ein Klinischer Soziologe daher und mault.

Aber das kann sich auch ändern. Irgendwann machen sich Kinder aus Pflegefamilien, die man sorgsam von ihren leiblichen Eltern getrennt und ihnen das Wissen über sie vorenthalten, vielleicht die Spuren zu ihnen durch Änderung des Namens verwischt hat, auf die Suche nach ihrer Herkunft. Eindrucksvoll wird das dargelegt in dem Roman *So oder so* (Original: *So many ways to begin*) von Jon McGregor. Der Autor schildert den Fall eines Erwachsenen, dessen Lebensentwicklung stagniert. Bis er (nachdem seine Schwester ihn im Internet recherchiert hat) herausfindet, dass seine Mutter, die er für seine leibliche Mutter gehalten hat, nicht seine leibliche Mutter ist, und er sich nach dieser auf die Suche begibt. Die Frau, die er auf dieser Suche antrifft und für seine Mutter hält, kann er als solche nicht erkennen (so ganz klar wird das in diesem Roman nicht, das Ergebnis der Suche bleibt uneindeutig). Aber nach diesem Besuch, dessen Ergebnis offen ist, öffnen sich für ihn wieder die Horizonte seines Lebens. Die Beziehung zu seiner Frau, die ihn auf die Reise begleitet hat, nimmt wieder Fahrt auf.

Und es geht noch weiter: In ihrer Untersuchung über die Adoptivfamilie[24] (traf Christa Hoffmann-Riem (1986) auf Adoptiveltern, die nach Erhalt ihres Adoptivkindes umgezogen sind, um sich der neuen Nachbarschaft als leibliche Familie zu präsentieren.

Christa Hoffmann-Riem wurde damals als Professorin an der Universität zu Hamburg zu dieser Untersuchung veranlasst, nachdem sie erfahren hatte, dass eine sehr engagierte, aber uninformierte Senatorin im Bereich Jugend den Plan gefasst hatte, alle Akten von Adoptivkindern zu vernichten, damit diese nicht in die Verlegenheit gebracht werden, etwas über ihre leiblichen Eltern zu erfahren. (Die Internationale Charta für die Rechte des Kindes wurde am 26.01.1990 von der Bundesrepublik Deutschland unterzeichnet und galt damals schon.)

Hamburg war damals kein Einzelfall: In Frankreich, im Departement Bas-Rhin, im nördlichen Elsass, war es Praxis, Akten von Kindern, die von ihren Müttern zur Adoption freigegeben worden sind, auf Wunsch der abgebenden Mütter mit einem X zu bezeichnen und damit auf alle Zeiten für Einsicht zu sperren. Diese X-Akten wurden nach langer Diskussion und unter großer medialer Aufmerksamkeit freigegeben. Der Sender Arte widmete diesem Vorgang eine Dokumentation, und die fraglichen Kinder hatten nun die Gelegenheit, sich auf die Suche nach ihrer Mutter zu machen. Wenn das gut gegangen ist, wird es ihnen dabei so gegangen sein, wie Jon McGregor das beschreibt:

Bei der Begegnung mit der Person, die er für die eigene Mutter gehalten hat, brachen die blühenden Fantasien, die sich für ihn um diese Person gerankt hatten, mit einem Schlag in sich zusammen, und der Weg wurde frei für eine selbstbestimmte biografische Entwicklung.

---

[24] Es ist mir bekannt, dass es einen grundlegenden Unterschied zwischen der Pflegefamilie und der Adoptivfamilie gibt

Dieses Thema fand in den Medien eine Zeitlang große Aufmerksamkeit, als es darum ging, dass Kinder aus Beziehungen von Besatzungssoldaten mit Frauen im besetzten Land (Deutschland) entdeckten, dass ihnen Informationen über ihre Väter vorenthalten wurden, und sich auf die Suche nach ihnen machten. Tenor der einschlägigen Filme ist jeweils, dass es für die Suchenden eine große emotionale Entlastung war, mit dem Vater oder der Mutter ein *Bild* verbinden zu können. Mehr war nicht. Beide Teile lebten in ihren eigenen Welten und sahen keinen Anlass, daran etwas zu ändern.

Und wer genauer wissen will, wie es aussieht, wenn ein Kind auf der Suche nach der leiblichen Präsenz des Vaters ist (der Vater hatte eine Sendung im Radio und war für den Sohn nur mit seiner Stimme präsent), kann mit Gewinn das Buch *Tender Bar* von J. R. Moehringer lesen oder die Verfilmung von 2021 anschauen. Der Autor widmet am Schluss seines Buchs einige Zeilen den Jugendlichen, die durch den Anschlag auf die Twin Towers 9/11 ihren Vater verloren haben.

Dieses Buch, auch der Film ist, wie die anderen bisher erwähnten, ein gutes Beispiel dafür, dass Fachkräfte der Sozialpädagogik in der Belletristik, wenn sie entsprechenden Ansprüchen entspricht und nicht einfach dem Segment der Bauchnabel- oder Krawallliteratur angehört, sinnvolle Hinweise finden können für ihre tägliche Arbeit (Winkler 2022).

Die Annahme von der Bedeutung der Herkunftsfamilie bei Pflegekindern drängte sich in unserer Untersuchung über Pflegefamilien unabweisbar auf (Gehres & Hildenbrand 2008). Gehres und ich sind unabhängig arbeitende Wissenschaftler. Wir haben es nicht nötig, eigene Forschungsergebnisse an den Interessen eines Lobbyverbandes oder von Jugendämtern auszurichten. Ideologische Beschimpfungen wie die oben erwähnte müssen eingepreist werden. Zur Not interpretiert man sein Ruhegehalt als Schmerzensgeld.

Ich komme zurück zur Untersuchung von Lars Dencik. Dass am zweiten Platz nach der leiblichen Familie die Alleinerziehendenfamilie steht, überrascht nur jene, die der allfälligen Propaganda über die zweifellos bestehenden Notlagen von Alleinerziehenden erlegen sind.

Bis vor einigen Jahren legte die FAZ (Frankfurter Allgemeine Zeitung) in ihrem damals noch bestehenden Magazin wöchentlich Prominenten den bekannten Fragebogen von Marcel Proust vor. Dort ist die Frage enthalten: „Ihre Heldinnen in der Wirklichkeit?" Und fast durchweg wurden als Heldinnen der Wirklichkeit Alleinerziehende genannt. Das mag ernst gemeint gewesen sein oder als Tribut an die Mehrheitsmeinung. Jedenfalls konnte man so seine gute Gesinnung zur Schau stellen.

Der Vorteil des Alleinerziehens (und, je nach Betrachtungsweise: der Nachteil) enthüllt sich sofort, wenn man die Situation aus Sicht des Kindes betrachtet: Solange die Mutter ihr (oder der Vater sein) Kind alleine erzieht, muss das Kind seine wichtigste Bezugsperson mit niemandem teilen. Wenn aber ein neuer Partner auf den Plan tritt, erweitert sich die Dyade zur Triade, und von da an wird es nicht nur soziologisch, auch in der Lebenspraxis allgemein, interessant:

4.3 Dyaden und Triaden: Die quantitative Bestimmtheit der Gruppe (Georg Simmel) und weitere soziologische Ansätze

Es war Georg Simmel, der in seinem Werk *Soziologie* eine Theorie von Beziehungskonstellationen entwickelt hat, die er unter dem Titel *Die quantitative Bestimmtheit der Gruppe* (Simmel 1908, S. 32–100) entfaltet. In die Paar- und Familientherapie haben diese Überlegungen keinen Eingang gefunden, was an der mangelnden Belesenheit der dortigen Autoren, selbstverständlich auch: Autorinnen, liegen kann oder daran, dass in dieser amerikanisch dominierten Richtung deutsche Texte nicht zur Kenntnis genommen werden. Es kann aber auch daran liegen, das ist die optimistische Deutung, dass Simmel seine Überlegungen nicht an Fällen entwickelt.

Wie dem auch sei: Im *Übergang von zwei zu drei* geschieht gegenüber der Zweierbeziehung dramatisch Neues. Ist die Zweierbeziehung (das Paar, Mutter und Kind bzw. Vater und Kind) noch vor ein „Alles oder Nichts" (Simmel 1908, S. 68) gestellt -wenn einer der beiden geht, zerfällt die Beziehung –, ändert das Hinzukommen eines Dritten zu einer Dyade die Situation grundlegend:

> „Während zwei wirklich eine Partei sein können bzw. ganz jenseits der Parteifrage stehen, pflegen in feinsten stimmungsmäßigen Zusammenhängen drei sogleich drei Parteien – zu je zweien – zu bilden und damit das einheitliche Verhältnis des hier einen zu dem je anderen aufzuheben" (Simmel 1908, S. 69).

Und Simmel weiter, wo er zu erkennen gibt, dass die Zahl 3 eine elementare Zahl ist:

> „Die Dreizahl als solche scheint mir dreierlei typische Gruppierungsformen zu ergeben, die einerseits bei zwei Elementen nicht möglich sind, andererseits bei einer Mehr-als-drei-Zahl entweder gleichfalls ausgeschlossen sind oder sich nur quantitativ erweitern, ohne ihren Formtypus zu ändern" (ebd., S. 75f).

Zur Erläuterung des Ausflugs zu Simmel: Ich erarbeite hier ein grundlegendes Verständnis zur Situation in einer Alleinerziehendenfamilie, die sich erweitert zu einer Stieffamilie, von der wir aus den Daten von Lars Dencik wissen, dass sie für das Kind ein besonderes Risiko darstellt. Worin dieses besteht, wird im weiteren Verlauf deutlich werden. (Dass mit dem Hinzukommen eines Dritten zu einer Alleinerziehendenfamilie möglicherweise eine ökonomische Verbesserung stattfindet, kann die Situation erleichtern, unter Umständen aber auch erschweren.)

Interessant ist des Weiteren für die hier vorliegenden Zwecke, welche spezifischen Beziehungskonstellationen Simmel aus diesen bisher angestellten Überlegungen destilliert:

Erstens der Unparteiische oder der Vermittler. Das ist die Konstellation, die Gunthard Weber & Helm Stierlin wohl im Auge hatten, als sie in ihrem Buch *In Liebe entzweit* (1989) eine Theorie der Magersucht entwickelten.

Ich hatte einmal Gelegenheit, in einem sechsstündigen Gespräch mit einer solchen Familie die diesem Buch von Stierlin und Weber zugrunde liegende Logik zu erkennen: Das Elternpaar war seit Jahren getrennt, diese Trennung wurde geheim gehalten, und das Bemühen der jüngsten Tochter bezog sich darauf, die Eltern dadurch zusammenzuführen, dass sie sich kontinuierlich hungernd in eine Situation der Lebensbedrohung brachte. Der oben bereits erwähnte Familientherapeut Salvador Minuchin hat für dieses Muster den Begriff „*Umwegsverteidigung*" geprägt. Das ist zugegebenermaßen eine schlichte Erklärung, die allerdings für meine Zwecke ausreicht.

Dazu kommt noch als andere Möglichkeit des Eingriffs in die Paarbeziehung der Eltern seitens des Kindes die *Umwegsattacke*. Ich werde weiter unten darauf zurückkommen, denn ich will mit diesem Einschub vorerst nur deutlich machen, wie nahe Georg Simmels Ausführungen an der zeitgenössischen Familientherapie sind, auch wenn diese davon noch nichts gemerkt hat.

Zweitens der lachende Dritte. Diese Konstellation sieht so aus, dass der Dritte in der Dyade Zwietracht sät. (Die Brisanz dieser Konstellation hat sogar der Volksmund realisiert: „Wenn zwei sich streiten, freut sich der dritte.") Es ist im Übergang von der Alleinerziehendenfamilie zur Stieffamilie ein probates Mittel des Kindes, im neu sich formierenden Paar Unruhe zu stiften, und zwar so lange, bis der hinzugekommene Dritte das Weite gesucht hat. Das kann auch schiefgehen. Unversehens kann sich dieses Kind im Internat, im Heim oder in einer Pflegefamilie wiederfinden. So wird die Dyade des Paars zwar gerettet, die zwischen Mutter/Vater und Kind aber aufgelöst.

Mit diesen Überlegungen komme ich der Frage näher, weshalb die Stieffamilie eine solchermaßen kritische Situation für das Kind darstellt: Mit dem privilegierten Anspruch des Kindes auf die Mutter ist es vorbei, wenn ein neuer Partner der Mutter hinzukommt. Wie erwähnt, haben findige Kinder bald herausgefunden, wie man rasch einen solchen Konkurrenten wieder vertreibt, um den Preis allerdings, es mit der Mutter zu verderben, der das Kind durch seine Machenschaften (selbstverständlich nicht kritisch gemeint, das Kind will ja auch überleben) einen beträchtlichen Teil ihrer Lebenschancen nimmt.

Und um einen weiteren Preis: Identitätsbildung des Kindes findet besonders effizient in Dreierkonstellationen statt. Ich werde weiter unten darauf näher eingehen.

Auf folgenden Hinweis lege ich besonderen Wert, denn hier sprudelt wieder eine hübsche Quelle übler Nachrede im Stil des Herrn Gruen: Ich sage nicht, dass in einer Alleinerziehendenkonstellation aufzuwachsen bedeutet, dass eine Identitätsbildung erschwert ist. Beispiel: Ein Kind, das mit der Zeit Praktiken entwickelt hat, Partner der Mutter zu vertreiben, hat sich zu einer hervorragenden und innovativen Sozialpädagogin entwickelt. Dieses Kind konnte gedeihen trotz widriger Umstände.

Das bedeutet jedoch, bezogen auf das vorliegende Thema, zusammengefasst: Mit der Bildung einer Stieffamilie geraten die Kinder in eine riskante Konstellation, und deren Entstehen sollte jedes Jugendamt in einen Zustand erhöhter Wachsamkeit (Vigilanz) versetzen.

4.4 Das Scheitern von Jugendämtern an der Stieffamilie: Eine Übersicht über Skandalfälle der letzten Jahre. Mögliche Verbesserungen von Praktiken der Jugendhilfe durch Erweiterung des Wissensstands im familienwissenschaftlichen Spektrum, auch durch familientherapeutische Ansätze

In Stieffamilien kommt es vor, dass Kinder durch ein Schütteltrauma getötet werden. Im Hintergrund steht nicht selten ein Stiefvater als Täter (Kevin aus Bremen, Tayler aus Hamburg, SZ 20.12.2016). Taylors Stiefvater beispielsweise musste für seine Tat für elf Jahre ins Gefängnis. Im Zusammenhang mit diesem Fall heißt es in der Zeitung: „Oft richten sich Klagen auch gegen die Sozialämter (! – B. H.), die Gefahren für Schutzbefohlene nicht ernst genug genommen haben."

Hamburgs Sozialsenatorin wird mit folgenden Worten zitiert: „Der Tod des kleinen Tayler erschüttert meine Behörde – und mich persönlich" und: „Wir nehmen Anteil an seinem Tod und sind tief betrübt." Man brauche „Klarheit darüber, welche Maßnahmen der Allgemeine Soziale Dienst (ASD) zum Kinderschutz ergriffen hat und warum es trotz Hilfen zum Tod des Jungen kam."

Und weiter legt die Berichterstatterin den Finger in die Wunde: „Doch das schreckliche Ende Taylers erinnert bereits an andere Gräueltaten, die niemand verhindert hat. Der gebildete Untersuchungsausschuss und die vom Senat daraufhin eingerichtete Jugendhilfeinspektion haben Tayler nicht retten können."

In einem weiteren Fall erkannte die Jugendhilfeinspektion eine „Verkettung von Fehlern". In diesem Zusammenhang wird eine Maßnahme zitiert, dass an Berliner Hospitälern (auch in Jena, wir hatten Gelegenheit zur Zusammenarbeit) spezielle Ambulanzen für misshandelte Kinder eingerichtet werden.

Das ist, diese Feststellung sei erlaubt, der klassische und untaugliche Fall, fachliches Fehlverhalten durch die Schaffung einer neuen Organisation (ich lasse die Medizin außer Betracht) zu verhindern, man denke nur an die weiter oben erwähnten Vernetzungsgremien.

In diesem Bericht wird von Myriaden bürokratischer Interventionen berichtet, das Thema Berufsfachlichkeit spielt in der Berichterstattung und in der Würdigung der Vorfälle vor Gericht keine Rolle. Sie ist *notorisch ein blinder Fleck*, mit Ausnahme des Falls, über den nun zu berichten ist.

Am Jugendamt Breisgau-Hochschwarzwald ereignete sich der Fall Alessio (SZ 15.10.2015). Es wird in derselben Zeitung ein Gutachter, der die anschließende Gerichtsverhandlung verfolgt hat, zitiert:

> „In der Debatte um mögliches Behördenversagen im Fall des zu Tode geprügelten dreijährigen Alessio hat ein Gutachter dem Jugendamt Fehler und Versäumnisse attestiert. Die Behörde habe die Gefährdung des Jungen mit der Zeit falsch eingeschätzt, sagte der Sachverständige Heinz Kindler in seinem Zwischenbericht am Dienstag. Zudem sei die Führung des Jugendamts zu wenig präsent gewesen. Der Experte vom Deutschen Jugendinstitut in München untersucht den Fall im Auftrag des Landkreises. Alessio war hier Mitte Januar in Lenzkirch im Schwarzwald getötet worden. Sein Stiefvater wurde deshalb vergangene Woche zu sechs Jahren und zwei Monaten verurteilt" (dpa, SZ 21.10.2015)[25].

Ich schließe das Thema Stieffamilie mit einem letzten Fall ab und will danach auf einen Fall aus Staufen bei Freiburg im Breisgau eingehen. Damit bleibe ich im Bereich des zuletzt zitierten Jugendamts. Der übernächste zu besprechende Fall ereignete sich drei Jahre später, und man darf sich fragen, was dieses Jugendamt in den Jahren 2015–2018 gelernt hat. Zunächst aber ein gleich gelagerter Fall aus einem anderen Jugendamt:

Am 25.11.2022 wird vom Amtsgericht Ellwangen in Württemberg eine Mutter zu einer Haftstrafe von zwei Jahren und neun Monaten verurteilt, weil sie es zugelassen hat, dass ihr Lebensgefährte („Freund") ihr Kind im Alter von 23 Monaten mit Todesfolge misshandelt hat. Der Täter wurde zu 14 Jahren Haft verurteilt (Quelle: Landesschau Baden-Württemberg im SWR, am Folgetag).

Nun zum Fall in Staufen: Dabei beschränke ich mich auf die Überschriften der einschlägigen Artikel in der Süddeutschen Zeitung:

Alleingelassen im Namen des Volkes – der mutmaßliche Täter stand unter Beobachtung der Justiz, die Mutter unter der des Jugendamts. Doch letztlich fühlte sich für den Jungen niemand richtig zuständig.

Und weiter:

Missbrauch von Kindern. Der Mann war wegen Sexualdelikten vorbestraft, er hätte gar keinen Kontakt zu Minderjährigen haben dürfen. Dennoch lebt er mit einer Frau und mit ihrem kleinen Sohn zusammen, Kontrollen gab es kaum. Beide sollen den Jungen jahrelang missbraucht und zur Vergewaltigung [im Internet – B. H.] *angeboten haben. Der Freiburger Fall zeigt schwere Mängel im staatlichen Schutz von Kindern* (SZ 18.01.2018).

---

[25] Als Hintergrundinformation sei mitgeteilt, dass es sich bei dem Stiefvater um einen überforderten, weil überschuldeten Landwirt handelt, der bei seiner Partnerin nicht genauer hingeschaut hat, wen er sich da auf den Hof holt, Hauptsache, wird er sich gedacht haben, eine Frau ist auf dem Hof. Als der Stiefsohn dann entwicklungstypisch in eine Haltung von Widerständigkeit geriet, riss dem Stiefvater der Geduldsfaden, und er wurde gewalttätig.

Während dieser Fall zunächst als Fall eines schweren Versagens der Justiz und Jugendbehörde behandelt wird, wirft eine Chronologie in derselben Zeitung (20./21. Januar 2018) ein Licht auf das Jugendamt.
- Der Fall beginnt im März 2005, als Christian L., der spätere Stiefvater, zu einer einjährigen Haftstrafe auf Bewährung wegen Besitzes von kinderpornographischem Material verurteilt wird.
- Eine zweite Verurteilung findet im August 2010 statt, L. erhält vier Jahre und drei Monate Haft, weil er ein 13-jähriges Mädchen missbraucht hat. Die Richterin Voßkuhle lehnt die von der Nebenklage geforderte Sicherungsverwahrung ab. „Sie haben eine Chance verdient", sagt sie in ihrer Urteilsbegründung. Womit er diese Chance verdient hat, erläutert sie nicht, und wenn, geht diese Erläuterung in den Bericht nicht ein.
- Am 20. Februar 2014 wird Christian L. aus der JVA Freiburg entlassen, er gilt als stark rückfallgefährdet und darf alleine keinen Kontakt zu Kindern oder Jugendlichen haben – nur unter Aufsicht eines Erziehungsberechtigten. Anfang 2015 werden L. und Berrit [mitunter auch: Berrin – B.H.] T. ein Paar. Im Laufe des Jahres beginnt L. der Staatsanwaltschaft zufolge den Sohn von T. zu missbrauchen.
- Im März 2017 nimmt das Jugendamt den Sohn von Berrit T. in seine Obhut. Gegen L. läuft ein Ermittlungsverfahren, weil ein Kriminalpolizist das Amt darauf aufmerksam gemacht hat, dass er (der Sohn) bei T. wohnt. Der Junge bleibt vier Wochen in einer Stelle der Bereitschaftspflege, dann wird er zurückgeschickt, weil seine Mutter der Maßnahme widersprochen hatte. [Im Nachhinein wird deutlich, dass die Mutter auf ihren Sohn als eine ständige Einnahmequelle angewiesen war – B. H.]
- Berrit T. wird im April 2017 beauftragt, nach der Rückkehr ihres Sohnes dafür zu sorgen, dass L. die gemeinsame Wohnung nicht mehr betritt. Auch wenn sie dabei ist, darf L. sich dem Jungen nicht nähern. Das Jugendamt beteuert, es habe bei dem Jungen keinerlei Anzeichen von Missbrauch gegeben.
- Im Juni 2017 wird Christian L. zum dritten Mal verurteilt wegen Verstoßes gegen seine Bewährungsauflagen, L. legt Berufung ein, das Urteil wird nicht rechtskräftig.
- Trotz weiterhin bestehenden Kontaktverbots lebt L. mit Berrit T. und deren Sohn zusammen. Am 10. September 2017 wird der Sohn von Berrit T. in die Obhut des Jugendamts übergeben, nachdem beim Bundeskriminalamt ein anonymer Hinweis eingegangen war: Der neunjährige Sohn von Berrit T. soll missbraucht worden sein. Am 11. Januar 2018 wird der Fall in seinem gesamten Ausmaß öffentlich.

Zur Gerichtsverhandlung berichtet der *Schwarzwälder Bote* am 09.07.2018:

„Kurios dabei: Voßkuhle ist die gleiche Richterin, die L. auch schon 2010 wegen der Taten an dem 13 Jahre alten Mädchen und seiner kleinen Schwester verurteilt hatte. Sie wusste um die Gefahr, die von dem Mann ausgeht. Dennoch glaubte sie Berrin T., als sie ihr „in

die Hand versprach", dass sie ihren Sohn vor L. schützen werde (vgl. unten). Vom Hinweis der Lehrerin des Buben, dass dieser möglicherweise missbraucht werde, wusste Voßkuhle nichts: Das Jugendamt im Kreis Breisgau-Hochschwarzwald (das bereits 2015 wieder in die Schlagzeilen geriet, sodass der Außenstehende sich fragen muss, ob man in diesem Jugendamt – trotz Unterstützung durch das deutsche Jugendinstitut – auch aus Fehlern lernen kann – B. H.) habe sie nicht darüber informiert, erklärt die Richterin in einem Aussageprotokoll, das am Montag im Gericht verlesen wurde."
Am kommenden Freitag und Montag werden in dem Prozess die Plädoyers erwartet. Das Urteil ergeht nach jetzigem Stand am 20. Juli.

Ende Juli beginnt der letzte Prozess gegen einen der Täter im Staufener Missbrauchsfall. Der Spanier Xavier G. gilt als einer der Haupttäter in dem Fall. Der Mann, der sich von seinem Opfer „Onkel Luke" nennen ließ, ist ebenfalls geständig. Ihm werden mehr als ein Dutzend Missbrauchstaten an dem mittlerweile zehn Jahre alten Jungen aus Staufen vorgeworfen.

Die *Badische Zeitung* schreibt:

„Im Fall des im Darknet zum sexuellen Missbrauch angebotenen Jungen aus Staufen ist die Mutter des Kinds, Berrin T., zu zwölfeinhalb Jahren Haft verurteilt worden. Ihr Lebensgefährte, Christian L., erhielt zwölf Jahre Haft; die anschließende Sicherungsverwahrung wurde angeordnet."

In seinem Aufsatz *Der qualifizierte Familienrichter als tragende Säule im Kinderschutz* interpretiert der mit dem Kindschaftsrecht vertraute Jurist Ludwig Salgo (2018, S. 168) den ersten Teil der juristischen Würdigung des Staufener Falls (Stand 2018) und kommt zu dem Schluss, dass

„Familienrichter und -richterinnen (.) aus der universitären, aber auch aus der Referendarausbildung kaum genügend Kenntnisse und Erfahrungen mit(bringen), um den sich in familiengerichtlichen Verfahren stellenden Herausforderungen gewachsen zu sein" (Salgo 2018, S. 173).

Das ist noch die Frage, ob im vorliegenden Fall spezielle Kenntnisse erforderlich waren, oder ob nicht auch eine wache Aufmerksamkeit, wie sie der erwähnte Kriminalpolizist und die Lehrerin gezeigt haben, während sich das Jugendamt auf die Abwesenheit von Zeichen für Missbrauch (welche? aufgrund welcher Checkliste?) hinausredet, gereicht hätte.

Eine Würdigung der Umtriebe des zuständigen Jugendamts findet bei der Urteilsfindung nicht statt. Offenbar ist das Handeln dieser staatlichen Organisation sakrosankt. Und die Behörden handeln erwartungsgemäß:

„Eine Aufarbeitung auf Landesebene fand zunächst mit Hilfe einer interministeriellen Arbeitsgruppe aus Sozial-, Justiz- und Innenministerium statt. Ein Ergebnis dieser Arbeitsgruppe war im Herbst 2018 die Einsetzung der „Kommission Kinderschutz zur Aufarbeitung des Missbrauchsfalls in Staufen und zur Weiterentwicklung des Kinderschutzes", an der fünf Landesministerien beteiligt waren. Heute wurde ihr Abschlussbericht vorgestellt". (SWR 17.2.2020). Das zeigt: Arbeitsgruppen gebären Kommissionen etc. [siehe oben, Hamburg]: Fachliches Fehlverhalten ruft die Gründung einer Kommission hervor. Und wenn man nicht mehr weiterweiß, gründet man einen Arbeitskreis. Es wäre zum Lachen, wäre der Fall nicht so erschütternd.

Der Kommentatorin der SZ, einer ansonsten sehr anspruchsvollen Zeitung, gerade, wenn es um Kinderschutz geht, fällt in einem Kommentar (SZ 18.01.2018) zum Staufener Fall nichts anderes ein, als zu fordern: *Schützt die Kinder! Der Jugendhilfe fehlt es an Personal und Geld – die Folgen sind immer wieder katastrophal.*

Gedankenexperimentell kann man sich überlegen, was mehr Personal (anders formuliert: die Addition von Inkompetenz oder unter Umständen auch die Blockade der Kompetenz auf Mitarbeiterebene durch die Inkompetenz der Leitungsebene) und mehr Geld in diesem Fall bewirkt hätten.

– Was bewirkt ein Personal, das an der Entwicklung des ihm anvertrauten Falls trotz deutlicher Vorboten von Gefahr keinen Anteil nimmt, wo es zudem an der minimalsten Ausprägung von Wachsamkeit fehlt?
– Was bewirkt mehr Geld, wenn Personal eingestellt wird, das seiner Aufgabe ignorant begegnet und nicht in der Lage ist, Gefährdungsanzeichen zu erkennen, oder ungeeignete Herangehensweisen benutzt?
– Was soll sich bessern, wenn ein Jugendamt selbstherrlich agiert und die am jeweiligen Fall ebenfalls beteiligten Berufsgruppen (im vorliegenden Fall Polizist, Lehrerin) ignoriert? Die in der Fachliteratur vorzufindende Begrifflichkeit von „Kinderschutz als Grenzobjekt" (siehe oben) scheint im Feld offenbar nicht wahrgenommen zu werden, was ein Licht auf die Praxis der Weiterbildung in diesem Milieu wirft.

Der Autorin ist Recht zu geben, wenn sie feststellt, dass Jugendämter mit einem Wirrwarr an Zuständigkeiten zu kämpfen haben. Sie fragt aber nicht danach, welche Möglichkeiten es gibt, diesem Wirrwarr entgegenzuarbeiten, und welchen Beitrag das Jugendamt dazu leisten kann. Das ist auch nicht ihre Aufgabe. Einen Weg habe ich oben in Hinsicht auf Zusammenarbeit mit den beteiligten Berufsgruppen an einem Fall aufgezeigt. Die Kommentatorin machte es sich allerdings zu einfach, wenn sie den Schwarzen Peter der Politik zuschiebt, die in solchen Fällen auch nur handelt wie Pawlows Hund, wenn die Glocke bimmelt, also eine Arbeitsgruppe gründet, und die Justiz nicht mehr als lächerlich-rührseliges Handeln an den Tag legt: „Sie (die Mutter) hat mir in die Hand versprochen" (den Auflagen zu entsprechen), sagte die Richterin, als ob man sich gerade auf dem Wochenmarkt begegnet wäre und im Fall schwerster Straftaten die Kategorie „Vertrauen" tauglich wäre. Der Rest dieses Zeitungs-Kommentars, soweit das Jugendamt betroffen ist, erschöpft sich in einem unverbindlichen Gestammel.

Ich werde nicht darum herumkommen, bezogen auf diesen Fall einige starke Worte zu formulieren, bin auch nicht dafür bekannt, meine Einschätzungen verklausuliert und dem Milieu entsprechend abschwächend („ein bisschen", „vielleicht", „ein wenig") vorzutragen, also so, dass mich niemand darauf festlegen kann. Im Vorstehenden werden Sie das bereits erkannt haben. Weiche Formulierungen dienen dazu, für das Gesagte nicht die volle Verantwortung zu übernehmen und dem Gegenüber nichts zuzumuten, er/sie könnte ja unter einer schonungslosen Konfrontation mit der Realität zusammenbrechen. Ich gehe jetzt also in die Vollen und nehme in Kauf, dass ich als Überbringer schlechter Nachrichten nicht auf Beifall hoffen kann.

Als Teilnehmer einer Tagung über Kinderschutz bekam ich als Erstes zu hören, dass die Mitarbeiterschaft des diese Tagung organisierenden Jugendamts von höchster Qualität sei. Das war auch schon auf dem Flyer zur Einladung zu lesen. Dass in einem solchen Jugendamt etwas anderes als höchste Qualität waltet, vielleicht auch nur eine hohe oder eine gewisse Qualität, manchmal mehr, manchmal weniger, liegt wohl außerhalb des Denkbaren. Ähnlich äußerte sich die an der Organisation der Tagung mitbeteiligte ärztliche Leiterin der lokalen Kinderschutzambulanz. (Von Studierenden, die an diesem Jugendamt ihr Berufspraktikum absolviert und Fälle von dort in mein Fallseminar zur Klinischen Soziologie zur Rekonstruktion mitgebracht hatten, erhielt ich einen anderen Eindruck. Ich werde im Kapitel über Familienbilder am Jugendamt darauf zurückkommen).

Der Eindruck, dass dieses Jugendamt zur Selbstüberschätzung neigt, bestätigte sich, als ich von diesem Amt eingeladen wurde, gemeinsam mit den Mitarbeiterinnen eine Fallbesprechung durchzuführen. Zum Verlauf: Ich saß in einer Runde desinteressierter, gelangweilter, durchweg aber erwachsener Personen, die sehnlichst den Feierabend zu erwarten schienen, und fühlte mich zunehmend wie ein Affe im Zirkus oder als Mitarbeiter der Firma Trigema in Burladingen, ein Affe, der zur Belustigung des Publikums in der Werbung manchmal kurz vor der Tagesschau in der ARD seine Späße macht. Zur Mitarbeit an der gedanklichen Arbeit waren sie nicht zu bewegen, schon gar nicht zu einer fachlichen Stellungnahme. Während der Affe bei Trigema zum Abschluss seiner Darbietungen eine Banane spendiert bekommt, blieb mir im vorliegenden Fall eine solche versagt. Derlei hatte ich auch nicht erwartet. Als Beamter des Landes Thüringen sah ich es jedoch als meine Pflicht an, kommunale Behörden zu unterstützen. Als ich noch Beamter des Landes Baden-Württemberg war, konnte ich immerhin auf Dienstreise beim Empfang auf eine Butterbrezel hoffen.

Welchen Zweck hat es also, die in diesem Feld anzutreffenden fachlichen Schwächen der Fachleute minutiös zu verzeichnen, anstatt sie höflichst zu beschweigen? Das naiv vorgetragene Eigenlob, das laut Volksmund ohnehin stinkt, führt zu Wahrnehmungsstörungen. Das bevorzugte Verhalten ist die Abwehr von jeder Kritik, und sei diese Kritik noch so behutsam vorgetragen. Und der Bürgermeister, der in dasselbe Horn stößt, wird sich vor kritischen Kommentaren hüten, denn er ist auf das Amt angewiesen. (Einschränkend: Der Makel an dieser Darstellung ist das Fehlen von Verständigungsmöglichkeiten.

Mir wäre wohler, ich könnte diesen Text denen, von denen er handelt, im selben Duktus vortragen, und wir könnten danach darüber sprechen.)

Und um diese Tirade abzuschließen: In meinem Fokus stehen Handelnde (Mitarbeiterinnen und Mitarbeiter am Jugendamt), die auf einen Platz gestellt sind, der mit Verantwortung für Schwache (Familien mit Kindern, oft in prekärer Lebenslage) ausgestattet ist. Wenn es gut geht, legen diese Handelnden sich am Abend Rechenschaft darüber ab, ob und in welcher Weise sie dieser Verantwortung gerecht geworden sind. Verantwortung ist immer individuell zurechenbar, und wenn etwas an der Struktur des Amtes nicht stimmt, muss man sie ändern oder sich einen anderen Arbeitgeber suchen.

[Es mag sein, werte Leserin, werter Leser, dass Sie sich durch diese Brandrede unangemessen angesprochen fühlen. Man weiß ja: Hinter den sieben Bergen ist alles viel schlimmer als bei einem selber. Ich sage ja auch nicht, dass an jedem Jugendamt in Deutschland unangemessene Verhältnisse herrschen. Es ist mir schließlich gelungen, diesen Text durch bewundernswerte Beispiele jugendamtlichen Handelns zu bereichern.

Aber es kann auch in die andere Richtung gehen. Ich habe es mir erspart, den jüngsten Skandal um Lügde, der inzwischen auch wieder in Vergessenheit geraten ist, zu würdigen. Es geht immer noch eine Stufe schlimmer. Die markigen Worte, die seinerzeit, als der Skandal am Brodeln war, der Innenminister von Nordrhein-Westfalen, Herbert Reul, der Jugendhilfe seines Bundeslandes entgegengeschleudert hat, werden im Orkus bereits wieder verschwunden sein. Die Wahlen sind ja auch vorbei, und er ist immer noch im Amt.

Wenn es mir aber gelungen ist, Sie mit meinen Aussagen zu provozieren, den einen oder anderen Aspekt davon ernst zu nehmen und Sie dazu zu verleiten, Ihr eigenes Handeln vor dem Hintergrund des von mir Dargestellten zu reflektieren, dann ist schon etwas erreicht.]

4.5 Zwischenbilanz

Gegenstand dieses Kapitels sind Konzepte, die man über Familienkonstellationen fallbezogen entwickeln kann. Ich begann mit den Ergebnissen einer Auswertung der dänischen Datenbank, Kinder betreffend, was mich flugs zu einer speziellen Familienkonstellation, zur Familie Alleinerziehender und zur Stieffamilie und damit in die Tiefen jugendamtlichen sowie juristischen Handelns führte.

Wenn auch im Märchen, sozialhistorisch nachvollziehbar, die Stiefmutter als die Böse in dieser Konstellation herausgestellt wird, so zeigte doch eine Durchsicht dramatischer Jugendhilfefälle, dass die Position des Stiefvaters heutzutage, unter anderen sozialhistorischen Umständen, in dieser Konstellation in besonderer Weise risikobehaftet ist. Bis zu den Jugendhilfebehörden scheint sich das noch nicht herumgesprochen zu haben, wie die diskutierten Fälle zeigen. Die Ansicht scheint sich verbreitet zu haben, dass, wenn eine Alleinerziehende wieder einen Partner gefunden hat, die Dinge im Lot sind.

[Der besonders aufmerksamen – woken – Leserschaft sei erneut versichert, dass, wenn ich die Position des Stiefvaters als risikobehaftet bezeichne, damit selbstverständlich *nicht* gemeint ist, dass alle Stieffamilien in diesem Land unter einen Generalverdacht zu stellen sind. Bis zum Beweis des Gegenteils gelten Stieffamilien als unverdächtig, ihr Ringen um das Herstellen einer für Kinder gedeihlichen Lebensform schätzenswert, bis zum Beweis des Gegenteils. Jeder, der sich in seiner Umgebung umschaut, wird bewundernswerte Stiefväter finden. Gleichwohl ist hier Typ 1 der Handlungsmuster bei Kindeswohlgefährdung, speziell die vigilante Wachsamkeit, besonders angezeigt.]

Eine Übersicht zur öffentlichen Aufmerksamkeit, dramatische Fälle der Kindeswohlgefährdung in den letzten Jahren betreffend, führte mich zu einigen kritischen Bemerkungen zur Jugendhilfe und zur Diskussion einer soziologischen und auch familientherapeutischen Theorietradition, die sich auf die Brisanz beziehen, die in Triaden in Familienkontexten steckt. Diese Ansätze werden nun im Weiteren ausgeleuchtet werden, und wieder ist der Weg zur berufsfachlichen Arbeit mit Familien, dieses Mal aus Sicht der Familientherapie, nur kurz. Auch wird es um das Thema Familiengrenzen gehen. Grenzen sind dazu da, überwunden zu werden, womit ich unversehens zum Thema Ablösungsprozesse von der Familie gelange. Ich komme damit zu einem Familiengeschehen, womit Jugendämter nur in Grenzfällen befasst sind.

4.6 „Die Familie ist der Ort, von dem aus das Kind den Rest der Welt betrachten kann" (Natalia Ginzburg)

Natalia Ginzburg stammt aus einer linksorientierten jüdischen Familie aus dem italienischen Großbürgertum, sie wurde 1916 in Palermo geboren und starb 1991 in Rom. Ihr Sohn Carlo Ginzburg ist ein anerkannter und neue Akzente setzender Sozialhistoriker. Weltbekannt wurde Natalia Ginzburg durch ihre Romane, von denen ich *Mein Familienlexikon* (1983) hervorheben will. Der Titel *Familienlexikon* soll vielleicht an Sigmund Freuds Begriff „Familienroman" erinnern, mit dem „Fantasien bezeichnet sind, in denen das Subjekt imaginär die Bande mit seinen Eltern modifiziert" (Laplanche & Pontalis 1994, S. 152). Natalia Ginzburg reduziert in ihrem *Familienlexikon* allerdings Familien nicht auf ihre Beziehungsmuster, sondern beschreibt sie auch als Wissens- und Orientierungszusammenhänge in der Welt („Wonach stinkt der Schwefelwasserstoff?" war ein stehender Spruch in der Familie Ginzburg). Natalia Ginzburg war mit der Psychoanalyse vertraut, wenn sie sich dazu auch auf kritischer Distanz hielt. Unbedingt lesenswert ist ihre Erzählung *Meine Psychoanalyse* in ihrem Erzählband *Nie sollst du mich befragen* (1995), in der sie an einer kleinen, selbst erlebten Begebenheit den (damaligen) Hang in der Psychoanalyse zum Sektierertum offenlegt.

Aber darum geht es hier nicht, es ist mir nur wichtig, den Hintergrund der von mir herangezogenen bedeutenden Literatur zu skizzieren, da ich nicht davon ausgehen kann, dass heutzutage alle Welt sie noch kennt.

„Die Familie ist der Ort, von dem aus das Kind den Rest der Welt betrachten kann." Diesen Satz entnehme ich einem Gutachten, das Natalia Ginzburg im Auftrag der italienischen Regierung erstellt hat. Der Text liegt mir nicht mehr vor und kann deshalb nicht weiter belegt werden. Mit diesem Satz, der betont, dass das Kind einen sicheren Ort benötigt, um seinen Weg in die Welt finden zu können, verweist Natalia Ginzburg, wenn auch nur zwischen den Zeilen, auf eine Passage aus der Stammesgeschichte der Menschheit.

Es geht um Folgendes: Mit dem zunehmenden Hirnwachstum in der Entwicklung der Gattung Mensch wurde es erforderlich, dass der Fötus vorzeitig den Mutterleib verlässt, will er noch die Chance haben, das Tageslicht zu erblicken. So vorzeitig in die Welt geworfen, kann er nicht unmittelbar nach der Geburt auf seinen eigenen Beinen stehen und den Weg zur mütterlichen Milchquelle suchen (Bryson 2005, S. 563). Seit viele Landwirte zu Mutterkuhhaltung übergegangen sind, kann man auf den Weiden beobachten, was geschieht, wenn ein Neugeborenes nicht vorzeitig, sondern seiner Entwicklung und Verfassung gemäß in die Welt entlassen wird. Nach wenigen Minuten steht es auf den Beinen. [Man verzeihe mir diesen Gedankensprung, der bei aufmerksamen Menschen möglicherweise die allgegenwärtige Empörungsbereitschaft provoziert.]

Nimmt man dieses Thema der Verselbstständigung des Nachwuchses aus pädagogischer Sicht, dann bekommt das emotionale Milieu der Familie eine besondere Qualität. In seinem Buch *Erziehung in der Familie* (2012) schreibt Michael Winkler auf S. 69 und bewegt sich dabei in dem von Natalia Ginzburg vorgegebenen Duktus:

> „Bildung beginnt als Herzensbildung, als Bildung der Seele und der Gefühle, kognitives Wissen und Verstehen beginnen erst, wenn Menschen erlebt haben, dass sich andere um sie intensiv sorgen",

und um auf Natalia Ginzburg zurückzukommen, Bildung beginnt auch damit, dass diese anderen (womit dann wohl die Eltern und, heute mit zunehmender Bedeutung, auch Großeltern oder Stiefeltern) gemeint sind, dem Kind einen Ort verschafft haben, von dem aus es zunächst den Rest der Welt besichtigen kann.

In diesem Schonraum ist das Kind nicht untätig, es lernt, allerdings auf seine altersentsprechende Weise: Versonnen stapelt das Kind seine Bauklötze aufeinander, macht Experimente, um herauszufinden, wie lange es dauert, bis der entstehende Turm umstürzt, und erkundet Variationen von Stabilität usw.

Auf solche Lernprozesse hat bereits Friedrich Fröbel im 19. Jahrhundert aufmerksam gemacht. Mit dem Boom der „frühen Bildung" wurde dieses Wissen in die Irrelevanz verabschiedet (Hildenbrand 2015a).

Ein weiteres Beispiel selbst erzeugter Bildungserfahrungen von Kindern, jetzt aus meiner eigenen Familie: Machen Eltern mit ihren Kindern während einer Wanderung am Ufer eines Baches Rast, dann dauert es nicht lange, bis die Kinder den Bach entdecken und Methoden ersinnen, um ihn zu stauen. Allmählich entsteht ein Staudamm. Die Eltern haben, wenn sie die Wanderung fortsetzen wollen, Mühe, ihr(e) Kind(er) von ihrem/seinem Projekt loszureißen. Möglicherweise entsinnen sich die Eltern dann ihrer eigenen Kindheit und beginnen damit, eine Mühle zu bauen und ihren Tagesplan zu vergessen.

Von dieser Art der Bildung, in der die Grundsteine für spätere kognitive Lebensbewältigung gelegt werden, gehe ich jetzt über zum Thema der Identitätsbildung. Dafür sind die Prozesse der sozialisatorischen Interaktion in der Triade von wesentlicher Bedeutung. In seinem Klassiker *Soziologische Dimensionen der Identität* (1969) hat Lothar Krappmann schon früh auf das erforderliche Wissen, diese Prozesse zu verstehen, aufmerksam gemacht. Damit werde ich mich im Weiteren beschäftigen.

4.7 Über Simmel hinaus: Die triadische Struktur sozialisatorischer Interaktion als Generator für Identitätsentwicklung

In manchen soziologischen Ansätzen wird die Familie beschrieben als eine Vier-Felder-Matrix, die durch zwei Achsen strukturiert wird: Die waagrecht verlaufende Achse ist die Generationenachse, oben die Eltern, unten die Kinder. Die senkrechte Achse beschreibt die Geschlechterachse, links (wem danach ist: auch rechts) das männliche, auf der anderen Seite das weibliche Geschlecht. (Für eine grafische Darstellung vgl. Funcke & Hildenbrand 2018, Kap. 9, S. 184.) Diese Matrix wurde von einem Schüler von Talcott Parsons, Morris Zelditch, skizziert (Parsons 1981, S. 75, René König 1976, S. 13) und von Ulrich Oevermann interaktionstheoretisch aufgewertet (Oevermann et al. 1976).

Es sind zwei Phänomene, die für eine wirkmächtige Dynamik innerhalb dieser Matrix sorgen. Auf der Ebene der Paarbeziehung ist Erotik erwünscht, generationenübergreifend ist Erotik nicht nur verboten, sondern tabuisiert. Das ist ein Unterschied. Man kann daran denken oder mit dem Gedanken spielen, ein Verbot zu übertreten. Ein Tabu zu brechen ist außerhalb des Denkbaren. Das führt dazu, dass die Familie eine sich selbst auflösende Gruppe ist: Wollen die Kinder ihre sexuellen Bedürfnisse befriedigen, müssen sie die Familie verlassen, Partner für sexuellen Austausch in anderen Familiengruppen suchen und mit diesen Vereinbarungen treffen. Wer diesen Gedankengängen nachgehen will, sei verwiesen an Claude Lévi-Strauss' *Die elementaren Strukturen der Verwandtschaft* (1991), Kap. XXIX.

> Auch hier trägt der Vergleich zur Erkenntnisbildung bei: In abgelegenen Tälern des Himalaya-Gebirges, in den großen Höhen, wo das Futter für die Herden knapp wird, heiratet jeweils eine Gruppe von Brüdern eine einzige Frau. Für Erotik und/oder Geschlechtsverkehr steht diese Frau nicht allen Brüdern zur Verfügung. Der Älteste ist privilegiert. Die anderen müssen sehen, wo sie mit ihrer Paarbeziehung und ihren sexuellen Bedürfnissen bleiben. Die Lösung ist die, sich auf Wanderschaft zu begeben und Partnerinnen in anderen Tälern zu gewinnen zu suchen.

Diese Praxis hat für die dort lebende Bevölkerung einen doppelten Vorteil: Die Geburtenrate wird reduziert, und der Genpool wird differenziert. Das ist die biologische, allerdings nicht die soziologische Erklärung. Die soziologische Erklärung findet sich bei Claude Lévi-Strauss. Oder anders formuliert: Die biologische Erklärung bezieht sich auf das Vorgegebene, die soziologische auf das Aufgegebene.

Soweit zum Inzesttabu. Das Inzesttabu hat zur Folge, dass in der Vier-Felder-Matrix sich drei nicht miteinander vereinbare Sozialbeziehungen herausbilden, die untereinander in ständiger Konkurrenz stehen: Stellen Sie sich vor, Bruder und Schwester hecken gemeinsam etwas aus, und in diese allmähliche Ausbildung einer Selbstständigkeit auf Kinderebene mischen sich Vater oder Mutter ständig ein. Oder der Vater will mit seinem Sohn etwas unternehmen, was er als notwendig für männliche Sozialisation ansieht (z. B. gemeinsam auf den Fußballplatz gehen), und die Mutter versucht das zu hintertreiben, weil in den Kreisen ihrer Herkunft ein Interesse an Fußball nicht standesgemäß ist. Als noch bedenklicher sieht sie es an, dass man am Fußballplatz gemäß der Tradition eine Currywurst verzehrt, was ihrer Ansicht nach mit einem konsequent vegetarischen Haushalt nicht vereinbar ist.

Diese Beispiele können beliebig fortgesetzt werden. Ich überlasse es Ihnen, werte Leserin, werter Leser, Ihre Fantasie zu mobilisieren. Die Lebenspraxis ist voll davon für alle, die ihr offenen Auges gegenübertreten.

In ihrem Buch *Tischgespräche* hat Angela Keppler (1994) eindrucksvoll dokumentiert, wie im beiläufigen Gespräch bei Tisch in Familien Beziehungen ausgehandelt und ausdifferenziert werden. So gesehen, ist dieses Buch lesenswert, auch wenn der Autorin das erforderliche sozialisationstheoretische Wissen/Interesse wie auch die Methode fehlen, um zu entdecken, auf welchen Materialschatz sie gestoßen ist.

Worauf ich hinaus will: Die neuzeitliche Kernfamilie ist nicht nur ein Hort der Idylle, wie in den 1950er Jahren kolportiert, sondern auch ein Ort der Auseinandersetzung. Es sind diese Auseinandersetzungen, die es dem Kind ermöglichen, die wesentlichen Fertigkeiten zu entwickeln, die in modernen Gesellschaften zur Entwicklung von Autonomie zentral sind: Insbesondere geht es um die Fertigkeit zur Entwicklung von Reziprozität von Perspektiven, d. h., sich in den anderen hineinversetzen zu können. Dieser Punkt ist so wichtig, dass er weiterer Aufmerksamkeit bedarf.

Ein Berliner Psychiater, der mich unter der Hand wohl als „weißen alten Mann" verachtet, womit er insoweit recht hat, als beide Adjektive stimmen, hat mich neulich darüber belehrt, dass man in der Hauptstadt (das ist dort, diese Sottise sei einem Süddeutschen erlaubt, wo man ohne Laborunterstützung nicht eine Löwin von einem Wildschwein unterscheiden kann) jetzt die „Standpunkttheorie" entdeckt habe, worauf ich ihm entgegnen musste, dass sozialisationstheoretisch gesehen diese Theorie ein wenn auch bewährter alter Hut ist, man kennt sie bereits seit den 1920er Jahren. Der einschlägige Aufsatz dazu stammt von George Herbert Mead (1969) und heißt *Die objektive Realität von Perspektiven*. Das Rad muss nicht immer neu erfunden werden, und man muss seine jeweiligen Lesefrüchte nicht immer der Welt als den neuen großen Wurf verkünden. Die alte Regel, die auch hier greift, lautet: „Lesen schützt vor Neuentdeckungen." Empfehlenswert in diesem Zusammenhang sind auch die Texte im Buch von Dieter Geulen, Hrsg. (1982).

Mead schreibt in seinem Aufsatz über die objektive Realität von Perspektiven:

> „Intelligenz entsteht in jenem frühen Stadium der Kommunikation, in dem der Organismus in sich selbst die Einstellung des anderen hervorruft, so zu sich Stellung nimmt und damit sich selbst zum Objekt, mit anderen Worten ein „Selbst" wird, wobei derselbe Inhalt der Handlung der anderen wie auch das selbst konstituiert. (...) Es ist wichtig festzuhalten, dass das Selbst sich nicht in den anderen hineinprojiziert. *Die anderen und das Selbst entstehen zusammen im sozialen Handeln*" (Mead 1969, S. 221f, Hervorh. von mir – B. H.).

Und schließlich: „Realität ist, was sein würde, wenn wir uns dort anstatt hier befänden" (Mead 1969, S. 225).

4.8 Triadische Ansätze in Familienberatung und Familientherapie

4.8.1 US-amerikanische Ansätze: Jay Haley, das pervertierte Dreieck; P. Minuchin, J. Colapinto & S. Minuchin („Verstrickt im sozialen Netz", ein für die Jugendhilfe attraktiver, in der Breite gescheiterter, dennoch interessanter Ansatz)

Lynn Hoffman, eine amerikanische Sozialarbeiterin und Familientherapeutin, die dem strategischen, auf Jay Haley zurückgehenden Ansatz der Familientherapie verpflichtet ist, veröffentlichte das Buch *Grundlagen der Familientherapie: Konzepte für die Entwicklung von Systemen* (1987), das historisch angelegt ist. Hoffmann entwickelt in den Kapiteln 6–8 das Aufkommen von Konzepten, die die Triade betreffen. Sie beginnt mit dem „pervertierten Dreieck", einem Konzept, das auf Jay Haley zurückgeht (man möge sich von der drastischen

Sprache nicht stören lassen. Hayley bevorzugte es, in drastischen Worten zu formulieren, und würde in den einschlägigen, den woken Kreisen heute, wenn sie ihn denn zur Kenntnis nehmen würden, erheblich Anstoß erregen, was ihm aber ziemlich egal wäre. Wenn man sich davon nicht erschrecken lässt, hat man einen Erkenntnisgewinn).

Um ein Dreieck zu pervertieren, sind drei Schritte erforderlich:
– Beteiligt sind drei Personen, von denen sich zwei auf derselben Generationenebene befinden.
– Es entsteht eine Koalition zwischen zwei Personen, die zwei unterschiedlichen Ebenen angehören.
– Diese Koalition muss geheim bleiben (Hoffman 1987, S. 112).

Die beiden anderen hier wesentlichen Konzepte aus der Geschichte der Familientherapie habe ich ansatzweise bereits erwähnt: Es handelt sich um die „Umwegsverteidigung" sowie um die „Umwegsattacke" bei der Handhabung von Konflikten zwischen Eltern und Kindern:

> „Es gibt zwei Arten der „Umwegstriaden": In einer Triade der „Umwegsattacke" sieht es für den behandelnden Arzt oft so aus, als machten die Eltern das Kind zum Sündenbock. Das vom Kind zur Schau getragene Verhalten ist zersetzend oder „böse", und die Eltern halten zusammen, um es unter Kontrolle zu bekommen, obwohl ein Elternteil oft dazu neigt, anderer Meinung über die Art der Erziehung zu sein, und möglicherweise behandeln beide das Kind inkonsequent. Die meisten Verhaltensstörungen bei Kindern fallen in diese Kategorie. In einer Triade der „Umwegsverteidigung" gelingt es den Eltern, ihre Differenzen zu maskieren, indem sie ihre Aufmerksamkeit *vorwiegend* einem als „krank" definierten Kind widmen, das sie in viel zu übertriebener Weise bemuttern. Das bindet sie enger aneinander und ist ein häufig zu beobachtender Zug bei Familien, in denen Spannungen durch psychosomatische Störungen zum Ausdruck kommen. All diese Triaden bzw. ihre *Permutationen* kann man in Familien mit psychosomatischen Kindern antreffen, aber sie sind durchaus auch in den Familien verbreitet, in denen Kinder andere Probleme haben" (Hoffman 1987, S. 157, Hervorh. von mir – B. H.).

4.8.2 Ein Rollenspiel aus New York mit Risiken und Nebenwirkungen im Selbstversuch: Die Triade in Bewegung bringen

Das folgende Rollenspiel habe ich von der New Yorker Familientherapeutin Evan Imber-Black gelernt und dann in Weiterbildungsveranstaltungen mit gutem Erfolg eingesetzt. Zunächst habe ich die Triade und die damit verbundenen Konzepte einer meist skeptischen Zuhörerschaft vorgestellt. Diese Gedanken waren für sie neu, und es ist sicher nicht verkehrt, Neuem mit Skepsis zu begegnen.

Diese Skepsis änderte sich unmittelbar, wenn ich dieses Rollenspiel aus der Tasche zog und zunächst Freiwillige bat, sich als Vater, Mutter, zehnjähriges Kind für das Rollenspiel zur Verfügung zu stellen.

Den Rollenspielern stellte ich die Aufgabe, Aktivitäten für das bevorstehende Wochenende (unter Bekanntgabe des vorliegenden Wetterberichts) zu planen. (Alternativ stellte ich auch die Aufgabe, die Ferien zu planen; es sollte darum gehen, sich zwischen einer Reise ans Meer oder ins Gebirge zu entscheiden.) Danach verteilte ich für die erste Runde einen Zettel, den die Teilnehmer voreinander verbergen sollten.

Das Spiel besteht insgesamt aus drei Runden, und je weiter das Spiel voranschreitet, desto ernster wird die Gruppe, die am Beginn des Spiels sich zunächst aufgekratzt fröhlich gezeigt hat. Mir ist es sogar einmal passiert, dass ich in einer Weiterbildung für Lehrer in bereits an der zweiten Runde gescheitert bin, weil man sich dort nicht vorstellen konnte, dass es solche Situationen auf der Welt gibt, und weil es auch an der Bereitschaft fehlte, sich gedanklich und affektiv mit solchen Situationen, die für sie Neues enthielten, auseinanderzusetzen. Kurz: Die Rollenspieler waren nicht in der Lage, die Hinweise auf den Zetteln umzusetzen, die ihren Normalitätsvorstellungen zuwiderliefen. Am Beispiel des oben erwähnten Ortsbürgermeisters im nordöstlichen Landkreis war eine solche Haltung (Uringeruch) bereits zu erleben.

Vielleicht sollte man vor Beginn dieses Rollenspiel sogar eine Warnung vor Risiken und Nebenwirkungen ausgeben, etwa der Art: *Gewarnt wird vor der Möglichkeit, dass Sie in schwere innere Konflikte geraten, weil Ihre Normalitätsvorstellungen erschüttert werden.*

Am Sachverhalt, dass dieses Rollenspiel nicht ganz ohne solche Begleiterscheinungen ist, kann man dann ohne weitere Worte belegen, wie wirkmächtig Triaden je nach Konstellationen im Umgang von Menschen untereinander sind oder sein können. Nun zur Durchführung:

Runde eins, Zettel für die Mutter: [Ich erinnere: Diese Zettel müssen vor den anderen Mitspielern verborgen werden.] Sie haben eine besonders nahe Beziehung zu Ihrem Kind, die auf einer tiefen seelischen Verwandtschaft mit ihm beruht. Diese Verbundenheit ist offen und kann besprochen werden.

Runde zwei, Zettel für den Vater: Auf diesem Zettel steht: Sie wissen um die Seelenverwandtschaft zwischen Ihrer Frau und Ihrem Kind. Deren Verbundenheit ist offen und kann besprochen werden.

Runde drei, Zettel für das Kind: Sie haben eine besonders nahe Beziehung zu Ihrer Mutter, die auf einer tiefen seelischen Verwandtschaft mit ihr beruht. Diese Verbundenheit muss geheim bleiben und darf nicht besprochen werden.

Vorschlag für eine Sicherung des Ergebnisses des Rollenspiels:

Arbeiten Sie mit den Rollenspielern heraus, was sich zwischen den jeweiligen Runden des Spiels verändert. Wie erklären Sie sich, dass meistens in der Runde drei die Stimmung kippt?

Deshalb ist davon abzuraten, dieses Rollenspiel am Ende einer Weiterbildungsveranstaltung einzusetzen, wie es mir einmal unterlaufen ist. In Meilen fiel dieses Ende auf den späten Samstagnachmittag, und auf die gedrückte

Stimmung, in der die Teilnehmenden den Veranstaltungsort verlassen, kann man gerne verzichten.

Was ändert sich in der dritten Runde? In der dritten Runde tritt eine neue Triadenform auf den Plan. Zur Umwegsattacke und zur Umwegsverteidigung tritt nun die Triangulation. Diese drei Triadenformen nennt Minuchin *starre Triaden* und führt aus:[26] „Mit Triangulation ist eine Situation beschrieben, in der die beiden Eltern in offenen oder verdeckten Konflikten den Versuch unternehmen, Sympathie und Unterstützung des Kindes gegen den anderen zu gewinnen" (Hoffmann 1987, S. 157).

Von starren Triaden kann man also sprechen, wenn in den jeweiligen Handlungsmustern keine Bewegung besteht, wenn beispielsweise der Vater (oder, je nach dem, die Mutter) nicht in der Lage ist, zu sagen: „Ihr zwei (Partner/Partnerin und Kind) haltet ja immer zusammen. Kann nicht mal einer von euch zu mir halten?" So kommt Bewegung in die Triade, das Hilfsmittel dafür ist die Reflexion.

4.8.3 Europäische Ansätze

4.8.3.1 Eine Anleihe bei der Psychoanalyse (Michael B. Buchholz) und die Mütterlichkeitskonstellation (Daniel Stern)

In seinem Buch *Dreiecksgeschichten: Eine klinische Theorie psychoanalytischer Familientherapie* behandelt Michael Buchholz (1993) in einem Kapitel das Thema „Rotation der Triade". Dort stellt er eine „Typologie zu Triaden" vor, die ich nun unter weitestmöglicher Auslassung der psychoanalytischen Ausführungen des Autors referieren werde.

An dieser Stelle wäre es in Buchholz' Buch unbedingt erforderlich gewesen, auch das Thema unvollständiger Triaden zu berücksichtigen (Dorett Funcke und ich haben dieses Thema 2009 in unserem Buch *Unkonventionelle Familien in Beratung und Therapie* abgehandelt).

Geht man auf dieses Thema ein, steht das Phänomen der Abwesenheit im Vordergrund, und nimmt man diese Perspektive ein, dann erschließt sich das Phänomen der triadischen Organisation sozialisatorischen Interaktion unmittelbar. Zu den unkonventionellen Familien gehören Familien Alleinerziehender, abwesende Eltern, abwesende Mutter, abwesender Vater und die heterologe Insemination bei ebenfalls abwesendem Vater, sofern der Samenspender anonym bleibt (das war am Beginn dieser Technik der Normalfall). Sie war in der Zeit, als Michael Buchholz sein Buch veröffentlichte, noch nicht weit ver-

---

[26] Nebenbei sei festgestellt, dass Evan Imber-Black dieses Rollenspiel ohne Verweis auf dahinterstehende Triadentheorien eingeführt hat. Möglicherweise waren sie ihr nicht präsent, oder sie hielt sie nicht für wichtig.

breitet. Dorett Funcke hat sich auch mit der Frage gleichgeschlechtlicher Paare, die zu einem Kind aufgrund einer Samenspende kommen, auseinandergesetzt und ist am Beispiel der von ihr untersuchten Fälle zu interessanten Ergebnissen gekommen (Funcke & Hildenbrand 2009, Kap. 5). Sie konnte zeigen, dass die Praktiken in den vorgefundenen familialen Konstellationen auf die Herstellung einer konventionellen Triade hinauslaufen.

Buchholz beginnt in seinem Buch mit der *Triade der Fantasie*, womit gemeint ist, dass die Eltern, noch bevor ihr Kind zur Welt gekommen ist, bereits Fantasien über dieses Kind entwickeln.

Mit Buchholz gedacht, beginnt die Triade und der mit ihr gegebene Interaktionsraum bereits vorgeburtlich, mit einem zunächst fantasierten Dritten. [Methodisch wäre es interessant, mit Paaren, die in Erwartung eines Kindes stehen, darüber zu sprechen, wie sie auf den Vornamen ihres Kindes gekommen sind; vgl. Hildenbrand 2018, Kap. 2. Es gibt dazu auch einen ausgezeichneten französischen Film mit dem Titel *Le Prénom* (*Der Vorname*), der auch auf Deutsch herausgekommen ist.]

Es soll schon vorgekommen sein, dass Paare im Zuge dieser Verhandlung über den Vornamen ihres noch ungeborenen Kindes nicht zu einer Einigung gelangen konnten, sodass es bereits vor der Geburt des gemeinsamen Kindes zu einer Trennung kam.

Der *Triade der Fantasie* folgt bei Buchholz die *Triade der Symbiose*. Gemeint ist die enge Verbindung zwischen Säugling und Mutter nach der Geburt, bei der der Dritte, also der Vater, bereits mitbeteiligt ist. Unter Bezug auf den Psychoanalytiker und Kinderarzt Donald Winnicott macht Buchholz darauf aufmerksam, dass

„auch die Mutter gehalten werden muss, sodass sie in der Lage ist, die tiefe Regression mit dem Säugling zu teilen, aber auch ihr wieder zu entsteigen" (Buchholz 1993, S. 122).

Dem folgt die *Triade mit den zwei Müttern*. Vom Kind aus gesehen, heißt das, dass für das Kind der Vater als zweite Mutter fungiert. Darüber kann man denken, wie man will. Jedoch: Im Übergang von der Mutter zum Vater wird eine neue Zwischenetappe *exzentrischer Positionalität* eingeleitet [das ist Helmut Plessners Konzept, mit dem er, nebst G. H. Mead, den Sachverhalt beschreibt, dass Identitätsbildung sich in Prozessen der Einnahme von Perspektiven der anderen ereignet (Plessner 1928).

Für die hier vorliegenden Zwecke ist es wichtig, darauf hinzuweisen, dass es für das Konzept der triadischen Entwicklung von personaler Identität weitere Quellen als „nur" Hegel oder den amerikanischen Pragmatismus gibt.

Für all jene, die in die vorliegende Thematik noch tiefer eintauchen möchten: Es geht in Plessners Schrift aus dem Jahr 1928 um eine Kritik am Cartesianismus (vgl. auch Hildenbrand 2021). Dafür steht der von Mead bereits oben zitierte und erinnernswerte Satz, der für alle Berufe, die das Wort „sozial" in ihrer Berufsbezeichnung tragen, wie zum Beispiel die Sozialpädagogik, von höchstem Interesse sein könnte, um nicht zu sagen sollte, falls es dort darum gehen sollte, von Alltagsvorstellungen zu distanzieren:

> „(...) Es ist wichtig festzuhalten, dass das Selbst sich nicht in den anderen hineinprojiziert. *Die anderen und das Selbst entstehen zusammen im sozialen Handeln"* (Mead 1969, S. 221f, Hervorh. von mir – B. H.).

Kurz: Der Cartesianismus und die mit ihm verbundenen Einschränkungen des Fokus ist sozialen Berufen fremd; es wäre nützlich, sich dort mit diesen Phänomenen zu befassen, auch wenn es dem Alltagsverstand widerspricht und anstrengend ist.

In der Triade mit den zwei Müttern kann das Kind die aus der Distanz wahrgenommenen „Objekte" vergleichen. [Das ist der Jargon der Psychoanalyse. Mit „Objekt" kann auch die Mutter gemeint sein. Ich belasse es bei dieser kurzen Bemerkung, mehr Details sind zu finden in (Laplanche & Pontalis 1994).] Um den gemeinten Sachverhalt konkreter zu benennen: Der Übergang vom Arm der Mutter auf den des Vaters erzeugt eine neue Position, ex-zentrisch zur vorigen (Buchholz 1993, S. 125).

In der Triade mit zwei Müttern, wobei mit der zweiten Mutter der Vater gemeint ist, *bereitet sich demnach bereits das vor*, worauf ich mit Mead und Plessner bereits hingewiesen habe:

Der Erwerb der Fähigkeit, sich selbst aus der Perspektive des Anderen wahrnehmen zu können und so personale Identität zu entwickeln, findet in sozialen Situationen statt.

Doch damit bin ich mit dem Konzept der „Triade mit den zwei Müttern" noch nicht am Ende. 1998 brachte ein anderer Psychoanalytiker, Daniel Stern, das Konzept der „Mütterlichkeitskonstellation" in die Debatte. Stern definiert diese Konstellation wie folgt:

> „Aus meiner Sicht ist eine Mutter eine Frau, die eine psychische Struktur bzw. eine mentale Organisation aufweist, die sich von der anderer Menschen und von der anderer Frauen unterscheidet und die nach der Geburt ihres Kindes eine andere ist als zuvor. Ich bezeichne das als die Mütterlichkeitskonstellation" (Stern 1998a, S. 103).

[Betrachtet man die Überschrift des deutschen Aufsatzes, kommt man zu einer wie folgt definierten Triade: „Mutter, Säugling und Großmutter rund um die Geburt" (Stern 1998a). Unter dem Eindruck feministischer Weltauffassungsmuster hat diese Konstellation großes Aufsehen erregt; vgl. das Buch von Olga Silverstein & Beth Rashbaum *The Courage to Raise Good Men* (1994).]

Bei kritischer Lektüre zeigt sich das Zitat von Stern als durch und durch vom Cartesianismus getränkt und erzeugt mithin bei den Kritikern dieser Weise, Menschen im Bezug zu ihrer Welt zu sehen, Stirnrunzeln. Bei mir ist das beispielsweise der Fall.

Diese kritische Einstellung dem Text gegenüber löst sich allerdings auf, wenn man die Arbeit *Das primäre Dreieck* (2001) von Elisabeth Fivaz-Depeursinge & Antoinette Corboz-Warnery, die beide aus der Arbeitsgruppe um Daniel Stern stammen, zur Kenntnis nimmt. Ich werde gleich darauf zurückkommen. Vorerst sei aber festgestellt, dass Stern nicht zu jenen gehört, die in den Chor populistischer Propaganda einstimmen. Er tendiert dazu, Prozesse kleinteilig zu beschreiben. Bezogen auf das vorliegende Thema führt das zu der Auffassung, dass die Beziehung der jungen Mutter zu ihrer eigenen Mutter nach der Geburt des ersten Kindes *ausschließlich für den Zeitraum, in dem sie im Vordergrund steht*, detailliert beschrieben und eben nicht, wie das Beispiel von Olga Silverstein zeigt, zu einem Lebensthema (die Großmütter sind die besseren Mütter) aufgeblasen wird, nur weil sie ihre eigenen Erfahrungen zum Modell stilisieren will. Ob sie sich damit nicht überschätzt?

Michael Buchholz skizziert demgegenüber vorzugsweise die großen Linien, oder, simpel ausgedrückt: Wo Stern die Froschperspektive bevorzugt, legt Buchholz den Fokus auf die Vogelperspektive. Beide Perspektiven führen zu einem Wahrnehmungsverlust.

Es hilft jedoch, neue Phänomene unter dem Aspekt ihrer sozialgeschichtlichen Entwicklung zu sehen. Dazu ein Beispiel: *Sie können es, wenn Sie an solchen Beispielen nicht interessiert sind, weil Sie mit der Landwirtschaft nichts zu tun haben (wollen) oder dieser gerade entronnen sind, im vorliegenden Fall auch überschlagen. Das wäre schade, denn Beispiele verschaffen einen Bezug zur Lebenspraxis und können neue Perspektiven eröffnen, auf die es hier schlussendlich ankommt und nicht auf die Theorie, schon gar nicht auf Hirngespinste aus New York, wo Olga Silverstein herkommt.*

Nun das Beispiel: Als wir um 1985 eine landwirtschaftliche Nebenerwerbsfamilie in der hessischen Rhön untersuchten, bekamen wir von der Mutter der Patientin folgende Geschichte zu hören: Zu ihrer Zeit (also in den 1950er Jahren) wurde von der Bäuerin erwartet, nach der Geburt ihres Kindes so schnell wie möglich das Neugeborene an ihre Schwiegermutter abzugeben, die sich fortan um dieses Kind kümmerte. (Eine Anmerkung zum Hintergrund: In landwirtschaftlichen Nebenerwerbsfamilien liegt die Hauptlast der Arbeit bei der Bäuerin, denn tagsüber ist der Landwirt in seinem Haupterwerb, also anderweitig beschäftigt, im vorliegenden Fall betrieb er eine Schreinerei.)

Rasch nach der Geburt, vorzugsweise am nächsten Tag, sollte die Bäuerin zu ihrer Feldarbeit zurückkehren.

So entstand eine Generation von Frauen, die zwar ein Kind geboren hatten, dafür aber nicht die Verantwortung übernehmen durften. Jedoch konnten sie darauf hoffen, ein Neugeborenes versorgen, wenn auch nicht stillen, zu dürfen, sobald sie selbst Großmutter werden würden. Später, ab den 1970er Jahren, ließen sich die Mütter das nicht mehr gefallen; oft übten sie einen eigenen Beruf aus, nahmen den Mutterschaftsurlaub in Anspruch und übernahmen zunächst selbst die primäre Verantwortung für ihr Kind. Das führt dazu, dass die Tochter, ohne sich Böses dabei zu denken, ihrer Mutter oder Schwiegermutter ihr Neugeborenes entzieht. Somit ist auch diese Hoffnung zerstoben, in ihrem Leben einmal ein Neugeborenes rundumversorgen zu dürfen.

Anderes Beispiel: Als ich einer Kollegin, die gerade selbst Großmutter geworden war, von dem Buch *The Courage to Raise Good Men* erzählte, bestätigte sie freudig, ohne weiter nachzudenken, die Annahme, dass für das gedeihliche Aufwachsen von Kindern die Großmütter eine wesentliche Rolle spielten. Dass sie damit letztlich nichts anderes als eine feindliche Übernahme ihres Enkels im Sinn hatte, kam ihr nicht zu Bewusstsein. Von einer solchen feindlichen, aber sozialhistorisch legitimierten Übernahme war weiter oben in einem Fallbeispiel bereits die Rede. In der Zeit, aus der heraus die Kollegin sprach, hatte sich die sozialhistorische Legitimation in dieser Hinsicht bereits aufgelöst. Und anders herum: Dass Großmütter und Großeltern auch eine Ressource für Eltern mit einem Neugeborenen sein können, beschreibt Vance. In seinem Buch betont er auch den Beitrag seines Großvaters, der im Film ignoriert wird, möglicherweise, weil im aktuellen Zeitgeist Großväter als Ressourcen keinen Platz haben.

Und eine weitere Bemerkung zur Sozialpolitik in diesem Land: Seit der Staat die „Vereinbarkeit von Beruf und Familie" zum Topos erhoben hat, ohne dass man sich Gedanken darüber gemacht hätte, wie diese Vereinbarkeit herzustellen sei, hat sich gerade während der Covid-19-Pandemie gezeigt, dass junge Familien, die nicht auf Großeltern zurückgreifen konnten, mit größten Problemen konfrontiert waren, ihren Alltag zu bewältigen. Denn das gesetzlich garantierte Versprechen auf einen Kindergartenplatz ist bis heute nicht eingelöst und hat sich als Wunschdenken herausgestellt. 2023, anlässlich des zehnjährigen Bestehens dieser gesetzlichen Garantie, wurde darauf hingewiesen, dass man von deren Umsetzung noch weit entfernt sei. Im Wesentlichen scheitert sie an Personal, weshalb man zeitgleich in Baden-Württemberg im Begriff ist, die Anforderungen an Teile des Personals im Kindergarten herunterzuschrauben und auf berufliche Quereinsteiger zu setzen. Gleichzeitig dazu (8/2023) hat die amtierende Familienministerin von den Grünen den Bundesländern 4 Milliarden Euro versprochen und verlangt, dass drei Viertel davon für Qualitätssicherung eingesetzt werden. Unter Qualitätssicherung versteht sie die Erhöhung des Personalschlüssels. Kein Gedanke daran, dass Qualität etwas mit Berufsfachlichkeit zu tun hat, die durch Geld nicht zu ersetzen ist.

Es war zu dieser Zeit (der Einführung der Betreuungsgarantie) nicht lange her, dass ein Sozialpolitiker, Norbert („Die Rente ist sicher") Blüm (CDU) in Zeiten verstärkter Arbeitslosigkeit von den Familien forderte, ihre vertrauten Verwandtschaftsnetzwerke zu verlassen und in eine entfernte Gegend mit besseren Möglichkeiten, einen Arbeitsplatz zu finden, umzuziehen. Viele waren klug genug, dem nicht zu folgen und die Unterstützung durch ihre Verwandtschaftsnetzwerke nicht blindlings aufzugeben.

Es war auch dieser Sozialpolitiker, der die Pflegeversicherung auf den Weg brachte. Das war gewiss ein verdienstvolles und dringend erforderliches Unterfangen, nur hatte sich Blüm nicht nur bei der Rente, sondern auch bei der Annahme verrechnet, wer diese Versicherungsleistungen in Anspruch nehmen würde. Er war davon ausgegangen, dass die Familien soziale Dienste beauftragen würden, tatsächlich aber erbrachten sie, die Familien, diese Leistungen selbst, vor allem in Gegenden, in denen das Arbeitsplatzangebot gering und das in Aussicht gestellte Pflegegeld willkommen war.

Soviel zum Thema Familienverständnis bei Sozialpolitikern. „Familie ist, wo Kinder sind", sprach Franz Müntefering, SPD, ehemals Bundesminister für Arbeit und Soziales und damit im selben Fach tätig wie der bereits erwähnte Norbert Blüm. Müntefering dokumentiert damit, dass er von Familie auch nicht mehr versteht als sein Fachgenosse von der CDU. Gewiss: Politiker sind dazu gezwungen, komplexe Sachverhalte vereinfacht auszudrücken, um sich verständlich zu machen. Jedoch hat die Vereinfachung auch Grenzen, die in den genannten Fällen überschritten sind, von strategischen Fehleinschätzungen einmal abgesehen.

Zurück zu Buchholz und Stern: Der Triade der zwei Mütter folgt die *Triade der Wiederannäherung*. In dieser Phase pendelt das Kind zwischen „regressiven Verschmelzungswünschen mit der Mutter" und der mit dem aufrechten Gang verbundenen „Selbstständigkeit und Grandiosität" (Buchholz 1993, S. 125). Das Kind befindet sich in einem „Ambitendenz-Konflikt". Mit dem Auftauchen des Vaters kann dieser Konflikt gelöst werden dadurch, dass er dem Kind einen Positionswechsel innerhalb der Triade gestattet. Mit diesem Positionswechsel beginnt die *Rotation der Triade*.

Dem folgt die *ödipale Triade*. Bei der ödipalen Triade wird das Kind getrieben von der Frage, „woher es stammt, und was Vater und Mutter dabei miteinander zu tun haben"; was schließlich dazu führt, dass dem Kind die gesamte Triade vermittelt wird. Das nennt Buchholz die *Inversion der Triade*; und da kommt wieder Helmuth Plessner ins Spiel; denn in der Inversion der Triade erwirbt das Kind das Konzept „Familie", und die Möglichkeiten der exzentrischen Positionalität nehmen ihren Lauf.

Damit ist meine Übersicht über die Rotation der Triade abgeschlossen. Ich habe Ihnen diese Übersicht und damit die damit verbundenen komplexen gedanklichen Zusammenhänge zugemutet, weil es nicht um irgendetwas, sondern um die Schlüsselfrage geht: Wie sind die *Kontexte* sozialisatorischer Interaktion beschaffen, die es dem Kind erleichtern, sich zum *autonom handlungsfähigen, mit sich selbst identischen Subjekt zu entwickeln*? Im Zentrum steht dabei die triadische Interaktion in Familien und in familienähnlichen Zusammenhängen, und auf deren Einschätzung im einzelnen Fall kommt es gerade in der Jugendhilfe an.

Ich biete Ihnen nun ein Fallbeispiel an, das ich bei Françoise Dolto (1908–1988), der „Großmutter Frankreichs", fand. Dolto hatte während der Zeit ihres Wirkens in Frankreich regelmäßige Auftritte im Rundfunk, bei denen sie sich mit Fragen des Aufziehens von Kindern befasste. [Einmal fand unsere Schwiegertochter eines ihrer Bücher im Bücherregal neben der Eingangstür eines Lebensmittelhändlers in einem südfranzösischen Dorf. Sie nahm es an sich, um es mir zu bringen, denn mein Interesse an Dolto war ihr bekannt. Die Spender hatten offenbar keine Verwendung mehr dafür, gingen aber davon aus, dass im Dorf sich schon jemand finden würde, der mit diesem Buch etwas anfangen kann.]

> Dolto schildert folgenden Fall (1989, S. 22–26): Sie hatte einen Jungen, nennen wir ihn Luc, in Behandlung, der zunächst wegen Zwangshandlungen aufgefallen war. Nach einem aufgrund seiner übergroßen Ängstlichkeit gescheiterten Eintritt in den Kindergarten (in Frankreich: école maternelle, in die die Kinder im Alter von drei Jahren aufgenommen werden) und anschließend nach einigen Monaten bei der Mutter wurde Luc in ein Internat für Schwererziehbare eingewiesen und zeigte dort bald „psychotische" Symptome.
> Doltos biografische Anamnese ergab: Die ersten Lebensjahre verbrachte der Junge alleine mit seiner Mutter, ein Vater war weder bekannt noch vorhanden. Die Mutter bestritt ihren Lebensunterhalt mit Heimarbeit an der Nähmaschine. Der einzige Außenkontakt mit einem Mann ergab sich samstags, wenn die Mutter ihre Erzeugnisse in der Fabrik ablieferte und ihren Lohn in Empfang nahm. Dabei wurde sie regelmäßig von ihrem Sohn begleitet. Luc fiel sehr früh durch wache Intelligenz und Selbständigkeit auf, besonders in der Unterstützung der Mutter bei der Hausarbeit.

Doltos *Deutung* seiner lebensgeschichtlichen Problematik, die ihre erfolgreich verlaufende Therapie leitete, lautet: Die Zwangshandlungen des Luc weisen darauf hin, dass er den Vater spielte, indem er die Nähmaschine nachahmte: „Das war seine Identifikation mit dem Objekt Nähmaschine, die für ihn die Stütze seiner männlichen symbolischen Funktionen war" (1989, S. 25). Für eine Eltern-Kind-Beziehung war die Nähmaschine nutzlos, aber als Arbeitsgerät der Mutter stellte sie für Luc einen engen Kontakt zur Mutter her und konnte daher von dem Jungen als Partner der Mutter angesehen werden. So konnte die Nähmaschine als Identifikationsobjekt einerseits, als Rivale andererseits für die Herstellung einer sozialisatorischen Triade benutzt werden, die ansonsten nicht zustande gekommen wäre. Das einzige, jedoch nachhaltige Problem bestand darin, dass eine Nähmaschine als toter Gegenstand keinen sozialen Austausch ermöglicht.

Dieses Beispiel zeigt nicht nur eine Pathologie, sondern gleichermaßen auch die Findigkeit von Kindern, sich Situationen der sozialisatorischen Interaktion zu schaffen, die geeignet sein können, einen Mangel zu beheben. Insofern ist es ein Beispiel für *Resilienz*.

Nebenbei gesprochen: Man hätte es als Leser des referierten Buchs von Michael Buchholz sehr begrüßt, wenn er dieses Buch mit vergleichbaren Beispielen ausgestattet hätte. Allerdings geht dieses Buch auf seine Habilitationsschrift zurück, und möglicherweise war er der Ansicht, dass die Gutachter (auch, wie denn sonst: Gutachterinnen) universitätstypisch eine Konfrontation mit der Lebenspraxis nicht günstig aufgenommen hätten. Kurz: Es handelt sich hier um eine beachtliche Anpassungsleistung eines Vollblut-Praktikers.

Ich komme nun zu einem zweiten europäischen Ansatz, zu dem der beiden bereits erwähnten Mitarbeiterinnen von Daniel Stern.

4.8.3.2 Das Lausanner Trilogspiel als Ausweis der Fähigkeit von Babys, die Triade zu gestalten

E. Fivaz-Depeursinge & A. Corboz-Warnery waren, wie bereits erwähnt, Mitarbeiterinnen von Daniel Stern. Mit einem experimentellen und Langzeitdesign haben sie das „primäre Dreieck" aus Vater, Mutter und Kind untersucht. Sie können nachweisen, *dass Säuglinge bereits im Alter von drei Monaten fähig sind*, mit beiden Elternteilen gleichzeitig zu kommunizieren. Die Forscherinnen schließen daraus, dass beim Entstehen einer Familie auch der interaktive Beitrag der Säuglinge als die Dritten im Dreieck zu berücksichtigen sind. Ihr Erhebungsinstrument war das Lausanner Trilogspiel. Bei diesem Spiel geht es um Folgendes:

In der ersten Erhebung werden Mutter, Vater und ihr drei Monate altes Kind in vier unterschiedliche Konfigurationen gebracht.
- Konfiguration 2 plus 1, *Vater und Kind* spielen miteinander, und die Mutter ist an der Peripherie,
- in der folgenden Konfiguration spielen *Mutter und Kind* miteinander, und der Vater ist an der Peripherie,
- in der Konfiguration drei spielen *Vater, Mutter und Kind* gemeinsam miteinander,
- in der vierten Konfiguration findet ein Zurückgehen auf die Konfiguration 2 plus 1 statt, bei der *das Kind an der Peripherie ist und Vater und Mutter sich unterhalten.*

Die Konfigurationen wurden jeweils auf Video aufgenommen und analysiert. Dabei ist den Autorinnen nicht nur die Ebene der Konfigurationen wichtig. Es *geht auch um die drei Übergänge*, die zwischen den Konfigurationen stattfinden (Fivaz-Depeursinge, E. & Corboz-Warnery, A. 2001, S. 15).

Bei der Analyse der Konfigurationen haben die Autorinnen drei Formen von Allianzen entdeckt: 1. die *kooperative Allianz*, 2. die *Allianz des geheimen Einverständnisses* und 3. die *gestörte Allianz*.

Die zweite Erhebung findet nach vier Jahren statt.

In der Langzeitbeobachtung hat es sich gezeigt, dass diese Allianzen unveränderliche Merkmale des gesamten Familiensystems abbilden. Diese Allianzen haben bereits dem oben vorgestellten Rollenspiel zu Grunde gelegen, zumindest eine davon: „die Allianz des geheimen Einverständnisses".

4.8.4 Die Mutter als Türsteherin (maternal gate keeping), die in diesem Zusammenhang verlangte Praxis des „begleiteten Umgangs" für Väter als eine spezifische Form von Amtsanmaßung

Um diese Überlegungen zu vervollständigen, muss ich noch auf das in der Überschrift angedeutete Thema eingehen, das zunächst in den USA abgehandelt wurde im *Journal of Marriage and Family* (Vol. 61, 1999, S. 199–212). Inzwischen allerdings hat es den europäischen Kontinent erreicht. Das Internet ist, seit ich dieser Frage, angeregt durch die Zeitschrift *Family Process*, nachgegangen bin, inzwischen voller Einträge dazu. (Vgl. zu diesem Thema auch den von Manfred Hanisch oben geschilderten Fall, dem zu entnehmen ist, wie eine Kinder- und Jugendpsychiaterin sich zur Erfüllungsgehilfin des gate keeping macht, dabei jedoch auf einen resilienten Knaben stößt).[27]

Es soll beim mütterlichen Türstehen um Mütter gehen, die dem Vater (den Vätern) ihres Kindes (ihrer Kinder) den Zugang zum Kind verweigern. Dass zu diesem Phänomen zwei gehören, Mutter *und* Vater, ist im Begriff *maternal gate keeping* nicht enthalten, und ich würde jeden Nutzer, selbstverständlich auch jede Nutzerin dieses Begriffs fragen, ob er bzw. sie auch an den Vater gedacht hat, denn die Konstellation, um die es hier geht, ist eine triadische.

---

[27] Zur Veranschaulichung empfehle ich Ihnen den Film „Homo Faber", Regie Volker Schlöndorff (1991. Die für das Thema „maternal gate keeping" bedeutsamen Sequenzen finden Sie in der letzten halben Stunde des Films, ab dem Moment, an dem in einer dramatischen Situation drei (!) Personen aufeinanderstoßen: Ein Ingenieur, der mit seiner Geliebten in Athen mit der Mutter der Geliebten zusammentrifft. Besonders die fragliche Mutter imponiert durch ihr eindrucksvolles körperliches Verhalten (das Gate-keeping wird von ihr körperlich gelebt, eine eindrucksvolle schauspielerische Leistung von B. Sukowa), als es darum geht, den Ingenieur, das ist, ohne es zu wissen, der Vater ihrer Tochter, von dieser fernzuhalten (im Buch vgl. S. 131ff).
Dieser Film basiert auf dem Roman von Max Frisch gleichen Titels, erschienen 1957. Er sei Ihnen empfohlen für den Fall, dass Sie lieber lesen als Filme sehen. Ich empfehle, diesen Roman als Ganzes zu lesen, denn er berührt ein Thema, das schon in der Zeit des Erscheinens ein bedeutsames war, aber an Prägnanz noch nichts verloren hat. Es geht darum, wie weit der Mensch kommt, wenn er sich angewöhnt hat, an die Welt nur unter den Gesichtspunkten der Vernünftigkeit und des Machens heranzugehen. Das funktioniert, solange sich kein affektives Thema in die gut geölte, vernünftige Welt hineindrängt. Diese Haltung versagt, als der Ingenieur feststellen muss, dass die Frau, in die er sich verliebt hat, seine Tochter ist. Die Macht des Inzest-Tabus zerstört seine gewohnte Reduktion auf Rationalität, und jetzt geht es um die (selbstverständlich nicht der Reflexion zugängliche) Frage, ob man gegen ein Tabu, das gegen die eigenen Neigungen gerichtet ist, verstoßen kann. Auf dieses Tabu bin ich oben bereits gestoßen.

Nun zur weiteren Erläuterung. Ich gebe zwei weitere Fallbeispiele, über das von Manfred Hanisch mitgeteilte hinaus:

Beispiel 1: In der Süddeutschen Zeitung erscheint regelmäßig samstags eine Rubrik mit dem Titel „Familientrio". Dort können Leser familienbezogene Fragen stellen, die von drei Fachleuten (deshalb „Trio") beantwortet werden. Die eine Fachfrau, *Kirsten Boie*, ist Autorin von zahlreichen Kinder- und Jugendbüchern. *Jesper Juul* (1948–2019) war Familientherapeut in Dänemark und durch einschlägige Veröffentlichungen bekannt. *Katia Saalfrank* ist Pädagogin. Sie wurde als Fachberaterin in der TV-Sendung „Die Super-Nanny" einem größeren Publikum bekannt. Diese Personen (inzwischen wurde das Personal gewechselt) haben die Aufgabe, familienbezogene Fragen der Leserschaft mit Sachverstand zu beantworten. In der Wochenendausgabe der SZ vom 8./9. August 2015 wird folgende Anfrage der Leserin Sandra H. aus Neustadt zur Beantwortung gestellt:

> „Mein Mann hat in Bezug auf unsere Siebenjährige einen „blinden Fleck": Er schimpft oft, wenn er glaubt, sie sei trotzig, obwohl das nicht stimmt. Ich will das Kind schützen, also streite ich schließlich mit ihm und versuche, ihm zu erklären, dass sein Verhalten kontraproduktiv ist. Das ist anstrengend. Muss er sich aus der Erziehung heraushalten, wenn Einfühlungsvermögen gefragt ist?"

Bevor Sie weiterlesen, bitte ich Sie, innezuhalten und sich folgender Übung zu unterziehen: Wie würden Sie selbst antworten, wenn Sie gefragt würden? Notieren Sie Ihre Gedanken und lesen Sie dann weiter. Vergleichen Sie dann das Gelesene mit Ihren Notizen:

Wie antworten die genannten Experten?

Kirsten Boie rät Sandra, nicht mit dem Vater vor dem Kind zu streiten und gemeinsam an einem Kurs zum Thema Kindererziehung teilzunehmen oder ein Buch dazu zu lesen.

Jesper Juul lobt die Stärke der Frauen heutzutage; Sandra soll ihrer Tochter versichern, dass sie auf ihrer Seite stehe, und der Vater soll über die Beziehung zu seiner Tochter nachdenken.

Katia Saalfrank qualifiziert die Paarbeziehung der Anfragenden als destruktiv und schlägt vor, daran zu arbeiten. Im Übrigen sei es kein Problem, wenn die Tochter ihre Eltern in ihrer Unterschiedlichkeit erlebe.

Aus fachlicher Sicht ist die Antwort von Jesper Juul analytisch bescheiden, im Unterschied zu der von Katia Saalfrank, auch wenn sie offen hält, was es heißt, an einer Paarbeziehung zu „arbeiten". Kirsten Boie zeigt sich als Kind der Aufklärung und setzt, wie der einzige Mann in der Runde, auf Rationalität dort, wo es im Wesentlichen um Gefühle geht.

Zugestanden: Es handelt sich um eine Fragestellung, der auf dem engen Raum, den die Zeitung zur Verfügung stellt, wohl kaum bündig begegnet werden kann. Auch würde die Fragestellung eine Verständigung erfordern, will man der fragenden Person entsprechend begegnen.

Beispiel 2: Es geht um eine alleinerziehende Mutter, die den Kontakt ihres Kindes zum leiblichen Vater nur unter der Bedingung ihrer Anwesenheit zulassen will. Sie schlägt ein Szenario vor, demzufolge der leibliche Vater sein Kind in einem Park treffen könnte, und sie, die Mutter, würde das Geschehen unsichtbar aus der Distanz beobachten. Die fragliche Mutter hat sich an mich gewendet, nachdem sie meinen Beitrag unter www.familienlexikon.de über ein abwesendes Elternteil gelesen hat.

Im Jugendhilferecht nennt man das von der Mutter erwähnte Arrangement „begleiteten Umgang". In § 18 Abs. 3 SGB VIII ist der begleitete Umgang als *Pflichtleistung der Jugendhilfe* geregelt. Diese Mutter will demnach dem leiblichen Vater ihres Kindes als Amtsperson gegenübertreten, juristisch nennt man das Amtsanmaßung. Vielleicht traut sie dem verantwortlichen Jugendamt auch nicht zu, in ihrem Sinne handeln zu können, oder aber das zuständige Jugendamt hat diese Hilfe zur Erziehung nicht angeboten oder es abgelehnt, im Sinne der Mutter zu agieren.

Diesem Beispiel kann man entnehmen, dass die Jugendhilfe gut beraten ist, wenn sie vor der Anbahnung eines „begleiteten Umgangs" oder vor Mitbeteiligung daran, in dem Jugendamt-Personal die Begleitung stellt, sich Gedanken über die vorliegende triadische Konstellation macht. Anders formuliert: Fasst man die hier referierten Ansätze zusammen, kann man verstehen, dass hierzulande familientherapeutische Ansätze die Qualität in der Jugendhilfe steigern.

4.9 Was hat das alles mit der Jugendhilfe zu tun? Ein Fallbeispiel aus dem Bezirk der Migration zum Risiko, wenn man sich an den eigenen Vorurteilen orientiert und diese nicht an der Lebenspraxis auch fremder Kulturen kontrolliert

Ich komme zurück auf unsere Studie über die Transformation der Kinder- und Jugendhilfe im SFB 580 (vgl. Bohler, Engelstädter, Franzheld & Hildenbrand 2012).

Während meiner Beobachtungen im nordwestdeutschen Jugendamt bot ich eine Fallsupervision an (da ging mit mir der Klinische Soziologe durch, aber selbstverständlich war diese Übung als Gelegenheit zur Datengewinnung geplant, was letzten Endes auch gelungen ist).

Eine Handvoll Mitarbeiter, selbstverständlich auch weibliche darunter, aus dem ASD war erschienen, und folgender Fall wurde vorgestellt: Ein Mädchen namens Yasmina, kurz vor dem Abschluss der Grundschule stehend, äußerte den dringenden Wunsch, ins Gymnasium zu wechseln, denn sie wolle später Jura studieren. Dafür arbeitete sie Tag und Nacht (buchstäblich, denn nach Auskunft der Mutter stand sie im Morgengrauen auf und setzte sich hinter die Bücher). Die an dieser Stelle dem Jugendamt aufgetragene Frage war, ob man das Verhalten des Mädchens als normal bezeichnen könne und ob es nicht besser wäre, sie der lokalen Kinder- und Jugendpsychiatrie vorzustellen. Diese Frage sollte in dieser Fallbesprechung geklärt werden.

Nach der Vorstellung dieser Fallskizze fragte ich nach der Familienkonstellation, in der dieses Mädchen lebt, und bekam folgende Geschichte zu hören.

Solche Geschichten sind für das Fallverstehen unverzichtbar, weil sie der letzte Ort sind, „wo wir Wirklichkeit oder letzte Wirklichkeit suchen müßten", denn wir sind „in Geschichten verstrickt", Schapp 1976, S. 5.).[28] Die Frage nach der Geschichte Yasminas ist also die Frage danach, in welche Wirklichkeit dieses Mädchen verstrickt ist. Es spricht für die Kompetenz der Teilnehmerinnen an dieser Fallbesprechung, dass sie von dem Mädchen tatsächlich eine Geschichte erzählen konnten. Es ist die folgende:

> Die Eltern des Mädchens sind ein türkischstämmiges Paar. Yasminas Vater, nennen wir ihn Ahmud, ist noch im Jugendalter mit seinen Eltern ins Rheinland gekommen. Seine Eltern waren es auch, die mit Verwandten in der Heimat ein Abkommen geschlossen hatten, mit wem der Sohn, wenn es so weit sein würde, zu verheiraten sei.
>
> In Deutschland angekommen, bemühte sich Ahmud ums Geldverdienen. Bildung, weil zunächst nichts einbringend, interessierte ihn nicht, er wollte Geld. Es fand dann die Hochzeit mit der aus der Türkei angereisten, ihm von den Eltern bereits bei ihrer Ausreise versprochenen Aylin statt. Sie kam mit einer bescheidenen Grundschulausbildung und konnte kein Wort Deutsch sprechen. Jedoch bemühte sie sich rasch um Bildung und Deutschkenntnisse, machte einen Schulabschluss und anschließend eine Lehre im kaufmännischen Bereich.
>
> Diese Art und Weise, wie sie sich in der ihr zunächst fremden Welt eingerichtet hatte, entfremdete sie von ihrem Mann, der sich seit seiner Einwanderung so gut wie nicht entwickelt hatte, wie Aylin berichtet und was auch die Daten zeigen.
>
> Schließlich konnte sie sich mit den ihr entgegengebrachten Zumutungen des Ehemanns nicht mehr einverstanden erklären. Mit Yasmina flüchtete sie ans damalige andere Ende des Landes und tauchte dort unter. Der dadurch aufs Äußerste gekränkte Vater machte Ehefrau und Tochter ausfindig und überzog seine Frau, die inzwischen eine Anstellung gefunden hatte und mit ihrem Einkommen ihre kleine Alleinerziehendenfamilie finanzieren konnte, mit juristischen Nachstellungen.
>
> Der Konflikt verschärfte sich, als Aylin einen Kleinunternehmer kennen lernte und mit ihm eine zunehmend sich stabilisierende Beziehung entwickelte.

Zwischenbilanz: Was ist aus Sicht der Tochter da los? Erstens scheitert die Paarbeziehung ihrer Eltern, danach findet sich die Mutter als Alleinerziehende und Yasmina als Tochter einer Alleinerziehenden wieder. Die Mutter verschafft sich und ihrer Tochter eine finanziell gesicherte Lebensgrundlage und findet

---

[28] Das ist ein Ansatz, der längst bekannt war, bevor hierzulande jedermann (auch jede Frau) von „Narrativismus" sprach. Wilhelm Schapp lebte von 1884–1965 und war Richter in Leer/Ostfriesland, wo er Tag für Tag Geschichten aus unterschiedlichen Perspektiven zu hören bekam: Der Beschuldigte erzählte eine andere Geschichte als der Geschädigte, und dass Zeugen anhand ein und desselben Vorfalls eine Vielfalt an Geschichten generieren können, ist bekannt. Schapp reflektierte dieses Erleben und generierte daraus seinen spezifischen Ansatz einer Philosophie des Geschichtenerzählens.

für die beiden ein neues Lebensumfeld. Mutter und Tochter bilden eine Überlebensgemeinschaft.

Als Aylin aber den Kleinunternehmer kennen lernt und eine Paarbeziehung sich andeutet, löst sich die Dyade auf und wird zur Triade erweitert. Damit gerät Yasmina in eine Situation, die sie befürchten lässt, dass es mit der Idylle nun vorbei sei.

Allerdings bricht das Mädchen unter dieser Entwicklung nicht zusammen, sondern nimmt, nach mütterlichem Vorbild, den Kampf mit ihren als widrig empfundenen Lebensumständen auf. Aber sie kämpft nicht gegen die Erwachsenen. Stattdessen ringt sie darum, aus eigenen Kräften ihre Situation zu kontrollieren, um später, im Erwachsenenalter, einmal in der Lage zu sein, juristischen Nachstellungen angemessen zu begegnen. Diese Strategie hat sie in Umstände manövriert, die beim Jugendamt und anderen Beteiligten die Auffassung entstehen lässt, dass sie nun ein Fall für die Psychiatrie sei. Dass von dort nicht unbedingt Hilfe zu erwarten ist, hat Manfred Hanischs Fallbeispiel S. gezeigt. Man kann anhand von Yasmina zeigen, dass die Neigung, ungewöhnliche Lebensentwürfe als pathologisch zu etikettieren, dem einzelnen Fall nicht unbedingt gerecht wird.

Nachdem wir im mäeutischen Dialog diese Punkte herausgearbeitet hatten, entschieden die Beteiligten, das Mädchen im Auge zu behalten und ihm künftig eine Stärke zu sein. Ginge man an das Thema familientherapeutisch heran, hätte man natürlich ein Familiengespräch unter Einschluss des Stiefvaters in spe angebahnt.

4.10 Über die Triade hinaus

Mit den Interaktionsverhältnissen in der Triade ist die Familie nur unzureichend beschrieben, auch wenn man es aus strukturalistischer Sicht gerne so sehen würde.

In seinem strukturalen Furor hatte Ulrich Oevermann alles, was nicht nach Triade aussah, ignoriert und jene, die sich mit dem Ignorierten befassten, als „Wissenssoziologen" diffamiert. Insbesondere Thomas Luckmann, mein Doktorvater, war Zielpunkt seiner Attacken, die ich, wenn auch humorvoll vorgetragen, stellvertretend einzustecken hatte. Jedoch hatte ich vor dieser Zeit vier Jahre in der Psychiatrie verbracht (auf der Angestelltenseite) und konnte einiges einstecken. In diesem Kapitel werde ich mich um jene Gesichtspunkte kümmern, die bei Oevermanns Rigorismus auf der Strecke geblieben sind.

Kurzum: Das Bild der Familie wird vollständiger, wenn man sein Augenmerk auf folgende Punkte richtet:
- Auf die Art und Weise, wie die Familie die Welt sieht (das *Familienparadigma*)
- Auf die *Familiengrenzen*, also auf die Art und Weise, wie eine Familie die widersprüchlichen Aufgaben löst, je nach Bedarf des Nachwuchses sich nach außen abzugrenzen und nach innen zu integrieren. Hingewiesen wird hier auf einen Widerspruch: Familien sind zum einen Teil der Welt, in der sie leben. Sie sind gut beraten, sich auf diese Welt zu orientieren, in die hinein, wenn es gut geht, ihre Kinder sich, wenn die Zeit dafür gekommen ist, ablösen werden.[29] Der dafür eingeführte Begriff heißt *Adaptation*. Auf der anderen Seite ist es wichtig, dass die Familie sich zeitweise sich von ihrer Welt abgrenzt, um den Kindern jenen Schonraum zu bieten, der ihnen eine gedeihliche Entwicklung ermöglicht. Das ist der Begriff der *Integration*.

Nach der Diskussion des Familienparadigmas und der Innen-Außen-Thematik (Circumplex-Modell) werde ich einen Blick auf Familienbilder am Jugendamt werfen und dort dringenden Renovierungsbedarf feststellen.

4.10.1 Das Circumplex-Modell: Die prekäre Balance der Innen- und Außenorientierung

Kohäsion (Integration) und *Adaptation* (Orientierung auf die Welt außerhalb der Familie), Zusammenhalt und Anpassung sind, ich wiederhole mich, zwei widersprüchliche Aufgaben, mit denen Familien konfrontiert sind und mit denen sich bereits Talcott Parsons (1981) auseinandergesetzt hat, dessen Werk David Olsen (2000) ignoriert. Vielleicht wollte Olsen seiner Zielgruppe, das sind Familientherapeuten, Parsons' Überlegungen nicht zumuten. Familientherapeuten können allerdings davon profitieren, auch wenn Parsons in dem zitierten Buch dem Alltagsleben an keiner Stelle einen Blick schenkt. Im „*Circumplex-Modell*" hat Olsen (2000) diesen komplexen Zusammenhang auf den Punkt gebracht (siehe Abbildung der Grafik in Hildenbrand & Funcke 2018, S. 211). Aber auch er meint, ohne Fälle auskommen zu können.

Bei den widersprüchlichen innerfamilialen Prozessen, die in ihrer Widersprüchlichkeit vor allem dann in Erscheinung treten, wenn es um die Ablösung von der Familie geht, kann ich mich kurz fassen, denn es geht hier um Kinder und nicht um Jugendliche im Ablöseprozess (vgl. Hildenbrand 1991).

---

[29] Für Fälle, in denen es nicht gut geht, wo man also von misslungenen Ablöseprozessen (mit Ausnahme von Fällen mit Schizophrenie in der Adoleszenz) sprechen muss, empfehle ich das Buch von Haim Omer und Dan Dulberger *Wenn erwachsene Kinder nicht ausziehen: Leitfaden für die Arbeit mit Eltern von Nesthockern (2021)*. Von betroffenen Eltern hört man, dass dieses Buch für sie hilfreich war. Für misslungene Ablöseprozesse im Kontext Schizophrenie vgl. Blankenburg (1983).

4.10.2 Das Familienparadigma: Wie eine Familie die Welt sieht.

Zum eben erwähnten Circumplex-Modell leistet das Konzept des *Familienparadigmas* (Reiss 1981) einen wichtigen Beitrag. Damit ist Folgendes gemeint: Es gibt drei grundlegende Themen in der Entwicklung einer autonomen und sich fortpflanzenden Familie. Darunter sind die drei wichtigsten:
– Die graduelle Trennung der Familie von der umgebenden sozialen Welt, in der sie sich zu bewähren hat.
– Der über Generationen sich fortsetzende aktive Erhalt der Kultur, von der die Familienangehörigen geprägt sind.
– Die kontinuierliche Ausbildung einer Besonderheit der Familie, anders formuliert: ihre Individuierung.

Ich werde die wesentlichen Punkte, die mit dem von Reiss ausgeführten Familienparadigma verbunden sind, anhand der bisher diskutierten Beispiele entwickeln.

4.10.3 Familiengrenzen als Organisatoren im Familienzyklus. Rekurs auf die Fallbeispiele

Erstens: Es geht bei Parsons und Olsen um das Verhältnis der Familie zur umgebenden Welt. Denken Sie an die Familie Stöver-Renner, an die Lage ihres Hauses an der Landstraße außerhalb der Ortsgrenze, an das Gartentor und an den Hund. Durch die geeignete Intervention konnte es eine fähige Jugendamtsmitarbeiterin zuwege bringen, dass diese Familie die Reduktion ihres Kontakts zur Außenwelt zurücknehmen konnte.

Mit der Wahl ihres Wohnorts hat die Familie deutlich gemacht, dass ihr an einem Zusammenleben mit anderen in derselben Lebenslage, etwa in einer Plattenbausiedlung, nicht gelegen ist. Eine solche Lösung hätte auch für den weiteren Verlauf der Familie, die Ablösung der Kinder aus der ersten Familiengruppe (der ersten Ehe von Frau Stöver-Renner) betreffend, für Entspannung sorgen können. Der älteste Sohn hätte sich eine eigene Wohnung in der Nähe suchen können, dort hätte es sicher auch einen Platz für die Unterbringung von Schildkröten gegeben. So aber bleibt er mit der Familie *verstrickt*. Die Schildkröten sind dafür das Medium.

In diesem Zusammenhang ein paar Hinweise zum *Fallverstehen* in der Praxis: Die Lage der Wohnung einer Familie gibt oft einen Hinweis auf deren Selbstverständnis ihrer sozialen Umgebung gegenüber. Nicht selten beobachtet man, wenn man über Land fährt, in Grenzlagen von Ortschaften verwahrloste Anwesen. Alte Autos rosten vor sich hin, überall liegt Plastikspielzeug herum. Dort könnte (*unter Umständen!*) Kundschaft des Jugendamts leben, was allerdings nicht heißen soll, dass die Klientel eines Jugendamts durchgängig verwahrlost ist. Es geht hier nur um zu überprüfende Indikatoren, für die es als Fachkraft gilt, ein Auge zu entwickeln. Spontan fallen mir zwei solcher Häuser ein, die allerdings mitten in einem Dorf gelegen sind, eines davon direkt neben dem Bürgerhaus. In Frankreich hat mir einmal eine Familie, auf die die gegebene Beschreibung zutrifft, während eines Unwetters aus der Patsche geholfen. Damit will ich folgendes ausdrücken: Man sollte nicht vorschnell vom äußeren Eindruck auf eine spezifische Familienkonstellation schließen. Der äußere Eindruck im vorliegenden Fall in Frankreich war: Wenn hier das Jugendamt vorbeikäme, gäbe es sicher Ärger. Eine solche Einschätzung muss überprüft werden, das war allerdings nicht mein Auftrag. Meine Situation war, mir von freundlichen Menschen helfen zu lassen und sich ihnen gegenüber als dankbar zu erweisen.

Ebenfalls gibt die Selbstpräsentation der Familie nach außen am Klingelschild deutliche Hinweise auf die Verfasstheit der Familie: Welche Namen stehen dort? Steht dort der Name eines Mannes und sonst nichts, kann man auf eine patriarchalisch verfasste Familie schließen; stehen dort die Namen eines Mannes und einer Frau (oder umgekehrt), könnte man eine partnerschaftliche oder kinderlose Beziehung annehmen; steht dort eine ungeordnete Reihe von Personen, gibt das der Vermutung einer Auflösung der Generationengrenzen Raum, und wo Ausstreichungen, Überklebungen und dergleichen von Namen zu beobachten sind, kann man auf eine gewisse Fluktuation bei den Menschen, zu denen das Klingelschild führt oder führte, schließen. Eine solche Grenzmarkierung ist typisch für studentische Wohngemeinschaften.

Nun für alle, die das noch nicht mitbekommen und noch nicht das geeignete Verhältnis zu hermeneutischen Operationen entwickelt haben, ein erneuter Hinweis: Ich habe hier keine Tatsachenaussagen getroffen, sondern Vermutungen formuliert, denen überprüfend nachzugehen ist. Man nennt das einen sinnverstehenden Ansatz. Allen, denen diese Herangehensweise zum Verstehen von Familienwelten fremd ist und ihr einen irgendwie gearteten Verdacht entgegenbringen, sind herzlich eingeladen, fortan immer dann, wenn sie irgendwo einen Besuch (möglichst bei Fremden) machen, die Verhältnisse am Klingelschild in Augenschein zu nehmen, Hypothesen zu formulieren und diese Hypothesen zu überprüfen. Man kann auch mal testhalber sein eigenes Klingelschild aus kritischer Distanz in Augenschein nehmen.

> Auf unserem Klingelschild steht einfach: Hildenbrand. Daneben klebt ein Flaschenetikett eines toskanischen Winzers mit dem Namen *Ildebrando*. Es handelt sich um einen Weißwein. Verwandtschaftliche Beziehungen bestehen zu diesem Weingut nicht, das Ganze ist ein Scherz.
>
> Man kann auch folgende Fälle antreffen: Sohn oder Tochter befinden sich in einer Paarbeziehung. Um ihnen ein Obdach zu verschaffen, wird das Dachgeschoss des Elternhauses des Partners ausgebaut. Das ist/war so üblich im Kleinbürgertum (bei den „kleinen" Leuten). Jedoch wird in meinem Beispiel versäumt, für den Zugang zu diesem Dachgeschoss eine eigene Klingel einzurichten. In der Konsequenz führt das dazu, dass alle Besucher des

jungen Paares der Kontrolle der Familie unterzogen werden, denn erst einmal müssen sie dort klingeln.

Das Beispiel oben mit den feiernden (wie man heute sagt, früher sagte man: Party machenden) jungen Müttern soll auf den Umstand hinweisen, dass sich die Grenzen bei Familien je nach Entwicklungsstadium der Kinder öffnen oder schließen, wenn es gut läuft. Die Ankunft eines neugeborenen Kindes verbaut vorerst den jungen Eltern einen Zugang zum Partyleben zuhause. Einstweilen haben die Neugeborenen einen Anspruch auf Ruhe, damit ihnen ein ruhiges Überleben gesichert ist. Das wird sich mit dem Aufwachsen der Kinder früher oder später ändern, und wenn nicht, kann sich ein Fall fürs Jugendamt daraus entwickeln.

Zweitens: Aktiver Erhalt der Kulturen über Generationen. Das Beispiel von Yasmina zeigt, dass ihre Eltern im Migrationsprozess an zwei völlig unterschiedlichen Orten der Übernahme von kulturellen Gewohnheiten stehen. Der Unterschied ist so groß, dass die Ehe zerbricht.

Drittens: Auch Reiss' *dritter Punkt* (Individuierung der Familie) hat hier einen diskreten Auftritt: Es ist Aylin, die Mutter, deren Individuierung darin besteht, dass sie aktiv eine weibliche Identität entwickelt, die ihrer anatolischen Kultur und deren traditionalen Elementen zunächst fremd ist. Und es ist die Tochter, die das Vorbild der Mutter übernimmt und ihren eigenen Weg zu gehen wünscht, was ihr aber ihre soziale Umgebung nicht ohne Weiteres zugestehen will. Die unausgesprochene Botschaft und vorgängige Erkenntnisbildung im Jugendamt lautet: *Mädchen mit türkischem Migrationshintergrund, die sich in den Kopf gesetzt haben, ihren eigenen Weg zu gehen und einen Aufstieg über Bildung zu organisieren, sind nicht normal und möglicherweise ein Fall für die Psychiatrie.* Diese Auffassung mag dem gesunden Menschenverstand als vernünftig erscheinen, sie löst sich jedoch in dem Augenblick in Luft auf, sobald man dem Fall auf den Grund gegangen ist und dessen Hintergründe, sein Verweisungszusammenhang, bekannt werden.[30]

Jedoch ist es nicht erforderlich, die Frage des Erhalts der Kultur über Generationen vor dem Hintergrund der internationalen Migration zu entwickeln. Der Fall von J. D. Vance führt vor, dass die Familie, und er als Enkelsohn, dadurch überleben konnten, dass die Großeltern an dem in den Appalachen entwickelten, familienzentrierten Wertemuster festhielten. Auch hier kann gezeigt werden, dass Dualismen wie traditional/modern der Erkenntnisbildung nicht dienlich sind. Traditionale Haltungen können auch in der Moderne eine heilsame Wirkung entfalten, wie es auch umgekehrt der Fall sein kann. Es

---

[30] In diesem Zusammenhang bitte ich zu beachten, dass dieses Beispiel 15 Jahre alt ist. Inzwischen haben sich die Ansichten über die Entwicklung junger Mädchen mit Migrationshintergrund in dieser Gesellschaft, wenn es gut gegangen ist, verändert, und man würde mir heute wohl einen solchen Fall nicht mehr vorstellen.

kommt auf das Beziehungsverhältnis und mithin wieder auf den Verweisungszusammenhang an.

Ansonsten würde ich vermuten, dass individuierte Familien nicht ins Blickfeld von Jugendämtern geraten. In der Logik von Olsen und Reiss wären das Familien, die in der Lage sind, den Widerspruch von Integration und Adaptation flexibel zu balancieren.

Beispiel 1: Ich hatte einmal Gelegenheit, eine, wie man damals sagte, „prekäre" Familie (Sozialhilfeempfänger, vor der Hartz-IV- und nachfolgenden Reform) kennen zu lernen (Hildenbrand 2013). Diese Familie zählte sechs Kinder und hatte aus der Nachbarschaft ein weiteres Kind aus einer Familie aufgenommen, die sich in einer Notsituation befand. Dieser Vorgang wurde (rechtswidrig) dem Jugendamt nicht angezeigt, weil man in Ruhe gelassen werden wollte. In dieser Familie wurde die Grundregel „Geh nicht zum Fürst, wenn du nicht gerufen wirst" aus gutem Grund sehr ernst genommen. Der Preis dafür war, auf ein Pflegegeld zu verzichten, das man gut hätte gebrauchen können.

> In dieser Familie durfte ich auch kennen lernen, wie man als Sozialhilfeempfänger durch geeignete Maßnahmen, teils am Rand des Gesetzes oder darüber hinaus, über die Runden kommt. Im Allgemeinen sind Empfänger von Sozialleistungen gleich welchen Namens von einer Findigkeit, von der sich ein Mitarbeiter (weiblich oder sonst was) am Sozialamt möglicherweise keine Vorstellung machen kann. Er sollte sich auch keine Gedanken darüber machen, um nicht die letzten Freiheitsgrade dieser Klientel einzuschränken, indem er beispielsweise ein Protokoll über die am Wochenende gesammelten Flaschen verlangt.

Beispiel 2: So wurde ein Mann bekannt, der Flaschen sammelte, bis er sich eine Netzkarte der Deutschen Bahn AG kaufen konnte. Von da an lebte er nur noch in Zügen, seine Habe hatte er bei seinem Bruder untergestellt, mit dem er verstritten war. Seine ständige Sorge war, am Ende des Ablaufs seiner Netzkarte genug Geld (= Flaschen) gesammelt zu haben, um sich eine neue Netzkarte kaufen zu können. Meist hat das geklappt.

Man könnte nun auf den Gedanken kommen, dieser Mann habe psychische Probleme, sich niederzulassen und zur Ruhe zu kommen, und er sollte einer psychiatrischen Behandlung zugeführt werden.

Alternativ dazu könnte man am Sozialamt (Fachdienst für irgendwas) auch die Überlegung entwickeln, dass dieser Mann auf der Grundlage einer prekären Lebenssituation ein für ihn taugliches Überlebensmuster der Resilienz entwickelt hat. Er hat den ihm gegebenen Raum an Möglichkeiten ausgeschöpft. Nachdem ein Angebot für Unterstützung gemacht wurde, könnte man ihn in Ruhe lassen.

Andere, mit diesem Fall konfrontiert, schütteln vielleicht sorgenvoll den Kopf und sagen: „Dass es so etwas in einem so reichen Land gibt" – und schlagen daraus politisches Propagandakapital. Manch ein Ideologe in diesem Land kann sich mangels Kenntnis von der Gesellschaft und der darin lebenden

Menschen überhaupt nicht vorstellen, was es da so alles an Überlebensmöglichkeiten gibt.

Ich schweife mit meinen Gedanken ab, bin gedanklich bereits bei meinem nächsten Thema und will vorher darauf hinweisen, dass die im Alltag vorzufindenden Vorstellungen und Lebenspraktiken von Normalität vielgestaltiger sind, als man sich das an einem Amt oder in einer Berliner Parteizentrale vorstellen kann.

Nota bene: Ein sorgfältig durchgeführtes *Fallverstehen* führt dazu oder erleichtert es zumindest, vielfältigen Normalitätsentwürfen gerecht zu werden, anstatt dem Alltag seine eigenen, ggf. einer Ideologie entnommenen Vorstellungen überzustülpen. Man kann diese Erörterungen auch auf die Formel bringen: *Wo Ideologie auf Wissen trifft oder dieses ersetzen soll, geht das zu Lasten des Wissens.*

Als letztes Thema jenseits der Triade wäre nun über den Komplex der Verwandtschaft zu sprechen. Auch dieses Thema, neben dem Thema familienspezifischer Weltauffassungsmuster, ist Oevermann kein Anliegen. Am nächsten kommt er ihm, wenn er die Triade zur Heptade erweitert, in die Triade also auch die Beziehungen der Eltern des Kindes zu deren eigenen Eltern einbezieht, seinen Blick also auch auf die Großeltern richtet (Oevermann 2001). Das ist übrigens eine Reduktion der Verwandtschaft auf die *aufsteigende Linie* (ein Begriff, der im Bürgerlichen Gesetzbuch näher definiert und dort nachzulesen ist). Bei diesem Thema kann man auf Merkwürdigkeiten stoßen, wenn man die Sache näher in Augenschein nimmt.

In einer Lehrveranstaltung mit dem Titel „Einführung in die Familiensoziologie" in Jena bat ich die Studierenden, Personen aus drei Generationen ihrer Familie, die sie namentlich kennen, ohne nähere Angaben auf einem Blatt zu skizzieren. Diese Blätter sammelten wir ein, und meine Mitarbeiterin Gudrun Dreßel wertete die Daten aus.

Hier das Ergebnis: Würden alle, die ein Blatt ausgefüllt haben, ihre Großeltern kennen, müsste das Ergebnis lauten: 3,0. Jedoch lautete es: 2,83. Das heißt, dass ein nennenswerter Anteil der Teilnehmenden die Großeltern nicht kannte.

Denkt man über die aktuelle Bedeutung von Solidaritätsleistungen innerhalb von Familien nach, ist das ein ernüchterndes Ergebnis. Aber wie immer kommt es auf den Einzelfall an (der Großvater ist vielleicht im Krieg verschollen und nie zurückgekehrt, die Großmutter ist aufgrund von Kindbettfieber früh verstorben etc., und Erinnerungen an diese beiden Personen werden nicht gepflegt, indem man beispielsweise an ihren Geburtstag erinnert, dabei Geschichten erzählt oder ein Bild von ihnen in der Wohnung aufhängt).

Für die Kinder- und Jugendhilfe bedeutet das, nicht nur der Mutter-Kind-Dyade, sondern auch der Heptade Aufmerksamkeit zu schenken.

Darüber hinaus ist auch den *Seitenverwandten* (Onkel, Tanten, Vettern, Basen bzw. in heutiger Sprache: Cousinen und Cousins, schließlich Neffen, sowohl väterlicher- als auch mütterlicherseits) Aufmerksamkeit zu schenken.

> Ich unterhielt mich mit dem Anbieter von Eseln für Wanderungen in Frankreich, am Mont Lozère (unweit von der oben erwähnten Familie, die uns vor einem Unwetter bewahrte). Da an diesem Tag gerade die französische Jagdsaison eröffnet wurde und nahezu hinter jedem Busch ein Jäger saß, kamen wir über unterschiedliche Jagdrechte ins Gespräch, und ich sagte, dass der Schwager meiner Frau ein Jäger sei, der ein Revier gepachtet habe. Gilles, so heißt der Herr der Esel, unterbrach mich und sagte: Das ist auch dein Schwager. Deutlicher hätte er mir den Unterschied zwischen Verwandtschaftsbeziehungen in Deutschland und in Frankreich nicht machen können, den ich später näher kennen lernen konnte, als unser Sohn in eine (aus deutscher Sicht) riesige französische Familie einheiratete.

Ich erwähne dies, weil wir in einer sich zunehmend internationalisierenden Gesellschaft leben. Fachleute können nicht problemlos ihre für selbstverständlich gehaltenen Annahmen von Verwandtschaftsbeziehungen auf die Situation von Klienten übertragen. Mit dem Verweis auf westafrikanische Familienbeziehungen bin ich oben auf diesen Punkt bereits eingegangen. Inzwischen ist es Alltagswissen, dass Vettern oder Cousinen im türkischen oder arabischen Kulturkreis eine größere Bedeutung haben als hierzulande.

Und wenn man nichts davon weiß, ist es niemandem verboten, die Klienten danach zu fragen. Sie werden dieses Interesse zu schätzen wissen. Dabei ist allerdings auch der Fehler zu vermeiden, hergebrachte Verwandtschaftsvorstellungen der Klienten für unveränderlich zu halten und die Klienten darauf festzulegen. Vielleicht sind sie auch so ihrer Herkunft entfremdet, dass sie in ungeprüften Mystifizierungen leben. Ein Beispiel dafür wäre jemand, der vom Dorf in die Stadt gezogen ist und mit der dort herrschenden Anonymität nicht zurechtkommt. Entsprechend trägt er den ungeeigneten Dualismus von Gemeinschaft und Gesellschaft als Deutungsmuster vor sich her, welches in der Phrase kulminiert: „Auf dem Dorf hilft jeder jedem." Das erzählt er dann einem Reporter aus der Landeshauptstadt, der dieses phrasenhafte, mancherorts tatsächlich noch zutreffende Deutungsmuster ungeprüft übernimmt und weiterträgt. Damit sorgt er für die Kontinuität eines um sich greifenden Mythos. Es gibt im Übrigen einen einfachen Test, um die Beziehungsverhältnisse in einer Ansiedlung zu testen: Wird man gegrüßt oder wird ein Gruß erwartet, handelt es sich noch um dörfliche Verhältnisse. Man kann einen Gruß auch provozieren, indem man Blickkontakt aufnimmt. In der Stadt sollte man dies vermeiden.

Zurück zur Migration: Je nach Einzelfall kann auch im Migrationsprozess eine gewisse Distanzierung von überkommenen Verwandtschaftskonzeptionen eingetreten sein. Manche Familien befinden sich in einem *Prozess* kultureller Migration, die einen rascher, die anderen langsamer. Bei manchen Familien überlagern sich sichtbar alte und neue Muster. Der Fall Aylin hat es gezeigt.

Dasselbe gilt auch für Fälle von Binnenmigration. Im Schwarzwald gab es bis vor kurzem eine klar definierte und bekannte Heiratsgrenze, über die hinweg zu heiraten nicht infrage kam. Je nach Gusto kann diese Grenze definiert werden als die Linie der Autobahn zwischen Mannheim und Basel, aber auch als die Linie der zur Autobahn parallel laufenden Eisenbahnstrecke zwischen Mannheim und Basel. Bei genauer, sozialhistorischer Betrachtung ist das die Linie zwischen dem Realteilungsgebiet und dem Gebiet mit Anerben-Sitte. Also eine, sozialhistorisch betrachtet, sehr alte Linie, die ab dem 16. Jahrhundert brüchig wurde, aber bis in die 1950er Jahre Bestand hatte (Hildenbrand et al. 1992, S. 80ff). Inzwischen hat mein Vetter, dem diese Grenze sehr wohl bekannt ist und der mir einmal bekannte, er würde eine Schwiegertochter aus dem Realteilungsgebiet jenseits der Bahnlinie nicht akzeptieren, einen sizilianischen Schwiegersohn.

Ich erwähne dies, um die Aufmerksamkeit darauf zu lenken, dass eine Gegenüberstellung von Tradition und Moderne keine taugliche Einteilung der Welt ist. Und wer sich eine genauere Überprüfung dieses Dualismus sparen will, schreibt dann von „*zwischen* Tradition und Moderne".

Der Königsweg zur Übersicht über das gesamte Plateau möglicher Unterstützer einer Familie ist das Genogramm, welches, gut ausgearbeitet, sowohl die Verwandten in auf- und absteigender Linie als auch die Seitenverwandten erfasst. Nicht präsent sind im Genogramm mögliche Wahlverwandte, z. B. Freunde. Streng genommen könnte oder sollte man sogar Haustiere in das Genogramm einbeziehen (Bergmann 1988). Die Erfahrung zeigt allerdings, dass bereits viel gewonnen ist, wenn man sich auf die leiblichen Verwandten beschränkt. Regel: Ein über drei Generationen sich erstreckendes Genogramm ist besser als gar keins. Ein auf zwei Generationen reduziertes Genogramm ist, legt man strenge Maßstäbe zugrunde, von denen manche meinen, sie seien extrem, wertlos.

4.11 Familienbilder am Jugendamt: Ein dringender Renovierungsbedarf

Ich komme zurück zum Fall Aylin und Yasmina. Meine Frage ist, was es braucht, um diesen Fall zu verstehen. Genügt der gesunde Menschenverstand, oder bedarf es der theoriegesättigten Ausführungen in diesem Kapitel? Anders formuliert: Warum sind die Fachkräfte der Jugendhilfe, die diesen Fall vorgestellt haben, nicht in der Lage, ihn zu verstehen? Hier ein paar Deutungsmöglichkeiten:
– Sie trauen ihrer „natürlichen Selbstverständlichkeit" (Blankenburg 1971) nicht. Das ist grosso modo ein anderer Begriff für „gesunder Menschenverstand"). Sie misstrauen diesem vielleicht, weil, wie die Phänomenologen sa-

gen, sie die Lebenswelt verachten und nur deren wissenschaftlicher Deutung vertrauen (Waldenfels 2005, S. 34–55).
- Oder es gelangt ihnen nur ins Bewusstsein, was zuvor durch die Mangel einer wissenschaftlich sich gebenden Studie gedreht worden ist. Das ist allerdings ein Privileg von Psychologen.
- Oder sie wurden durch langjährige, unreflektierte Berufserfahrung zu einer verkürzten Wahrnehmung der Wirklichkeit von Familien verführt.

An dieser Stelle erlaube ich mir einen kleinen Ausflug (Exkurs) in das Thema Lebenspraxis und Wissenschaft. Genau betrachtet, war ich es, der in Bezug auf den vorliegenden Fall Yasmina einen mäeutischen Dialog des Fallverstehens befördert und entsprechend zur Problemlösung beigetragen hat. Was mich anbelangt, bin ich nicht mehr in der Lage, meine Wahrnehmung von Klientenproblemen sorgfältig zu unterscheiden nach Gesichtspunkten der lebensweltlichen Weltauffassung einerseits, der Wissenschaft und der Philosophie andererseits. Mit diesem Dualismus ist es allgemein seit dem Aufkommen von Prozessen der Verwissenschaftlichung von Lebenswelten vorbei. Tendenziell geht es bei mir eher in die Richtung, dem erwähnten Dualismus aus dem Weg zu gehen und mich den gegebenen Verhältnissen im Verständigungsprozess mit den Klienten analytisch zu nähern. Langer Rede kurzer Sinn: Vorrang hat bei mir die Lebenspraxis, die Konzeptbildung geht dieser aus, und entsprechend müssen die Konzepte sich ihren Weg in die Theoriebildung verdienen.

> Gedankenexperimentell sei ein Vergleich mit einem Mechaniker gewagt [ein solcher Vergleich hinkt wie jeder Vergleich immer, im vorliegenden Fall deshalb, weil der Mechaniker es mit toten Gegenständen (Maschinen) zu tun hat, allerdings in der Regel in lebensweltlichen Zusammenhängen]. Sieht er, der Mechaniker, bei seinem Kind auf der Haut einen roten Punkt, wird ihm das zunächst auffallen, aber er beruhigt sich mit dem Gedanken, das könnte ein Fliegenstich und sonst nichts weiter sein, oder er gleicht gedanklich alle Punkte ab, denen er bei seinen Kindern je begegnet ist, gibt aber keine Ruhe, berät sich mit der Mutter seines Kindes und geht mit ihm zum Arzt. Ist dieser Arzt unerfahren, wird er die Hautveränderung kurz in Augenschein nehmen, die dazu passenden Studien im Internet aufrufen, ein paar Untersuchungen anordnen und nach dem Vergleich der Ergebnisse zu einem Schluss (zu einer Diagnose) kommen. So würde er, der Arzt, nicht nur bei seinen Patienten, sondern auch bei seinen eigenen Kindern vorgehen. Ist der Arzt erfahren, wird er sich zunächst mit seinem gesunden Menschenverstand, der bereits durch ärztliche Erfahrung informiert ist, also mit seiner *praktischen Urteilskraft*, begnügen. Und wenn er sich seiner Einschätzung nicht sicher ist, wird er sich über die Fachliteratur auf den neuesten Stand bringen
>
> Auf einen solchen Mediziner stießen wir, als unserem neugeborenen Sohn ein Sichelfuß attestiert und eine Schiene empfohlen wurde. Wir stellten ihn dem orthopädischen Ordinarius im Universitätsklinikum vor, der von einer Intervention in Form einer Schiene, weil für das Kind lästig, abriet und ansonsten der Ansicht war, das würde sich schon auswachsen. Damit hatte er unzweifelhaft recht, wie die Entwicklung zeigte. Das war ein ganz besonderer Ordinarius, der den Bezug zur Lebenspraxis nicht verloren, sich dafür in langjähriger Erfahrung und trotz der Vernaturwissenschaftlichung der Medizin seine praktische Urteilskraft erhalten hat.

In der Moderne ist das alltagsweltliche Wissen erheblich durchzogen von pseudowissenschaftlichem Laienwissen, das von den Medien nach Kräften mit Nahrung versorgt wird („Sprechstunde" im Deutschlandfunk, „Doc Fischer" im SWR 3 Fernsehen, die Apothekerzeitung, die Bäckerzeitung etc.). Merkwürdigerweise gibt es hinreichend Mediziner oder Psychologen, die sich an diesem Geschehen beteiligen. Seither machen Äußerungen die Runde wie zum Beispiel „Das sind die Botenstoffe", oder „das ist nichts Ernstes, das ist nur seelisch". Ich habe diesen Satz nicht erfunden, sondern im Wartezimmer bei unserem Hausarzt gehört und unmittelbar notiert. Oft sind solche Deutungsmuster nicht einmal falsch, jedoch ist der kontextuelle Bedeutungsgehalt, die Bezogenheit auf den Einzelfall derartiger Aussagen nicht reflektiert, dazu fehlt das nötige Wissen. Mitunter kommen Patienten auch in die Praxis und haben bereits eine aus dem Internet gezogene fertige Diagnose dabei. Eine mir bekannte Ärztin pflegt solchen Patienten, sofern zumutbar, die Tür zu weisen.

Zu den Ratgebern in den Medien: Ratgebersendungen unter Beteiligung von Ärzten sind in diesem Zusammenhang nicht immer hilfreich und können das auch nicht sein, da die im Rundfunk auftretenden Ärzte den jeweiligen Einzelfall, mit dem sie per Telefon sprechen, nicht kennen und auch nicht erleben können. Gerade im Fernsehen ist die Situation dieselbe, die Kommunikation ist eine von der Sorte Einweg, und die beliebte Schlussformel „Wir sehen/hören uns dann morgen wieder" übertüncht den Fakt der Einwegkommunikation im Fernsehen wie auch im Rundfunk. Nur Psychotiker nehmen an, dass sie mit der Tagesschausprecherin sprechen könnten und diese mit ihnen, ihnen sogar verliebte Blicke zuwerfe.

Wie die Argumentationsmuster der Impfgegner in der Covid-19-Pandemie gezeigt haben, sind diese vielfach aus obskuren Quellen des Internets gespeist, unter Umständen verschwörungstheoretisch gefärbt und nicht überprüfbar, für Laien schon gar nicht. Ein Beispiel dafür ist die am Beginn der Covid-19-Pandemie weithin beschworene „Herdenimmunität", für die das Land Schweden als Exempel herangezogen wurde. Nachdem sich allerdings mit der Zeit herausgestellt hat, dass auch in Schweden nur mit Wasser gekocht wird, war nichts mehr von den Vertreterinnen der Herdenimmunität zu hören, die ihre Ansicht jeweils mit großem Auftritt, Widerspruch nicht duldend, also apodiktisch, vorgetragen haben. In Steyr in Österreich kann man sich ihnen sonntäglich anschließen, ab 18:00 Uhr (SZ vom 08.06.2023), wahlweise sucht man Kontakt mit den Gegendemonstranten, die dringend Zuwachs benötigen.

In Situationen der Unsicherheit werden Laien zu Experten in jedweder Materie. Scharlatane ziehen daraus ihren Nutzen. Seit Russland die Ukraine überfallen hat, quillt das Internet über von russischer, von A bis Z erlogener Propaganda. Hört man sich etwas um, kann man viele der so genannten „nützlichen Idioten Putins" antreffen.

Ende des Ausflugs, zurück zum Fall Yasmina: Im Grunde genommen war ich es, der mit seinem Wissen und dem Habitus des Klinischen Soziologen das Fallverstehen in dieser Fallsupervision gelenkt hat, und hier wird mein gewohnheitsmäßig eingenommener triadischer Blick auf Familienverhältnisse in das Fallverstehen zu dessen Vorteil eingeflossen sein. Sie können an dieser Stelle einen Test durchführen und sich fragen, wie die Deutung des Falls ausgefallen wäre, wenn man die Paarbeziehung der Mutter ignoriert hätte. Soweit zum Verhältnis von Wissenschaft und Lebenspraxis, das ich hier nur andeutungsweise abhandeln kann.

Ich komme jetzt zu der Frage, welche Vorstellungen am Jugendamt über Familien bestehen. Das eben diskutierte Fallbeispiel zeugt eher von einer gewissen Hilflosigkeit.

Die bisher gegebene Übersicht über das Thema Familie ist eine großflächige Skizze dessen, was man am Jugendamt unter einer Familie unter Rückgriff auf vorhandene Wissensbestände aus den Familienwissenschaften und der eigenen Berufs- und Lebenspraxis verstehen *könnte,* wenn dieses Wissen denn fraglos verfügbar wäre und für bedeutsam gehalten würde.

Das Thema, das hier zu diskutieren ist, wird seit einigen Jahren in der Kinder- und Jugendhilfe unter dem Stichwort *Familienbilder in der Sozialpädagogik* (Bauer & Wiezorek, im Druck) behandelt. Bauer & Wiezorek führen das Konzept Familienbilder wie folgt aus:

> „Familienbilder spielen als implizite Vorstellungen in der sozialpädagogischen Arbeit mit Familien eine besondere Rolle. Das Konzept des Familienbildes bezeichnet das Gesamtfeld familienbezogener Vorstellungen, Orientierungen und Deutungen" (Bauer & Wiezorek im Druck, S. 621).

Für das Wort „implizit" gibt es im DUDEN-Fremdwörterbuch folgende Deutungen:

> „1. mit enthalten, mitgemeint, aber nicht ausdrücklich gesagt; Ggs. explizit 2. nicht aus sich selbst logisch zu verstehen, sondern logisch zu erschließen."

Besonders weit führt diese Worterklärung nicht, man muss sich also fragen, wie dieses Wort im Alltag verwendet wird. Beispielsweise: „Implizit gab er mir zu verstehen, dass meine Arbeit ein Unfug ist." Das wäre dann die Wortbedeutung von „unter der Hand". Dabei will ich es bewenden lassen, Sie können ja selbst Ihre Vorstellungen über das Wort „implizit" aufrufen.

Diese bereits in der Definition von „Familienbild" enthaltene Undeutlichkeit und Unverbindlichkeit lässt im Übrigen nichts Gutes erwarten.

Konsistent mit meinem Verständnis des Worts „implizit" ist die Verbindung mit „nicht ausdrücklich gesagt". Nimmt man das wörtlich, so heißt das, dass die in der Sozialpädagogik gepflegten Familienbilder eher unter der Hand mitgeführt, also nicht ausdrücklich expliziert, also möglicherweise auch nicht reflektiert werden. Für eine wissenschaftlich gemeinte Abhandlung zum Familienbild ruft das die Forderung hervor, die für implizit gehaltenen Familienbilder am Jugendamt aus dem Ungefähren herauszuholen, also explizit zu machen. Dies zu bewerkstelligen, setzt voraus, sich mit Daten, vorzugsweise mit Fällen auseinanderzusetzen. Solche finden sich in dem Aufsatz von Bauer und Wiezorek allerdings nicht. *„Reden über"* ist hier die Richtschnur, das *„Handeln in"* spielt keine Rolle.

Die Autorinnen definieren des Weiteren Familienbilder als innerpsychische Sachverhalte. Allerdings, ich habe mich weiter vorne ausführlich darüber ausgelassen: Wer sich als Fachkraft des Sozialen auf Innerlichkeit fokussiert, ist auf Stereotype darüber angewiesen, was im Kopf der Fachkräfte vor sich geht. Ein solches Stereotyp taucht bei Bauer & Wiezorek auf in Gestalt der „Hubschraubereltern", ein Konzept, das die Autorinnen einer anderen Studie entnehmen und das man auch im Alltag antreffen kann, allerdings heißen diese Eltern dann „Helikoptereltern". Die Alternative wäre, ins Auge zu fassen, wie die Fachleute ihr Familienbild ins Werk setzen und zu fallbezogenen Entscheidungen kommen.

Eine Nähe zum Alltag, die dadurch bewerkstelligt werden könnte, dass die Autorinnen ihre Ausführungen auf eigene Erfahrungen sowohl in der Rezeption von Wissenschaft als auch in der eigenen Lebens- oder beruflichen Praxis beziehen (vgl. den hier einschlägigen Aufsatz: „Wissenschaftliche Interpretation und Alltagsverständnis vom menschlichen Handeln", Alfred Schütz 1971), wollten sie sich dann doch nicht zumuten. Etwas, das sich „Studie" nennt, ist aus diesem Blickwinkel schon kreditwürdiger als die eigene Erfahrung. Ich erinnere: Derlei nennt man in der Phänomenologie „Verachtung der Doxa".

Anhand dieses Kapitels zum Thema „Familienbilder in der Sozialpädagogik" drängt sich die Auffassung auf, dass im Feld der Sozialpädagogik ein heilloses Durcheinander darüber besteht, was man in diesem Fach von der Familie halten soll.

Nachdem die Autorinnen den Boden der wissenschaftlichen Betrachtung der Familie betreten haben, ist die Rede von Normalitätsvorstellungen, Wunschvorstellungen etc.

Schließlich scheint man sich auf ein Konzept verständigen zu können, auf das der „bürgerlichen" Familie. Dieses wird jedoch auf ein weiteres Konzept, das der Privatheit, reduziert. Wollte man ein differenzierteres Bild von der „bürgerlichen Familie" jenseits des Stereotyps zeichnen, müsste man die einschlägige Literatur aus Ethnologie (früher: Volkskunde), Sozialgeschichte und Soziologie heranziehen.

In diesem Zusammenhang halte ich die Erinnerung daran für erforderlich, dass die Sozialpädagogik sich für eine Wissenschaft hält und, bei allen Bedenken, wohl doch eine ist. Die Grundeigenschaft wissenschaftlichen Denkens und Handelns besteht darin, dass man den Sachen auf den Grund geht (siehe oben) und die verwendeten Begriffe an der vorhandenen Literatur, auch interdisziplinär, prüft. Und weiter zur Wissenschaftlichkeit der Sozialpädagogik: Es gibt sozialpädagogische Lehrstühle, und das einschlägige Institut hat einen Sitz in der Fakultät.

Will man der Sache nicht auf den Grund gehen, also den Kriterien von Wissenschaftlichkeit nicht genügen, kann man sich damit begnügen, was jedermann so einfällt, wenn er (gerne auch: sie) das Stichwort „bürgerliche Familie" vernimmt, das bis vor kurzem noch ein Schimpfwort war. Belesenen kommt vielleicht auch die Beschreibung des Weihnachtsfestes bei der Familie Buddenbrook in den Sinn. An diesem Beispiel stellt Thomas Mann, der ein scharfer Beobachter gesellschaftlicher Entwicklungen war, die Geburt der Innerlichkeit der deutschen Familie heraus. Entsprechend hat dieses Beispiel in Ingeborg Weber-Kellermanns Standardwerk *Die deutsche Familie: Versuch einer Sozialgeschichte* (1977, S. 223ff) Eingang gefunden.

Triadische Konstellationen o. Ä., die wesentlich älter sind als die „bürgerliche Familie", weshalb diese Familienform in der gesellschaftlichen Entwicklung auch nur eine, menschheitsgeschichtlich betrachtet (vgl. Spuren in der Vulkanasche in Laetoli, Tansania) minimale Etappe darstellt, werden im Aufsatz von Bauer und Wiezorek nicht rezipiert; es bleibt beim Stereotyp. Der Blick der Autorinnen auf die Gegebenheiten über Deutschland hinaus beschränkt sich auf den Verweis auf Martine Segalen (1996) und Funcke & Hildenbrand (2018). Jedoch: Bücher, auch bedeutsame, zu zitieren und ihren Inhalt verstanden und durchdacht zu haben, ist zweierlei. In den hier zu diskutierenden Aufsatz haben sie jedenfalls keinen Eingang gefunden, das hätte am Argument doch einiges verändert.

Ich will mich nicht weiter mit einer Mängelliste zu diesem Beitrag aufhalten und noch mehr Unmut auf mich ziehen, sondern einen Weg aus der Misere weisen. W. I. Thomas formulierte 1928 das Theorem: „Wenn Menschen eine Situation als real definieren, dann ist sie real in ihren Konsequenzen." Ein Theorem ist ein Lehrsatz, da gibt es nicht mehr viel zu diskutieren.

> [Bekannt ist das „Theorem des Archimedes". Es gibt darüber einen humorvollen französischen Film, in dessen Titel man den Begriff des Theorems des Archimedes verballhornt hat zu „Tee im Harem des Archimedes". In diesem Film geht es um das triste, aber auch bunte Leben zweier Jugendlicher in den Pariser Vororten, den Banlieues.]

Fachleuten der Sozialpädagogik lege ich aber einen anderen Film („Das Leben ist ein langer, ruhiger Fluss") dringend ans Herz:

> Es geht um die Vertauschung zweier Säuglinge in einer Geburtsklinik mit nachvollziehbaren Beweggründen: Der Chefarzt unterhält eine langjährige Doppelbeziehung zur Oberschwester in seiner Klinik wie auch zu seiner angetrauten Ehefrau, die als des Lebens überdrüssig eingeführt wird. Speziell an Weihnachten führt diese Konstellation zu Komplikationen. Da zieht der Chefarzt das Zusammensein mit seiner als depressiv bezeichneten Ehefrau einem solchen mit seiner Geliebten vor, die Solidarität des Paares gewinnt die Oberhand. Die düpierte Oberschwester rächt sich durch den Austausch der beiden Säuglinge. Dabei geht sie auf perfide Weise planvoll vor, was dazu führt, dass die vertauschten

Säuglinge in sozialstrukturell völlig unterschiedlichen Familien aufwachsen: Der eine in einer Einwandererfamilie aus dem Maghreb und der andere in der Familie des Direktors des örtlichen Wasserwerks. Deren Entwicklung ist durch das Aufwachsen in unterschiedlichen Milieus entsprechend unterschiedlich (diskret treten auch Hinweise auf die jeweilige genetische Prägung zu Tage, z. B. Tics). Als die Oberschwester sich zu der Vertauschung bekennt, was sich als der zweite Teil ihrer Rache herausstellt, sind die Kinder bereits in der Pubertät und müssen sich nun mit ihren milieuspezifisch unterschiedlichen Schicksalen auseinandersetzen, indem sie in ihre Herkunftsfamilien zurückgeführt werden.

Bei der Schilderung dieser Situation kommt mir wiederum (siehe oben) ein Vorgang in den Sinn, der sich vor einigen Jahren in Sachsen zugetragen hat. Zwei junge Leute, die jeweils in einer Pflegefamilie aufgewachsen sind und sich nicht kannten, verliebten sich ineinander. Als jedoch ans Tageslicht kam, dass die beiden Bruder und Schwester sind, eine Liebesbeziehung zwischen den beiden also als inzestuös und tabuisiert zu betrachten sei, gab es in der erregten Öffentlichkeit, selbstverständlich befördert von der Boulevardpresse, eine Auseinandersetzung darüber, ob man in diesem Fall vielleicht eine Ausnahme machen und den beiden ihr Glück lassen könne.

Aus familientheoretischer Sicht ist das ein interessanter Vorgang. Immerhin zeigt er, dass in dieser Gesellschaft noch eine Vorstellung von Inzest und dem damit verbundenen Tabu besteht, aber auch, dass die Meinung vorherrscht, dass in der Moderne das Inzesttabu irrelevant geworden und zur Disposition gestellt werden könnte, sodass man dieses und dessen Bruch nicht mehr so ganz ernst zu nehmen habe. Hätte man Claude Lévi-Strauss diesen Fall vorgelegt und nach einer Entscheidung gefragt, dann hätte er wahrscheinlich geantwortet: „Tabu ist Tabu." In der Moderne heißt es demgegenüber: Anything goes.

Wer mag, kann diesen Fall im Internet unter dem Stichwort „inzestuöses Paar in Sachsen" recherchieren. Besonders empfehle ich den Artikel aus der SZ vom 14.01.2015, der in gewohnter Qualität daherkommt.

Um meine Kritik am Aufsatz von Bauer und Wiezorek nicht in der Luft hängen zu lassen, will ich nun noch als Angebot zur Konzilianz skizzieren, wie ich mir eine angemessene Datengrundlage zum Thema „Familienbilder am Jugendamt" vorstelle: Ich würde den SZ-Artikel zum Thema „Inzest in Sachsen" kopieren, ihn zufällig ausgewählten Mitarbeiterinnen und Mitarbeitern am Jugendamt vorlegen und sie um ihre Auffassung dazu bitten. Zu den möglichen Antworten würde ich vorab Hypothesen formulieren: Ich würde prognostizieren, dass die vorherrschende Meinung bei den Jugendamt-Mitarbeitern (auch -innen) sich decken würde mit der Auffassung der Gesamtbevölkerung, wie sie in der Zeitung mit den großen Buchstaben zu lesen ist. Aber wie das so ist mit Hypothesen: Auf Überraschungen muss man gefasst sein, und ich würde mich in diesem Fall über eine *Falsifikation* sehr freuen.

Zurück zum Thomas-Theorem: Über ein Theorem gibt es zwar nichts zu diskutieren, aber man kann es unterschiedlich interpretieren. Die gängige Interpretation lautet: Wie jemand eine Situation interpretiert, so handelt er.

Meine Interpretation lautet: Wie einer oder eine in einer Situation handelt, so hat er diese Situation interpretiert. Ich stelle den Satz also auf den Kopf.

> *Ein Beispiel*: Jemand empfängt seine Gäste an der Haustür mit einem herzhaften „Auf Wiedersehen". Einfältige Gemüter würden das als eine typische Fehlleistung interpretieren. Würde man sich dabei auf Sigmund Freud und seine Psychopathologie des Alltagslebens berufen, läge man nicht einmal falsch. Man kann allerdings, weniger voraussetzungsvoll, auch die Vermutung anstellen, dass dem Gastgeber die Einladung inzwischen überhaupt nicht mehr recht war, er ihr ambivalent gegenüberstand und am liebsten die Gäste wieder auf dem Heimweg gesehen hätte, am besten so rechtzeitig, dass er noch die Sportschau verfolgen kann.

Es entspricht der Höflichkeit, eine solche Fehlleistung nicht wörtlich zu nehmen. Oder andersherum: Es wäre ein Krisenexperiment, würde man diesen Versprecher wörtlich nehmen. Da ist es doch sozialverträglicher, sich nicht auf das Thomas-Theorem zu berufen und einfach so weiterzumachen, als wäre nichts geschehen.

Nur noch ein Fallbeispiel zur Tendenz von Jugendämtern, die Familie auf die Dyade zu reduzieren. Das ist jedoch noch nicht der Endpunkt. Man erinnere sich an den Fall Z. bei Manfred Hanisch, wo jugendamtliches Engagement die Dyade auf die Monade eines elternlosen Jugendlichen reduziert. Dieser Jugendliche verhält sich jedoch wie Luc im Fall von Frau Dolto, in seiner beruflichen Entwicklung orientiert er sich an seinem angeblich unbekannten Vater.

> Ein Jugendamt (jenes, welches sich selbst in der Öffentlichkeit in höchsten Tönen lobt, Sie erinnern sich) bekommt es mit einer in Not geratenen Mutter zu tun. Die Frau hat drei Kinder von drei unterschiedlichen Männern. Das eine der drei Kinder ist behindert. Das mit diesem Fall befasste Jugendamt reagiert mit der in einem solchen Fall standardmäßig und blindlings, ohne Angaben zur Indikation, angebotenen Hilfe, der sozialpädagogischen Familienhilfe (SPFH).
> Niemand im Jugendamt kommt auf die Idee, nach den Vätern dieser Kinder und deren Bereitschaft zu Engagement und Ressourcen zu fragen. Mit den Vätern geraten zudem auch die Großeltern aus dem Fokus und damit potenziell weitere Unterstützungspersonen. Am Ende bleibt die Hilfe suchende Mutter mit einem Jugendamt zurück, das durch Inkompetenz und Nachlässigkeit den Zugang zu Unterstützungsleistungen von seiten der Großeltern verschüttet hat. Hier noch von „Hilfe" zu sprechen wäre eine beschönigende Umschreibung.

Zusammenfassend: Auf diese Praxis von Jugendämtern, Familienkonstellationen auf die Dyade Mutter-Kind oder gar noch weiter zu reduzieren und die Väter auszugrenzen, weisen auch Bauer und Wiezorek hin, jedoch nicht materialgestützt, sondern unter Verweis auf mehr oder weniger beliebige Studien. Weiterführend wäre der Bezug auf Material wie das angeführte. Die Spezifik im erwähnten Fall ruft (schreit) nach der Einbeziehung der Verwandtschaft, namentlich der Großeltern, falls sie sich kooperativ zeigen – dass es auch anders, nicht dem Sinn der Kinder und deren Eltern, laufen kann, hat das Beispiel mit der einsamen Großmutter gezeigt.

In seinem Buch über „Identität und Sozialpädagogik" (2023) gibt Michael Winkler einen Hinweis auf eine mögliche Quelle der in diesem Kapitel beschriebenen Familienbilder. Er schreibt:

> „Die Grünen haben im Bundestagswahlkampf 2021 offensiv damit geworben, dass Familie und Paarbeziehung keine relevanten Größen mehr für Sozialpolitik sein sollten. Obwohl eine veritable Mehrheit von Menschen für ein familiäres Zusammenleben eintritt, übrigens auch jene, die eine gleichgeschlechtliche Partnerschaft leben und sich Familie wünschen" (2023, S. 10).

5 Wie wird Fallverstehen in der Begegnung dokumentiert?

5.1 „Gute" organisatorische Gründe für „schlechte" Krankenakten

Harold Garfinkel (1917–2011) war ein New Yorker Soziologe und Begründer der Ethnomethodologie. Das ist eine auf der Phänomenologie fußende Vorgehensweise in der Forschung. In den 1950er Jahren ging er der Frage nach, nach welchen Kriterien Bewerber für eine psychiatrische Behandlung ausgewählt werden. Der Aufsatz, der aus dieser Untersuchung hervorging, heißt *„Gute" organisatorische Gründe für „schlechte" Krankenakten* (2000), ist übersetzt in der Zeitschrift *System Familie* erschienen und kann unter www.systemagazin.de unter der Rubrik Zeitschriften als pdf-Datei abgerufen werden.

Garfinkels Datengrundlage waren Krankengeschichten, die sich jedoch als sehr unzuverlässig erwiesen. Garfinkel schildert Beweggründe zu dieser Untersuchung, auch das Vorgehen wird detailliert, und er kommt zu einem so überraschenden wie überzeugenden Ergebnis. Ich zitiere:

> „Zum Beispiel war das Geschlecht der Patienten praktisch in allen Fällen vermerkt; das Alter der Patienten war in 91 % der Fälle erwähnt; Familienstand und Wohnort waren in 75 % der Fälle vorhanden; Rassenzugehörigkeit [in den USA auch heute noch eine relevante Kategorie, manch Anfänger im Psychologiestudium stolpert über den Begriff „caucasian" in Fragebögen und macht sich lächerlich, wenn er das als „Kaukasier" übersetzt. Dabei handelt es sich schlicht um „Weiße" – B. H.], Beruf, Religionszugehörigkeit und Bildung waren in etwa 1/3 der Fälle vermerkt; berufliche Entwicklung, ethnischer Hintergrund, Jahreseinkommen, Familienverhältnisse und Geburtsort waren in weniger als 1/3 der Fälle erwähnt" (Garfinkel 2000, S. 112).

Garfinkel beließ es nicht bei diesem zahlenmäßig ausdrückbaren Befund, sondern dachte weiter, wie es seiner Denkweise entsprach, um der Sache auf den Grund zu gehen: Diese Unzuverlässigkeit muss motiviert sein, man kann diese Ungereimtheiten nicht einfach auf das Konto von Nachlässigkeit schieben. Es muss also *„gute" Gründe für „schlechte" Klinikakten geben*. Das war sein Ausgangspunkt.

Garfinkel zählt nun einige „normale, natürliche Schwierigkeiten" auf: Dazu zählen solche, die in den Betriebsabläufen der Organisation liegen, und auch solche, die in dem für eine Dokumentation erforderlichen Zeitablauf liegen – anders formuliert: Dokumentieren ist lästig und hält von der Arbeit ab. Und ich ergänze: Mit guter Aktenführung kann man keine Meriten verdienen, es sei denn, es kommt zu einem Zwischenfall, die Staatsanwaltschaft verlangt Akteneinsicht und stellt zufrieden eine aufschlussreiche Aktenführung fest. Aber darin kann auch ein Problem liegen, wie gleich zu sehen sein wird.

Weitere Gründe für schlechte Aktenführung sind drittens darin zu suchen, dass manche Mitarbeiter der Organisation das Führen von Krankengeschichten nicht als eine „achtbare Aufgabe" betrachten sowie unterschiedliche Vorstellungen über die Art und Weise vertreten, wie solche Berichte zu führen sind.

Weil solche Akten auch von der Leitung gelesen und unterzeichnet werden, die ihre eigenen Vorstellungen davon hat, welche Informationen in einer Krankenakte enthalten sein sollen, sind informelle Praktiken, die Auskunft darüber geben, was die Leitung hören will, unerlässlich.

Aus meiner Erfahrung[31] drängt sich an dieser Stelle die Beobachtung auf, dass es weder im Studium der Medizin noch anderer Fächer Auskünfte über eine sachangemessene Aktenführung gibt. Auch das ist, denken wir mit Garfinkel weiter, motiviert. Es gibt dafür gute Gründe: In Sachen Aktenführung will sich im Krankenhaus niemand in die Karten schauen lassen. Das wäre der Fall, wenn es dafür eindeutige Vorschriften gäbe. Nebenbei: Man kann gespannt sein, wie die Sache sich entwickeln wird, wenn die Aktenführung im Krankenhaus durchweg digitalisiert sein wird.

Dass man Lehrveranstaltungen über das korrekte Führen von Krankenakten oder, allgemeiner gesprochen, von Klientenakten mit der Lupe suchen muss, hat, folge ich Garfinkel, einen weiteren guten Grund. Niemand kann wissen, mit welchen Anforderungen jemand, also die Studierenden, in einer konkreten Organisation, in der sie nach dem Studium tätig sein werden, konfrontiert werden. Auf die unerwünschten Folgen dieses Missstandes werde ich weiter unten eingehen. Grob gesprochen: Was nicht Eingang in ein Curriculum gefunden hat, hat auf Studierendenseite auch keine Bedeutung. Entsprechend sehen die Aktenführungen in den Krankenhäusern (und auch in den Jugendämtern) aus. Im Krankenhaus findet man in den Krankenakten mehr oder weniger verbindliche Standardisierungen, die sich mit der Zeit eingespielt haben, das letzte Blutbild z.B. Im Jugendamt finden sich Akten in Gestalt von Sammlungen fliegender Blätter (wir hatten in unserem erwähnten Forschungsprojekt reichlich Gelegenheit, Dutzende von Akten in unterschiedlichen Jugendämtern in Augenschein zu nehmen). Im skandalbehafteten Jugendamt Lügde kam heraus, dass das dortige fragwürdige Handeln auch die Aktenführung betrifft. Als in einem konkreten Fall deutlich wurde, dass die Staatsanwaltschaft eine bestimmte Klientenakte einsehen würde, wurde diese im Nachhinein noch hastig ergänzt (im Nachhinein wurde ein Genogramm erstellt und eingefügt). Was

---

[31] Sie werden es nicht glauben: Als Mitarbeiter einer psychiatrischen Klinik war ich selbst zur Beteiligung an der Aktenführung verpflichtet, auch zum Entwerfen der nicht medizinischen Teile im Arztbrief. Aus Garfinkels Sicht müsste man meine diesbezüglichen Aktivitäten als naiv bezeichnen, denn ich war in meinen Ausführungen viel zu präzise und machte mich und meine Kollegen angreifbar für den Fall, dass der betreffende Akteneintrag für eine Staatsanwaltschaft interessant gewesen wären. So weit kam es aber nicht. Neulich, beim Stöbern im Archiv, kam mir eine dieser Produktionen zu Gesicht, und ich fand, Garfinkel im Sinn, nichts Kritikwürdiges.

solche nachträglichen Manipulationen strafrechtlich bedeuten, kam bereits zur Sprache und wird sich weiter unten zeigen.

Im Sinne einer nicht-dualistischen Betrachtungsweise muss man aber auch einen Blick auf die andere Seite werfen: Die Verrechtlichung der Tätigkeiten helfender Berufe hat dazu geführt, dass ein wesentlicher Teil der Berufsarbeit der Dokumentation gewidmet werden muss. Hebammen zum Beispiel klagen darüber, dass sie, um Anschuldigungen im Fall von Störungen, beispielsweise Schadenersatzforderungen, zu vermeiden, mehr Zeit mit Dokumentation verbringen müssen als mit der Unterstützung der Gebärenden.

Eine weitere Schwierigkeit bei der Aktenführung sieht Garfinkel in der Präsenz von auszufüllenden Formularen. Man denke in diesem Zusammenhang an das Beispiel oben im Kapitel über Handlungsmuster bei Kindeswohlgefährdung.

Anderes Beispiel: Als Mitarbeiter einer psychiatrischen Klinik war ich gelegentlich mit einem Formular konfrontiert, das auszufüllen war, bevor die Verlegung eines Patienten in ein Alters- oder Pflegeheim ins Werk gesetzt werden konnte. (Im Prinzip ist das die Aufgabe eines Kliniksozialdiensts. Wenn aber ein solcher nicht vorhanden oder unterbesetzt ist, muss sich der Soziologe (weiblich, oder sonst was) mit solchen Aufgaben befassen, auch wenn er sich nicht darauf reduzieren lässt. Als Soziologe kann er sich Gedanken darüber machen, was ihm da alles begegnet.) Mir ist ein Formular begegnet, auf das ich nun zu sprechen komme. Anzukreuzen waren dort folgende Kategorien: *Willig/freundlich/verdrießlich/hat geschlossene Unterbringung nötig.*

Zu dieser Reihung von Kategorien könnte man die Quiz-Frage stellen: Was passt nicht in diese Reihe? Äpfel/Birnen/Pflaumen/Atomraketen. Ein halbwegs klar denkender Mensch käme erstens nicht auf die Idee, ein solches Formular zu erstellen, und wenn er es ausfüllen soll, ist er nicht in der Lage, nach bestem Wissen und Gewissen dort die erforderlichen Kreuze anzubringen, es sei denn, er verfasst einen erläuternden Anhang zu diesem Dokument, der vermutlich nicht gelesen wird. Und weil er unter Druck steht, den fraglichen Patienten in einem Pflegeheim unterzubringen, weil dessen Bett auf der Station benötigt wird, wird er es tunlichst vermeiden, die die geschlossene Unterbringung betreffende Kategorie anzukreuzen, falls die angezielte Einrichtung darauf nicht vorbereitet ist. Was mich betrifft, habe ich mich zum Don Quichotte machen lassen und brav das Formular ausgefüllt.

So baute sich Schritt für Schritt meine Karriere als absurder Held und Held des Absurden auf. Psychiatrisches Krankenhaus und Gemeindepsychiatrie sind dafür guteSchauplätze. Die Durchführung eines Forschungsprojekts im Bereich der Kinder- und Jugendhilfe eine anderer.

Schließlich bringt Garfinkel die guten Gründe für schlechte Klinikakten auf den Punkt:

> „Aus unserer Sicht *werden die Inhalte von Krankengeschichten aus Respekt vor der Möglichkeit gesammelt, dass die Beziehung vielleicht einmal beschrieben werden muss als eine Beziehung, die den Erwartungen sanktionierter Leistungen durch Klinikmitarbeiter und Patienten entsprochen hat*" (Garfinkel 2000, S. 118, kursiv im Orig.).

Das hat Harold Garfinkel seinem Stil gemäß etwas kompliziert formuliert. Man muss aber in der Gegenwart nicht lange suchen, um auf einen Beleg zu dieser Feststellung zu stoßen.

Zur Entwicklung der Vorgänge im Jugendamt Lügde, dem schrecklichsten Fall im Bereich Kinderschutz der jüngeren Zeit, schreibt die SZ am 12.03.2020:

> „Nach mehr als einem Jahr Ermittlungsarbeit begründet Oberstaatsanwalt Ralf Vetter auf fünf Seiten schriftlich die Einstellung der einzelnen Verfahren. Die beschuldigten Jugendamtsmitarbeiter, der Jugendamtsleiter sowie die Familienhelfer hätten zwar ‚keine intensiven Versuche unternommen, Verdachtsmomente zu bestätigen oder auszuräumen und das Mädchen auch nicht befragt oder begutachtet. Doch könne letztlich nur festgestellt werden, 'dass alle Beschuldigten davon ausgingen, dass ein sexueller Missbrauch nicht stattfand, weil das Kind (...) keine Verhaltensauffälligkeiten zeigte'. *Dass der Jugendamtsleiter und eine Mitarbeiterin in der Akte des Mädchens nachträglich Seiten austauschten und veränderten, wertete die Staatsanwaltschaft nicht als Urkundenfälschung*" (Hervorhebung von mir – B. H.).

Weshalb man davon ausgehen muss, heißt es weiter, dass das Verhalten der am Verfahren beteiligten Personen (wohl auch des Personals am Jugendamt) „unabhängig von moralischen Gesichtspunkten, strafrechtlich nicht relevant ist". Im Übrigen haben die Jugendamtsmitarbeiter vor dem Untersuchungsausschuss des Landtags des Landes Nordrhein-Westfalen die Aussage verweigert, um sich nicht selbst zu belasten (SZ 23./24.05.2020).

Im selben Landtag hat der damals amtierende Innenminister Herbert Reul in wüsten Drohungen angekündigt, dem Skandal in Lügde schonungslos nachzugehen. Als er dann nach der Neuwahl wiederum als Innenminister der dortigen Polizei, deren Vorgesetzter er ist, ein Interview gab, hatten sich die dunklen Wolken über Lügde längst wieder verzogen (allerdings nicht über den Häuptern der dem Jugendamt anvertrauten Kinder und Jugendlichen). Inzwischen ist auch das Gras über der Sache wieder ein bisschen gewachsen, und Reul attestierte in einem Interview der Polizei Nordrhein-Westfalen, dass sie „hervorragende Arbeit" leiste (www.polizei.nrw.de, abgerufen am 31.08.2022). Kurz: Matto regiert. Wer wissen will, was das bedeutet, wende sich an das gleichnamige Buch von Friedrich Glauser. Es geht um einen Kriminalfall in einer psychiatrischen Klinik (dort kannte er sich als Insasse aus). Matto ist der Gott der Verrückten.

Was will der Herr Reul auch anderes sagen, er muss mit diesen Leuten arbeiten, und über das wachsende Gras wird er auch nicht unglücklich sein. Ein Skandal jagt den anderen.

Und ein Letztes: Zu einer ordnungsgemäßen Aktenführung gehört es, dass man die Einträge datiert. Nur so können nachträgliche Fälschungen in Gestalt von Hinzufügungen als solche erkannt werden. Auf diese Weise datierte Jugendamtsakten sind mir noch nirgendwo begegnet, und Manfred Hanisch teilt mir mit, dass solche noch nicht gesehen hat.

Da es in diesem Kapitel um Dokumentation geht, will ich die Aufmerksamkeit auf folgenden, bereits erwähnten Satz lenken: „Dass der Jugendamtsleiter und eine Mitarbeiterin in der Akte des Mädchens nachträglich Seiten austauschten und veränderten, wertete die Staatsanwaltschaft nicht als Urkundenfälschung." Es geht hier also um die Aktenführung am Jugendamt, und diese ist aus Sicht der hier amtierenden Staatsanwaltschaft wohl ein rechtsfreier Raum. Das kommt davon, wenn eine der Hilfe verpflichtete Organisation einer Behörde zugerechnet wird.

Zwei Fragen sind nun zu bearbeiten: (1) Was hat das Jugendamt mit Akten zu tun? (2) Ist das Jugendamt überhaupt ein Amt, das zur korrekten Führung von Akten verpflichtet ist?

Zu (1): Jugendämter haben in der letzten Zeit ihre Etiketten verändert: Sie heißen jetzt anders, nämlich „Fachbereich 5 Kinder, Jugend und Familie", wie in Marburg, oder „Fachdienst Jugendhilfe", wie in Jena. Vielleicht sind die Verantwortlichen der Ansicht, mit einer Umetikettierung sei der bürokratische Beelzebub ausgetrieben. Oder sie wollen mit der Umetikettierung den schlechten Ruf tilgen, den Ämter mitunter bei den Klienten haben. Das wäre ein bemerkenswertes Beispiel für Selbsterkenntnis und ein eleganter Trick, sich den in Ämtern gängigen Gepflogenheiten, die man auch Pflichten nennen könnte, zu entziehen.

Diese Manipulationen sind kein Privileg des Jugendamts, laut Auskunft des damaligen (und heutigen) Innenministers Reul soll der Mann, der die erste Ermittlungskommission im Missbrauchsfall Lügde leitete, in anderen Kriminalfällen Beweise manipuliert haben. Das wurde zunächst als „Nachlässigkeit" behandelt.

Eine solche Verlagerung des Fokus von der Jugendhilfe auf die Polizei wird am Jugendamt in Lügde mit Behagen aufgenommen worden sein. Bereits bei den Fällen in Baden-Württemberg, wie oben dargestellt, galten die anderen am Verfahren beteiligten Behörden als die maßgeblich Verantwortlichen, und schließlich wurde die Verantwortlichkeit auf fünf „interministerielle Arbeitsgruppen" verteilt, wo sie nun wohl dahinsiechen wird. Jedoch liegt der Schutzauftrag für das Wohl des Kindes beim Jugendamt, wie immer es auch heißen mag, nicht bei der Polizei. Anstatt über die „Jugendhilfe als Grenzobjekt" zu schwadronieren, wie es bei den an sozialpädagogischen Bildungseinrichtungen tätigen Fachvertretern üblich ist, wäre es angezeigt, über solche Phänomene nachzudenken, anders formuliert: ihnen auf den Grund zu gehen. Das ist dort jedoch, wie die bisherigen Ausführungen gezeigt haben, dort kein prioritäres Anliegen

Zu (2): Was hat das alles mit Dokumentation zu tun? Bei der Dokumentation geht es um Akten. „Ordnungsgemäße Aktenführung" erwartet man bei Verwaltungshandeln, wie das „Ministerium für Inneres und Heimat"[32] in seiner Antwort auf die Kleine Anfrage der Fraktion „Bündnis 90/Die Grünen" am 20.05.2019 ausführt:

> Die ordnungsgemäße Aktenführung stellt der Antwort zufolge „die Pflicht der Behörde zur Aktenmäßigkeit und Regelgebundenheit dar". Das Prinzip der Aktenmäßigkeit besage unter anderen, „dass alle entscheidungsrelevanten Unterlagen und Bearbeitungsschritte eines Geschäftsvorfalls in der Akte zu führen (Prinzip der Schriftlichkeit) sowie vollständig, wahrheitsgemäß und nachvollziehbar zu dokumentieren sind, und zwar unabhängig davon, ob eine Behörde als führendes Aktensystem noch papierbasiert oder elektronisch veraktet".

Daraus resultiert: Es erfordert bei den Aktenführenden im Jugendamt eine gewisse Abstraktionsleistung und Kenntnis der Geschichte der Bürokratie in modernen Gesellschaften (wie oben ausgeführt), auch die Bereitwilligkeit, sich in eine andere Logik einzudenken (die Logik der Bürokratie muss in eins gebracht werden mit der Logik der Hilfe). Dazu sind Mitarbeiter (meist aber sind es, die Leitung ausgenommen, Mitarbeiterinnen) am ASD eines Jugendamts möglicherweise nicht willens oder auch nicht fähig. Davon hat ihnen im Studium, wie erwähnt, vielleicht auch niemand etwas gesagt, vielleicht aus Mangel an Kenntnis praktischer Abläufe in einem Jugend-„Amt".

Dass Akten am Jugendamt eine delikate Angelegenheit sein können, zeigt sich daran, dass so manche Mitarbeiterin (männlich, oder sonst was) neben der offiziellen Jugendamtsakte noch eine Geheimakte führt, die sie vor öffentlichen Zugriff verbirgt. Das allerdings ist ein Thema, über welches, wenn überhaupt, nur hinter vorgehaltener Hand gesprochen wird. Ich kenne es auch nur vom Hörensagen. Eine solche Geheimakte habe ich noch nie gesehen, eben deshalb heißt sie Geheimakte.

Was bedeutet nun der Begriff der „ordnungsgemäßen Aktenführung" für eine Verwaltung, die nicht mehr Amt, sondern ein Fachdienst sein will?

Vorerst soll eine andere Frage geklärt werden: Was ist die Bedeutung des Begriffs „Fach" in diesem Kontext, und was heißt „Dienst"?

Hierzu ein Hinweis: Liest man von der Ankündigung einer „Fachtagung", so kann man seine Plattensammlung darauf verwetten, dass es sich um eine Veranstaltung aus dem Bereich der Sozialpädagogik handelt. Anderenorts fin-

---

[32] Diese groteske Denomination geht zurück auf den damaligen Innenminister Horst Seehofer (CSU), der inzwischen aus diesem Amt ausgeschieden ist und lt. einer Dokumentation in der ARD im Keller seines Hauses mit der Modelleisenbahn spielt.

det man keine Verwendung dieses Begriffs im Zusammenhang mit kollegialer Versammlung; man spricht von Kongress, Symposion, mitunter auch von Tagung. Kristallographen veranstalten beispielsweise keine Fachtagungen, Soziologen auch nicht, letztere haben mehr damit zu tun, ihre Veranstaltungen in „geschlechtergerechter" Sprache zu etikettieren (der Deutsche Soziologentag musste seinerzeit der Bezeichnung: „Kongress der Deutschen Gesellschaft für Soziologie" weichen. Einen Erkenntnisgewinn hat das nicht erbracht, einerseits, andererseits wird es manche Menschen zufrieden gestellt und ihnen eine ruhige Nacht verschafft haben). Wozu sollten sich Fachwissenschaftler sonst versammeln als zum Zwecke der Abhandlung von Fragen, die das Fach der Kristallographie/Soziologie betreffen?

Die Erläuterungen zu dem Wort „Fach" ziehen sich im DUDEN Das große Wörterbuch der deutschen Sprache, 3. Aufl., über beinahe vier Spalten. Auf dieses Wörterbuch beziehe ich mich immer, wenn es um die Klärung von Bedeutungsfragen geht. Auf mein eigenes alltagsverständliches Wissen von Bedeutungen möchte ich mich nicht zurückziehen, es wenigstens kontrollieren. Die im DUDEN (für den Begriff „Fach") möglicherweise einschlägige Wortbedeutung ist wohl die folgende: „Er beherrscht, versteht sein F.; er studiert, lehrt die Fächer Chemie und Biologie; das schlägt nicht in sein F. (*dafür ist er nicht zuständig, darin kennt er sich nicht aus*); er ist vom F. (*ist ein Fachmann, kennt sich aus auf diesem Gebiet* – Kursivdruck im Original – B. H.).

Soweit ist das Wort „Fach" im Zusammenhang mit „Dienst" zutreffend. Die Frage ist nur, warum es eigens betont werden muss, wenn man sich auf einer Tagung versammelt und den Zweck dieser Versammlung als einen fachbezogenen ausweist.

Soll das heißen, dass man sich seines Faches nicht so ganz sicher ist? Dafür spricht manches, denn auch in heutigen Publikationen muss immer noch erläutert werden, was der Unterschied zwischen Sozialarbeit und Sozialpädagogik ist (Bauer & Wiezorek im Druck, S. 623). Michael Winklers (2022, S. 114ff) Definition, siehe oben, ist praktikabel und begründet, jedoch nicht unbedingt vereinbar mit der von Bauer und Wiezorek. Kurzum: Betritt man das Feld der Sozialpädagogik, bekommt man es mit einem Beruf zu tun, der sich seiner selbst nicht sicher ist, nicht einmal in der Denomination.

Nun wende ich mich der Bedeutung des Wortes „Dienst" zu. Was man an einem Jugendamt unter dem Begriff „Dienst" bzw. „dienen" versteht, verwehre ich mir zu fragen und wähle lieber einen Umweg.

In seiner Abschiedsvorlesung verwendete ein Freund, Peter Matthiessen, die Formulierung: „Ich habe dieser Universität 20 Jahre gedient." Genau genommen, hat er nicht seiner Universität gedient, sondern seiner Wissenschaft, und das in erheblichem Umfang. Seine selbst gestellte Lebensaufgabe war es, die Vertreter unterschiedlicher Paradigmata (nomothetisch/idiografisch) in der Medizin miteinander ins Gespräch zu bringen.

Einstweilen, seit der preußische Geist in diesem Land an Bedeutung verloren hat, ist die Frage: „Haben Sie gedient?" aus dem Gebrauch gekommen, mit einer kleinen Ausnahme: Als die CDU jüngst über ein soziales Pflichtjahr diskutierte und sich dazu bekannte, eröffnete ein Abgeordneter seine Stellungnahme mit: „Ich habe auch gedient." „Gedient" bezieht sich hier, für alle, die das noch nicht gemerkt haben, was kein Wunder wäre, seit der Wehrdienst abgeschafft wurde, auf die Ableistung von Militärdienst.

Ich schließe diese Erörterungen ab. Sie dienten dazu, eine Übung in Hermeneutik vorzuführen, um Sand in das gut geölte Getriebe des Alltagsverständnisses zu werfen, was mitunter erforderlich ist, und komme zurück zu meinem Thema, der Dokumentation in der Jugendhilfe. Wem Mitarbeiterinnen am Jugendamt dienen, sich selbst, dem Landkreis oder gar den Klienten, hat sich mir in zehn Jahren Forschung über die Jugendhilfe mit Ausnahme der nördlichen Jugendämter nicht erschlossen; ich habe auch nicht danach gefragt. Möglicherweise ist das Wort „dienen" auch aus der Mode gekommen und lediglich ein Hirngespinst eines alten weißen Mannes. Wenn dem so wäre, dann stammen die vorigen Überlegungen aus der Vergangenheit.

Zurück zur Frage, wem Jugendamtsmitarbeiter (und selbstverständlich auch Mitarbeiterinnen) dienen. Vielen, wenn nicht allen im Jugendamt Tätigen nehme ich ab, dass das Wohl von Kindern und Jugendlichen ihr vorrangiges Anliegen ist. (Vgl. die in diesem Buch aufgeführten Hausbesuche, bei denen ich auch entsprechende Belege für Dienen gefunden habe. Der respektvolle Umgang von Frau Geertz und Frau Brusius mit den von ihnen besuchten Familien sowie der erwähnte Pädagoge am Berufsförderungswerk in der Arbeit mit dem Bäcker zeigen, dass ihnen das Wohl der Klienten am Herzen liegt, wie auch ihren Kolleginnen.) *Sollte es um Maßstäbe für jugendamtliches/pädagogisches Handeln gehen, dann wären sie hier zu finden.*

In unserem Projekt über die Transformation der Jugendhilfe am SFB 580 haben wir unzählige Jugendamtsakten gesichtet. Einer der Mitarbeiter war sogar der Ansicht, er könne, sich in seinem Büro an der Universität verschanzend, Praktiken der Jugendhilfe ausschließlich aus einem Studium der dort vorfindlichen Akten erschließen und eine Begegnung mit der Wirklichkeit vermeiden. Da er an dieser Auffassung beharrlich, um nicht zu sagen stur, festhielt, mussten sich unsere Wege trennen, wenn auch viel zu spät. Fallverstehen, auch wissenschaftlich motiviertes, kommt nicht aus ohne Verständigungsprozesse. Mit Akten kann man sich nicht verständigen, wohl aber mit denen, die die Akten verfasst haben. Das ist der Grund dafür, dass man als Wissenschaftler nicht selten einmal die Studierstube meiden muss.

Die Akten aus den Jugendämtern, die wir in Augenschein genommen haben, bestanden in der Regel aus Loseblattsammlungen. Eine zeitliche Struktur (die zu erkennen gewesen wäre an der Nummerierung der Seiten oder der Datierung der Akteneinträge, wie das andernorts, nur eben nicht in Jugendämtern, üblich ist) war nicht zu erkennen, ich wiederhole mich. Dem Beispiel Lügde war bereits zu entnehmen, dass diese Vorkehrungen, besser gesagt Unterlassungen sich trefflich dafür eignen, sich abzusichern für den Fall,

> „dass die Beziehung vielleicht einmal beschrieben werden muss als eine Beziehung, die den Erwartungen sanktionierter Leistungen (…) entsprochen hat" (Garfinkel 2000, S. 118).

Durch Manipulation kann im gegebenen Fall das Fehlende nachgereicht werden, dafür wird niemand zur Rechenschaft gezogen werden, einen Staatsanwalt regt das nicht auf, wie zu lesen war.

Jugendamtsakten werden auf diese Weise zu „Erzählungen aus 1001 Nacht". Wer sie anfertigt, muss sich, um das Argument zuzuspitzen, keine Sorgen darüber machen, dass er (auch: sie) irgendwann einmal für die Inhalte einstehen muss. Insofern ist Garfinkels Begründung dafür, dass es gute Gründe für schlechte Jugendamtsakten geben kann, unerheblich. Denn an Jugendamtsmitarbeiter wird niemand Erwartungen sachgemäßer Aktenführung richten, es sei denn, es geschieht ein Notfall und die fragliche Akte wird vom Staatsanwalt angefordert. Auf diese Weise wird die Aktenführung am Jugendamt zum Glücksspiel. Das ist zugegebenermaßen starker Tobak, der manch einem Tagträumer (weiblich, oder sonst was) die Stirn in Falten legen wird. Erfunden habe ich die für meine These erforderlichen Daten allerdings nicht. Sie sind der Wirklichkeit entnommen.[33]

Aktenführung braucht Zeit und ist lästig. Das ist im Krankenhaus nicht anders als im Jugendamt. Dort wird sie als Dienstleistung an die zuweisenden Ärzte oder andere (Krankenkassen etc.) empfunden. Am Jugendamt wie im Krankenhaus ist jedoch das Gefühl oder die Überzeugung verbreitet, dass die auf Aktenführung verwandte Zeit den Patienten/Klienten entzogen werde. Auch besteht eine Scheu davor, die Gedanken, die über einen Fall bestehen, in Worte zu fassen und sie dadurch belastbar zu machen. Es geht hier um Verantwortungsübernahme im Bereich des Fallverstehens, das wird wohl des Pudels Kern sein.

Weisen die Akten Mängel auf, dann entsteht nicht nur das Problem fehlender Kontrolle und Überprüfung. Als weiteres Problem ist das der Kontinuität zu erwähnen. Nicht nur am Krankenhaus, auch im Jugendamt wechselt das Personal ständig. Gibt es keine solide Dokumentation dessen, was bisher geschehen

---

[33] Wem diese Formulierung nicht gefällt, kann die Kritik auf die wissenschaftstheoretische Ebene schieben und die Repräsentativität meiner Ausführungen anzweifeln. Dafür ist der 2023 amtierende sächsische Ministerpräsident ein gutes Beispiel und Vorbild. Als an der sozialwissenschaftlichen Fakultät der Universität Göttingen eine Untersuchung über Rechtsradikalität im Freistaat Sachsen durchgeführt und auf die dortigen Potenziale an Rechtsradikalität hingewiesen wurde, kritisierte der Ministerpräsident diese Studie auf der Grundlage der zugrunde liegenden Fallzahlen. Es waren ihm zu wenig. Damit hat er ein böses Wort des Sozialanthropologen Marcel Mauss bestätigt: „Wenn einer von einer Wissenschaft keine Ahnung hat, kritisiert er ihre Methode oder ihre Geltungsansprüche." Inzwischen (8/2023) hat ihn die Geschichte widerlegt.

ist, muss jeder Klient am Jugendamt gewärtigen, dass bei jedem Personalwechsel der Zähler seines Falls auf Null gestellt wird.

Das hat auch seine *Vorteile*, denn die neue Mitarbeiterin ist gezwungen, durch eine solide Sozialanamnese und Anbahnung von Verständigung mit der Klientin sich den Fall selbst zu erschließen. Sie kann sich, die Einschätzung des Falls betreffend, nicht auf Vorgängiges verlassen und die Verantwortung an ihre Vorgänger delegieren. *Selbst zu dokumentieren heißt, ich wiederhole mich, selbst Verantwortung zu übernehmen.*

Jedoch dient die Dokumentation im Jugendamt letztlich der Aufgabe, zu rekonstruieren, welche Erfahrungen die Klienten bisher mit dem Jugendamt gemacht haben, welche Hilfen zur Erziehung angeboten und in Anspruch genommen wurden und welche nicht und welche Wirkung sie gezeigt haben. Nota bene: Welche Wirkung eine Hilfe zur Erziehung auslöst, kann man nur verstehen, wenn man sie in ihrem Kontext, anders formuliert in ihrem Wirkungszusammenhang, einzuschätzen in der Lage ist.

Kurz: *Beim Studium einer vorliegenden Dokumentation ist der Verlauf wichtig. Vorgängig bestehendes Fallverstehen, so Auskünfte darüber über Floskeln hinaus in der Akte vorkommen, kann nicht einfach hingenommen, es muss geprüft werden. Ohne einen eigenen Verständigungsprozess mit der Klientin geht es nicht.*

Diese Überlegungen und Erfahrungen, die ich als Mitarbeiter in einer psychiatrischen Universitätsklinik machen durfte, haben mich in meiner Tätigkeit als Fachleiter für Arbeit mit psychisch Kranken und Suchtkranken an der Berufsakademie Villingen-Schwenningen (heute: Duale Hochschule) geleitet. Entsprechend habe ich den Studierenden empfohlen, sich erst einmal ein eigenes Bild von einem frisch zugewiesenen Klienten zu machen, bevor sie sich auf bestehende Akten einlassen. Das wurde in der Regel mit Skepsis aufgenommen. An einem sozialpsychiatrischen Dienst innerhalb oder außerhalb des Krankenhauses sind die bestehenden, von Ärzten angefertigten Akten sakrosankt. Vor dem medizinischen Komplex bestand damals auf Seiten der Studierenden und ihrer Anleiter in der Praxis ein großer Respekt. Meine Aufgabe dabei war es, den Studierenden zwei Haltungen zu vermitteln: Erstens, dass anderen Berufsgruppen mit Respekt zu begegnen ist, zweitens, dass andere Berufsgruppen auch nur mit Wasser kochen.

Vor allem hatte ich Gelegenheit, die Praxis der Aktenführung am psychiatrischen Krankenhaus in vergangenen Zeiten kennen zu lernen. Es lagen mir Akten vom kantonalen psychiatrischen Krankenhaus im Thurgau (CH) vor, die über 100 Jahre alt waren. In schönster Handschrift und gewählter Sprache hat man damals wahre Romane über die Patienten geschrieben. Bis in die Neuzeit gab es auch die Kritik, dass die Ärzte die Zeit, die sie auf das gedrechselte Formulieren von Einträgen in Krankenakten verwendet haben, besser den Patientinnen und dem Fallverstehen gewidmet hätten. Auch hier zeigt sich wieder, dass dualistische Positionen nicht zielführend sind.

Schreibmaschinen und Diktiergeräte haben zur Verbesserung in Sachen Aktenführung bis heute nicht viel beigetragen. In einer Klinik, an der ich gearbeitet habe, verging kaum ein Monat, in dem nicht der Chef fristlose Entlassungen im Falle weiterer Verzögerungen der Aktenführung angedroht hat. Als in derselben Klinik ein Arzt die Stelle gewechselt hat, fand man seinen Schrank vollgestopft mit unbearbeiteten Krankenakten. Denselben Vorgang erinnere ich aus dem Studentenwerk in Konstanz.

Nach all dem kann man sich immer noch die Frage stellen, wie eine Dokumentation aufgebaut werden kann und wozu sie gut sein soll. Schimpfen und an den Pranger stellen ist immer einfach. Der Kritik einen praktikablen Vorschlag folgen zu lassen, stellt andere Anforderungen, denen ich mich, anders als Garfinkel, nicht entziehen will.

In dieser Hinsicht konnte ich mich, zusammen mit anderen Einrichtungen, um eine Dokumentationspraxis bemühen, auf die ich in diesem Kapitel zurückgreifen kann:

5.2 Erste Schritte der Entwicklung einer Dokumentationspraxis an der Drogentherapiestation Start Again, Zürich. Die Entwicklung eines Konzepts von Dokumentation: Heraus aus der wissenschaftlichen Perspektive, hinein in eine am Alltag orientierte Praxis

Im Verlauf von Fallsupervisionen, um die man mich an der in der Überschrift genannten Institution gebeten hat, entstand die Idee der Dokumentation der Ergebnisse von Fallrekonstruktionen einerseits, von Prozessen von *Fallverstehen in der Begegnung* andererseits.

> Ein Sprung in die Gegenwart: Zum Thema Dokumentation der Ergebnisse von Fallrekonstruktionen haben wir an der forensischen Abteilung der psychiatrischen Klinik Ravensburg/Weissenau, von der oben ohne Namensnennung bereits die Rede war, einen guten, wenn auch herausfordernden Weg gefunden: Wenn eine Fallrekonstruktion auf der Grundlage eines Genogramms so weit gediehen ist, dass wir den Eindruck haben, wir hätten einstweilen den Fall auf den Punkt gebracht, skizzieren wir die wesentlichen Ergebnisse als Diagramm. Auf dieser Grundlage haben die anderen an dem Fall beteiligten Berufsgruppen, von denen Abgesandte benachbarter psychiatrischer Krankenhäuser dazu stießen, darunter einer meiner früheren Studenten an der Berufsakademie, eine Möglichkeit, ihr individuelles Vorgehen mit der gemeinsamen Fallrekonstruktion zu vergleichen. Das machen sie nicht widerwillig, sondern sie greifen mit Interesse zu.

Zum Thema Sicherung Dokumentieren von Prozessen des *Fallverstehens in der Begegnung* haben wir in *Start Again* lange diskutiert, um schließlich zu einer Lösung zu gelangen, die ich nun skizzieren werde.

Einige ausgebildete Pflegekräfte unter den Teilnehmenden brachten Dokumentationssysteme, die sie aus der Pflegepraxis kannten, ins Gespräch. Diese haben wir schließlich verworfen, da sie auf Kategorien (siehe oben: *willig, freundlich, verdrießlich, hat geschlossene Unterbringung nötig*) aufgebaut sind, bei denen sich unweigerlich das Problem des Verhältnisses von Allgemeinem und Besonderem stellt, auch wenn die vorgelegten Systeme um Differenziertheit bemüht waren. Keine noch so ausgefeilte Differenziertheit führt um das Problem der Subsumtionslogik (Unterordnung beobachteter Fakten unter vorgefasste Kategorien) herum.

Schließlich kam mir ein Verfahren der Sicherung von Beobachtungen im Forschungsfeld in den Sinn, das ich bei meinem Methodenlehrer Anselm Strauss, San Francisco, gelernt habe, als er als Gastprofessor an der Universität Konstanz wirkte. Zusammen mit seinem Schüler Leonard Schatzman hatte er ein solches System entwickelt und das Ergebnis „Modell" (1973, S. 99) genannt.

Dieses „Modell" besteht aus drei Komponenten:
– *Beobachtungsnotizen (observational notes)*. Dazu heißt es: „Beobachtungsnotizen sind Feststellungen, die sich auf alle Ereignisse beziehen, die im Wesentlichen durch Beobachten und Zuhören gewonnen wurden. Sie enthalten so wenig wie möglich Interpretationen und sind so zuverlässig, wie der Beobachter sie zu konstruieren in der Lage ist" (Schatzman & Strauss 1973, S. 100, meine Übs).

Zur Frage der möglichst interpretationsfreien Beobachtung. Gehen wir ins Extrem: Wie sieht eine „möglichst interpretationsfreie" Beobachtung aus? Robert Musil hat im ersten Kapitel des ersten Teils seines Romans *Der Mann ohne Eigenschaften*, das er „Eine Art Einleitung" nennt, Folgendes vorgeschlagen:

> Über dem Atlantik befand sich ein barometrisches Minimum; es wanderte ostwärts, einem über Russland lagernden Maximum zu, und verriet noch nicht die Neigung, diesem nördlich auszuweichen. Die Isothermen und Isotheren taten ihre Schuldigkeit. Die Lufttemperatur stand in einem ordnungsgemäßen Verhältnis zur mittleren Jahrestemperatur, zur Temperatur des kältesten wie des wärmsten Monats und zur aperiodischen monatlichen Temperaturschwankung.

Und so weiter, bis der Absatz abgeschlossen wird mit den Worten:

„Mit einem Wort, das das Tatsächliche recht gut bezeichnet, wenn es auch etwas altmodisch ist: Es war ein schöner Augusttag des Jahres 1913."

Sinnigerweise ist dieser Absatz überschrieben mit den Worten „Woraus bemerkenswerter Weise nichts hervorgeht". Im Grunde ist dieser Romananfang eine Persiflage des damals besonders in Wien grassierenden Positivismus. Der „Wiener Kreis des logischen Empirismus" war in den Jahren 1924–1936 tätig, der „Mann ohne Eigenschaften" ist ab 1930 bei Rowohlt in Berlin erschienen.

Aus Musils Experiment lässt sich der Schluss ziehen, der bei Schatzman und Strauss in der Formulierung „so wenig wie möglich" bereits angedeutet ist: Jede Beschreibung ist notwendigerweise eine Interpretation, denn sie verfolgt einen spezifisch interessegeleiteten, intentional gerichteten Zugang, wie man in Anlehnung an Husserl in der Phänomenologie zu formulieren tendiert.

Aus einer spezifischen, hier: berufsfachlichen Perspektive, ganz zu schweigen von dem jeweiligen Wissensvorrat, der der beschreibenden Person jeweils zur Verfügung steht, entsteht die Beschreibung einer Situation. Mit seinem Wetterbericht hat Musil versucht, auf jede Form von Intentionalität zu verzichten, und das Ergebnis war sinnlos und musste auf das Niveau des Alltagsmenschen gebracht werden („mit einem Wort").

Wie also geht man bei einem Beobachten im Dienst der Aktenführung vor? Angenommen, ich sei derjenige gewesen, der die Aufgabe des Dokumentierens hatte. Seinerzeit bin ich bei meiner Beobachtung des Hausbesuchs von Frau Geertz, so vorgegangen, dass ich mir ausschnittsweise Sequenzen ihres Handelns eingeprägt und unmittelbar nach Abschluss der Beobachtung notiert habe. Mehr als das ist nicht zu leisten, eine vollständige, „objektive" Beobachtung ist ein Hirngespinst und auch nicht zu realisieren. Die Bodentemperatur am fraglichen Tag beispielsweise habe ich nicht gemessen, auch nicht die Lufttemperatur oder -feuchtigkeit. Zu messen gibt es im hermeneutischen Zugriff ohnehin nichts.

Nach der Besprechung der Komponente eins, Beobachtungsnotizen, komme ich nun zu den Komponenten zwei und drei:

– *Theoretische Notizen* (*theoretical notes*) „stellen bewusste, kontrollierte Versuche dar, aus den jeweiligen Beobachtungsnotizen eine Bedeutung zu gewinnen" (Bedeutung ist an dieser Stelle ein schwaches Wort, „Interpretation" wäre vorzuziehen – Anm. B. H.).
– *Eine methodologische Notiz* (*methodological note*) ist eine „Anweisung an sich selbst, eine Erinnerung, eine Kritik des eigenen Vorgehens. Methodologische Notizen können als Beobachtungsnotizen über den Forscher selbst gesehen werden (das gilt für Beobachtungsnotizen in einem Forschungszusammenhang zum einen und der Qualitätssicherung zum anderen).

Übertragen auf die sozialpädagogische Praxis heißt das: Diese meth. Notiz kann auch der Selbstreflexion dienen (Anm. von mir – B. H.). Man kann sie betrachten als Beobachtung, die der Beobachter von sich macht], oder als Merkposten, der das weitere Vorgehen betrifft.

Nun wieder zu Start Again: In einem ersten Schritt der Veränderung entschieden wir uns gegen das Vorgehen von Schatzman und Strauss, die diese Notizen hintereinander weg anordnen. Stattdessen schlug ich eine dreispaltige Tabelle mit den folgenden parallel gesetzten Überschriften vor: Beobachtungsnotizen/ Theoretische Notizen/ Methodologische Notizen.

Damit gaben wir uns jedoch noch nicht zufrieden. Der wesentliche Durchbruch erfolgte, als eine Teilnehmerin aus der Gruppe der Ex-Addicts; das sind Mitarbeiter und auch Mitarbeiterinnen von Start Again, die früher selbst einmal Drogen konsumiert haben, diese Tabelle als zu unverständlich abtat und einen eigenen Vorschlag für die Überschriften der drei Rubriken in der

Tabelle machte: Was war los? / Was denke ich mir dazu? / Wie weiter? Bei diesem Geniestreich blieb es.

In der Praxis habe ich beobachtet, dass es die Spalten zwei und drei sind, die der Einführung der vorgeschlagenen Tabelle in die Praxis die größten Schwierigkeiten entgegensetzen. Der Grund dafür ist, dass dabei analytische Aktivitäten gefordert sind. Meist bleiben diese Spalten leer, und das Vakuum der Berufsfachlichkeit kann hier beobachtet werden. Zur Veranschaulichung simuliere ich nun eine Dokumentation im Fall des Hausbesuchs bei der Familie Stöver-Renner aus der Sicht von Frau Geertz und lasse dabei meine eigene Perspektive einfliessen.

Was war los?
Ich erreiche das Haus der Familie Stöver-Renner vereinbarungsgemäß am Vormittag des Mittwochs vom (Datum) kurz vor 10:00 Uhr. Das Gartentor ist geschlossen, der Hund, den ich bei früheren Hausbesuchen im Garten angetroffen habe und vor dem ich mich fürchtete, weil er bedrohlich und schrecklich bellte, mir auch zu nahe kam, läuft zu diesem Zeitpunkt nicht frei herum. Ich kann sehen, wie er in seinem Zwinger herumtobt und gegen die Tür springt.

Was denke ich mir dazu?
Gute Stimmung bei der Familie heute, muss ich ausnutzen. Sollte sich der Wind bei der Familie Stöver-Renner auf gute Stimmung gedreht haben?

Wie weiter?
Mal schauen, was sich entwickelt, wenn ich mich etwas aus dem Spiel herausnehme und Frau Renner an den Kinderarzt überweise. Jedoch muss ich die hygienischen Verhältnisse bei Familie Stöver-Renner im Auge behalten.

Aus Darstellungsgründen beschränke ich mich auf den ersten Eintrag, der den Beginn des Hausbesuchs beschreibt. Der Vorzug des Aufbaus dieser Dokumentation besteht darin, dass die Arbeit mit Klienten auf eine so anspruchsvolle wie stringente Basis gestellt wird.

Selbstverständlich kann eine Mitarbeiterin am ASD, die gleichzeitig eine Vielzahl von Fällen zu bearbeiten hat, sich nicht in gleichmäßiger Intensität dokumentierend jedem dieser Fälle widmen, auch wenn das wünschenswert wäre. Ein Vorschlag zur Sparsamkeit wäre, sich auf Anfangssequenzen zu konzentrieren. Denn das sind die Orte, an denen sich entscheidet, wie es weitergehen wird. Am Thema der Rahmung habe ich weiter oben bereits diesen Sachverhalt angesprochen.

Jedoch wäre es ein guter Start, bei einer ausgewählten, besonders schwierigen Familie mit einem Dokumentationsversuch der beschriebenen Art zu beginnen. Mit steigender Übung wird das Dokumentieren leichter fallen. Von Stichworten ist allerdings abzusehen, denn die Dokumentation soll ja auch der Information von Kolleginnen und Kollegen dienen.

Zu den Nebenwirkungen der vorgeschlagenen Dokumentation kann gerechnet werden, dass eine solche Dokumentation eiserne Disziplin voraussetzt (schließlich wird man dafür bezahlt, diese Disziplin aufzubringen). Wenn Sie der Ansicht sind (ich scheue mich nicht, das ausdrücklich zu betonen, auch wenn ich mir damit keine Freunde oder Freundinnen mache), Sie seien unterbezahlt, sollten Sie sich eine andere Tätigkeit suchen. Eine Automechanikerin lässt bei einer Inspektion auch nicht die Kontrolle der Bremsanlage aus, weil sie denkt, sie verdiene zu wenig. Und wenn sie das tut und später ein Unfall wegen Bremsversagens eintritt, muss sie damit rechnen, dass ihr Fehlverhalten entdeckt und sie zur Rechenschaft gezogen wird. Mit der Einlassung, sie habe sich mit dem Meister über ihren Lohn gestritten, wird sie wohl kaum jemanden überzeugen.

Mit der Bemerkung, dass Dokumentation Disziplin erfordert, kann ich mich auf meine eigene Erfahrung berufen; denn ich habe das oben vorgeschlagene Schema in meinen eigenen Forschungen eingesetzt. Wenn ich heute darauf zurückgreife, sind es genau diese Aspekte, die ich immer noch zur Erkenntnisbildung verwerten kann.

Allerdings, und das muss ich einschränkend gestehen, konnte ich meine damaligen Mitarbeiterinnen und Mitarbeiter nicht dazu motivieren, selbst diese Disziplin aufzubringen. Das ist zugegebenermaßen ein Mangel in der Personalführung, wie es auch meinem psychiatrischen (männlich, oder sonst was) Chef nicht gelungen ist, die Aktenführung seiner ärztlichen Mitarbeiterinnen auf dem Stand zu halten. Wie soll dann eine stringente Dokumentation im Alltag eines Jugendamts gelingen, der vermutlich nervenaufreibender ist als der Alltag in einem Forschungsprojekt?

Es wäre ein guter Anfang, unter Anleitung der ASD-Leitung bei einer ausgewählten Familie mit einem Dokumentationsversuch der beschriebenen Art zu beginnen. Mit der Zeit wird die Wahrnehmung von Fällen entlang der vorgeschlagenen Rubriken sich strukturieren und gewohnheitsmäßig einstellen. Mit dieser Wirkung wäre schon viel gewonnen.

Zum Thema Aktenführung im Dienst der Kommunikation innerhalb eines ASD: Die Kommunikation innerhalb von Teams eines ASD lässt zu wünschen übrig, wie Kay Biesel (2011) am Beispiel des Jugendamts in Schwerin beobachtet haben will. Für die von uns beobachteten Jugendämter in Nordwestdeutschland wie in Nordostdeutschland können wir diesen Eindruck auch nach verschiedenen Teilnahmen an Teambesprechungen nicht bestätigen. Im oben erwähnten Frankfurter Kommentar zu § 8a und dessen Umsetzung am nordöstlichen Jugendamt habe ich Vergleichbares bereits dokumentiert. Dies entspricht auch der von Biesel gewünschten Entwicklung von „demokratisch-dialogischen Organisationskulturen" (Biesel 2011, S. 132).

Die Einführung des Begriffs „demokratisch" an dieser Stelle halte ich für einen Kategorienfehler, auch wenn sich dieses Wort in jedem Kontext gut anhört. Da jedes Jugendamt auf der Grundlage der demokratischen Verfasstheit unserer Gesellschaft tätig wird, muss das nicht eigens erwähnt werden, und wenn doch, dann ist das eben ein Pleonasmus, mit dem man bei allen sprachsensiblen Menschen, von denen es immer weniger gibt, Anstoß erregen wird. Es reicht, dialogische Organisationskulturen anzustreben. Denn jeder Dialog, der sich frei entwickeln kann und der so lange geführt wird, bis man gemeinsam festgestellt hat, zu einem Fazit gelangt zu sein oder eben auch nicht, und der Dissens dokumentiert und nicht unter den Teppich gekehrt wird, ist per se ein demokratischer.

Ist die Aktenführung innerhalb eines ASD so plastisch, dass man sich mit ihrer Hilfe über Fälle verständigen kann, führt das zu einer Qualitätssteigerung im fachlichen Austausch und wird zum Ausgangspunkt für intensive Fachgespräche.

Mit diesen Bemerkungen könnten dieser Text und dieses Kapitel einen Abschluss finden, wäre die Geschichte unseres Dokumentationskonzepts bereits abgeschlossen. Das ist jedoch nicht der Fall, es hat eine Fortsetzung gefunden.

5.3 Weiterentwicklung des Dokumentationssystems im Rahmen der Gemeinschaftsinitiative EQUAL des europäischen Sozialfonds: Verbesserungen durch Einführung des Prinzips der Verständigung

In der „Freien Lebens- und Studiengemeinschaft Melchiorsgrund" in Osthessen, einer Einrichtung, die auf Patienten mit Doppeldiagnose (Drogenabhängigkeit und Psychose) spezialisiert ist und in (unausgesprochener) Orientierung an der Reformpädagogik in der stationären Versorgung psychiatrischer Patienten Maßstäbe gesetzt hat (Hildenbrand 2015), haben wir auf der Grundlage des vorgestellten Dokumentationssystems eine computergestützte Umsetzung entwickelt (Elstner, Hildenbrand und Sachse 2007).

Der Gedanke dabei war gegenüber dem vorigen Konzept innovativ. Der Plan war, eine von einer einschlägig qualifizierten Firma für EDV im Gesundheitswesen entwickelte elektronische Krankenakte so aufzurüsten, dass unser Dokumentationssystem dort integriert werden konnte. Zwei Ziele wurden verfolgt:
– *Erstens* sollten die Patienten selbst Einträge in die Dokumentation vornehmen können, das dialogische Prinzip sollte also auf die Patienten auch in der Aktenführung erweitert werden.
– Und *zweitens* sollten sie befähigt werden, am Computer zu arbeiten (denn das war durch Punkt eins vorausgesetzt), um auf diese Weise ihre Situation auf dem Arbeitsmarkt zu verbessern.

Dieses Projekt wurde auskömmlich finanziert durch die Gemeinschaftsinitiative der Europäischen Union EQUAL und diente der Integration belasteter Bevölkerungskreise in den Arbeitsmarkt. Im Verlauf dieses Projekts hat es sich gezeigt, dass das Vorhaben umsetzbar war, solange externe Mittel für die Umsetzung zur Verfügung standen. Das heißt, dass Dokumentation nicht zum beruflichen Alltag gezählt wird, solange man dafür nicht eigens honoriert wird (die Leitungsebene betrifft das nicht, sie agierte vorbildlich). Welche Bedeutung diese Dokumentation heute in dieser Institution hat, weiß ich nicht. Sie wird dem Druck des Alltags zum Opfer gefallen sein. Anders formuliert: In die alltägliche Routine dieser Einrichtung war sie nicht einzubinden, und wenn, unter Verlust anderweitiger Aktivitäten.

Wiederum zeigt es sich, dass die Qualitätsverbesserung berufsfachlichen Handelns in Form der an zwei sozialpsychiatrischen Einrichtungen und mit diesen gemeinsam entwickelten Dokumentation eine Herausforderung darstellt.

Literatur

Alber, Erdmute (2005): *Veränderungen von Kindheit und Elternschaft bei den Baatombu in Westafrika.* In: Busse, Gerd; Meier-Hilbert, Gerhard; Schnurer, Jos (Hg.): Kinder in Afrika. – Oldenburg : Freire, 2005. S. 136–154 Hrsg.).

Althaus, H. (1992): Hegel-Biografie. München: Hanser.

Aschermann, E., Spath, K. & Rohr, D. (2022): *Genogramme in Beratung und Therapie.* Familiendynamik 47:134–140.

Bauer, P. & Wiezorek, C. (im Druck): *„Also ich habe so verschiedene Bilder im Kopf gehabt": Überlegungen zur Relevanz der Bildhaftigkeit pädagogischer Sichtweisen auf Familien.*

Berger, P. & Luckmann, T. (1970): Die gesellschaftliche Konstruktion der Wirklichkeit. Eine Theorie der Wissenssoziologie. Frankfurt/M.: S. Fischer Verlag, 2. Aufl.

Bergmann, J.R. (1988): *Haustiere als kommunikative Ressourcen.* In: Kultur und Alltag. Soeffner, H-G.(Hrsg.) Soziale Welt: Sonderband 6. Göttingen: Schwartz, S. 299–312.

Bergmann, J., Dausendschön-Gay, Ul & Oberzaucher, F. (2014): „Der Fall": Studien zur epistemischen Praxis professionellen Handelns. Bielefeld: transcript.

Biesel, K. (2011): Wenn Jugendämter scheitern: Zum Umgang mit Fehlern im Kinderschutz. Bielefeld: transcript.

Blankenburg, W. (1971): Der Verlust der natürlichen Selbstverständlichkeit. Stuttgart: Enke.

Blankenburg, W. (2007): *‚Zumuten' und ‚Zumutbarkeit' als Kategorien psychiatrischer Praxis".* In: Krisor, M. & Pfannkuch, H. (Hrsg.): Was du nicht willst, was man dir tut: Gemeindepsychiatrie unter ethischen Aspekten. Regensburg: S. Roderer Verlag, S. 21–48.

Blankenburg, W. (1983*): Schizophrene Psychosen in der Adoleszenz.* Bulletin of the Institute of Medicine. Kumamoto University, 48. S. 33–54.

Böwing, H. (2009): Jakob Leising. Weimar und Rostock: edition m, 2. Aufl.

Bohler, K.-F., Engelstädter, A., Franzheld, T. & Hildenbrand, B. (2012): *Transformationsprozesse der Kinder- und Jugendhilfe in Deutschland nach 1989.* In: Best, H. & Holtmann, E. (Hrsg.): Aufbruch der entsicherten Gesellschaft: Deutschland nach der Wiedervereinigung. Frankfurt/M., New York: Campus, S. 280–302.

Bryson, B. (2005): Eine kurze Geschichte von fast allem. München: Wilhelm Goldmann Verlag in der Verlagsgruppe Random House.

Buber, M. (1985): Ich und Du. Stuttgart: Reclam.

Buchholz, M. (1993): Dreiecksgeschichten: Eine klinische Theorie psychoanalytischer Familientherapie. Göttingen: Vandenhoeck und Ruprecht.

Bünting, K.-D. (1972): Einführung in die Linguistik. Frankfurt am Main: Athenäum Fischer Taschenbuch Verlag. Durchgesehene und ergänzte Ausgabe.

Camus, A. (2003): Der Mythos des Sisyphos. Reinbek bei Hamburg: Rowohlt. In neuer Übersetzung. 5. Aufl.

Cierpka, M. (2009): *„Keiner fällt durchs Netz". Wie hoch belastete Familien unterstützt werden können.* Familiendynamik 34(2): 156–167.

Cooper, D. (1972): The Death of the Family. Harmondsworth: Penguin books.

Dencik, L. (2002): *Mom and dad and mom and her new partner. About families of children and change of family by growing up in late modernity.* In: Hermansen H. & Poulsen, A. (Hrsg.): The children of the society. Aarhus: Klim, S. 75–126 (Titel und Text im Original auf Dänisch).

Dinkel- Sieber, S., Hildenbrand, B. Waeber, R., Wäschle, R., Welter Enderlin, R. (1998): *Affektive Rahmungsprozesse in der therapeutischen Praxis.* In: Welter-Enderlin, R., Hildenbrand, B. (Hg.) Gefühle und Systeme. Die emotionale Rahmung beraterischer und therapeutischer Prozesse. Heidelberg: Auer, S. 228 274.

Dolto, F. (1989): Alles ist Sprache. Weinheim: Quadriga.

Etzemüller, T. (2014): Die Romantik der Rationalität – Alva & Gunnar Myrdal. Social Engineering in Schweden. Bielefeld: transcript.

Elstner, A., Hildenbrand, B., Sachse, C. (2007): Professionalisierung durch Dokumentation. Fallverstehende EDV-Dokumentation nach dem „Jenaer Modell". Jena: Eigenverlag.

Fivaz-Depeursinge, E. & Corboz-Warnery, A. (2001): Das primäre Dreieck: Vater, Mutter und Kind aus entwicklungstheoretisch-systemischer Sicht. Heidelberg: Carl-Auer Verlag.

Forrester, D., McCambridge, J. Waissbein, C. & Rollnick, S. (2008): *How do Child and Family Social Workers Talk to Parents about Child Welfare Concerns?* Child Abuse Review 17: 23–35.

Münder, J. et al. (2006): Frankfurter Kommentar zum SGB VIII: Kinder und Jugendhilfe. Weinheim und München: Juventus Verlag. 5., vollständig überarbeitete Auflage. Gesetzesstand: 1.4.2006

Frank, M. (1983) Was ist Neostrukturalismus? Frankfurt am Main: Suhrkamp

Funcke, D. & Hildenbrand, B. (2009): Unkonventionelle Familien in Beratung und Therapie. Heidelberg: Carl-Auer Verlag.

Funcke. D. & Hildenbrand, B. (2018): Ursprünge und Kontinuität der Kernfamilie. Wiesbaden: Springer VS.

Franzheld, Tobias (2015): Verdachtsarbeit im Kinderschutz – eine komparative Berufsfeldanalyse. Diss. Universität Kassel.

Frie, E. (2023): Ein Hof und elf Geschwister. München: C.H Beck

Frisch, M. (1957): Homo Faber. Frankfurt am Main: Suhrkamp.

Gadamer, H.-G. (1993): *Theorie, Technik, Praxis.* In: ders.: Über die Verborgenheit der Gesundheit. Frankfurt/M.: Suhrkamp, S. 11–49.

Garfinkel, H. (2000): *‚Gute' organisatorische Gründe für ‚schlechte' Krankenakten.* System Familie (13):111–122.

Gehres, W. & Hildenbrand, B. (2008): Identitätsbildung und Lebensverläufe bei Pflegekindern. Wiesbaden: VS Verlag für Sozialwissenschaften.

Geulen, D. (Hrsg.) (1982): Perspektivenübernahme und soziales Handeln: Texte zur sozial-kognitiven Entwicklung. Frankfurt/M.: Suhrkamp.

Ginzburg, N. (1983): Mein Familienlexikon. Frankfurt/M.: Suhrkamp.

Ginzburg, N. (1995): Nie sollst du mich befragen. Frankfurt/M.: Fischer.

Goffman, E. (1975): *Techniken der Imagepflege*. In: ders. Interaktionsrituale. Über Verhalten in direkter Kommunikation. Frankfurt/M.: Suhrkamp, S. 10–53. Im Original lautet die Überschrift dieses Kapitels: *On Face Work. Interaction Ritual. Essays On Face-To-Face Behavior*. New York: Pantheon Books, 1967:5–45.

Goffman, E. (1977): Rahmenanalyse. Frankfurt am Main: Suhrkamp.

Gotthelf, J. (1978): Die Käserei in der Vehfreude. Zürich: Diogenes.

Grathoff, R. (1989): Milieu und Lebenswelt. Frankfurt am Main: Suhrkamp.

Hildenbrand, B. (1983): Alltag und Krankheit: Ethnographie einer Familie. Stuttgart: Klett-Cotta.

Hildenbrand, B. (1991): Alltag als Therapie. Ablöseprozesse Schizophrener in der psychiatrischen Übergangseinrichtung. Bern, Stuttgart, Toronto: Verlag Hans Huber.

Hildenbrand, B. Bohler, K. F., Jahn, Walter, Schmitt, R. (1992): Bauernfamilien im Modernisierungsprozess. Frankfurt am Main; New York: Campus Verlag.

Hildenbrand, B. (1999): *Auftragsklärung und/oder Rahmung? – Zur Bedeutung der Anfangssequenz in Beratung und Therapie*. System Familie 12: S. 123–131.

Hildenbrand, B. (2004*)*: *Gemeinsames Ziel, verschiedene Wege: Grounded Theory und Objektive Hermeneutik im Vergleich*. Sozialer Sinn 2/2000 4 S. 177–194.

Hildenbrand, B. (2005): Einführung in die Genogrammarbeit. Heidelberg: Carl-Auer Verlag.

Hildenbrand, B. (2005): Fallrekonstruktive Familienforschung – Anleitungen für die Praxis. Wiesbaden: VS Verlag für Sozialwissenschaften (2. Aufl.).

Hildenbrand, B. und Gehres, W. (2007): Identitätsbildung und Lebensverläufe bei Pflegekindern. Wiesbaden: VS Verlag für Sozialwissenschaften.

Hildenbrand, B. (2011): *Ereignis, Krise und Struktur. Ein Konzept von Wandel im Lebenslauf und in Beratung und Therapie*. Familiendynamik 36(2): 92–100.

Hildenbrand, B. (2013): *Die Familie und die précarité*. In: Krüger, D. C., Herma, H. & Schierbaum, A., (Hrsg.): Familie(n) heute. Weinheim und Basel: Beltz, Juventa, S. 190–219.

Hildenbrand, B. (2014): *Denn erstens kommt es anders und zweitens als man denkt: Prävention im 21. Jahrhundert*. Familiendynamik, S. 180 – 186.

Hildenbrand, B. (2015): *Irrwege der psychiatrischen Versorgung und Perspektiven einer unkonventionellen Psychiatrie*. In: Rademacher, S. & Wernet, A. (Hrsg.): Wernet, A. (Hrsg.): Bildungsqualen: Kritische Einwürfe wider den pädagogischen Zeitgeist. Wiesbaden: Springer VS, S. 261–278

Hildenbrand, B. (2015a): *Sozialpolitik gegen das Kind – alle machen mit*. In: Großkopf, S., Winkler, M. (Hrsg.) Das neue Misstrauen gegenüber der Familie – Kritische Reflexionen. Würzburg: Ergon Verlag. S. 15- 33

Hildenbrand, B. (2017a): *Zum Begriff der Begegnung*. In: Stachowske, R. (Hrsg.): Leben ist Begegnung. Kröning: Asanger, S. 8–17.

Hildenbrand, B. (2017b): *Verstehen braucht Verständigung – Verständigung braucht Rahmung. Am Beispiel des Kinderschutzes*. Sozialer Sinn 18(2): 231–254.

Hildenbrand, B. (2018): Genogrammarbeit für Fortgeschrittene. Heidelberg: Carl-Auer Verlag.

Hildenbrand, B. (2019): Klinische Soziologie: Ein Ansatz für absurde Helden und Helden des Absurden. Wiesbaden: VS Verlag für Sozialwissenschaften.

Hildenbrand, B. (2020a). *Geschwisterbeziehungen.* Familiendynamik 45(1): 4–10.

Hildenbrand, B. (2020b): *Hast du Hammer, Zange, Draht, kommst du bis nach Leningrad oder: Das Werkzeug und die praktische Urteilskraft.* Kontext 51(4): 354–336.

Hildenbrand, B. (2021b): *Unausgeschöpftes im Werk von Anselm Strauss und Juliet Corbin.* In: Anselm Strauss – Werk, Aktualität und Potenziale. Mehr als Grounded Theory. Detka, C., Ohlbrecht, H. & Tiefel, S. (Hrsg.). Opladen, Berlin, Toronto: Verlag Barbara Budrich, S. 23 – 40.

Hoffman, L. (1987): Grundlagen der Familientherapie: Konzepte für die Entwicklung von Systemen. Hamburg: ISKO-Press, 2. Aufl.

Hoffmann-Riem (1986): Das adoptierte Kind. München: Fink.

Honneth, A. (1998): Kampf um Anerkennung. Frankfurt am Main: Suhrkamp.

Husserl, E. (1948): Erfahrung und Urteil. Hamburg: Claasen und Groverts.

Johnson, H. & Johnson, U. (2008): *Was Kinder brauchen.* In: Hilweg, W. & Posch, C.: (Hrsg.) Fremd und doch zu Hause: Qualitätsentwicklung in der Fremdunterbringung. Hohengehren: Schneider, S. 25–49.

Laing, R.D., Esterson, A. (1970); Sanity, Madness and the Family. Harmondsworth: Penguin Books.

Keppler, A. (1994): Tischgespräche. Frankfurt/M.: Suhrkamp.

Klatetzki, T. (2005): *Professionelle Arbeit und kollegiale Organisation.* In: Klatetzki, T. & Tacke, V. (Hrsg.): Organisation und Profession. Wiesbaden: Verlag für Sozialwissenschaften, S. 253- 283.

König, R. (1976): *Soziologie der Familie.* In: René König, Leopold Rosenmayr, (Hg.) Handbuch der empirischen Sozialforschung Bd. 7 Familie und Alter. Stuttgart: Ferdinand Enke Verlag. 2. völlig neubearbeitete Auflage, S. 1 – 217.

König, T. (Hrsg.) (1980): Sartres Flaubert lesen. Essays zu Der Idiot der Familie. Reinbek bei Hamburg: Rowohlt.

Krappman, L. (1969): Soziologische Dimensionen der Identität: Kulturelle Bedingungen für die Teilnahme an Interaktionsprozessen. Stuttgart: Ernst Klett Verlag, seither zahlreiche Neuauflagen.

Laplanche, J. & Pontalis, J.-B. (1994): Vokabular der Psychoanalyse. Frankfurt/M.: Suhrkamp, 12. Aufl.

Lévi-Strauss, C. (1992): Die elementaren Strukturen der Verwandtschaft. Frankfurt/M.: Suhrkamp, 4. Aufl.

Leuzinger-Bohleber, M., Garlichs, A. (1993): Früherziehung West-Ost. Zukunftserwartungen, Autonomieentwicklung und Beziehungsfähigkeit von Kindern und Jugendlichen. Weinheim und München: Juventa Verlag.

Levold, T. (1994): Die Betonierung der Opferrolle. Zum Diskurs der Gewalt in Lebenslauf und Gesellschaft. System Familie 7, S. 19–32.7

Levold, T. & Lieb, H., Britten, U. (2017): Für welche Probleme sind Diagnosen eigentlich eine Lösung? Göttingen: Vandenhoeck & Ruprecht.

Luckmann, T. Sprondel, W. M. (1972): Berufssoziologie. Köln: Kiepenheuer und Witsch

Luhmann, N. (1991): Soziologische Aufklärung, Opladen: Westdeutscher Verlag.

Luhmann, N. (2003): Soziologie des Risikos. Berlin: de Gruyter.
Mannschatz, E. (1994): Jugendhilfe als DDR-Nachlass. Münster: Votum Verlag.
Martin, G. (2022). Die Gesellschaft des Pelotons – eine Philosophie des Einzelnen in der Gruppe. Bielefeld: Covadonga Verlag.
Marx, K. (1964): *Der achtzehnte Brumaire des Louis Bonaparte.* In: Marx, K. & Engels, F.: Ausgewählte Schriften in zwei Bänden. Bd 1. Berlin: Dietz-Verlag.
Moehringer, J. R. (20025): Tender Bar. Frankfurt/M.: Fischer.
Maiter, S., Palmer, S. & Manji, S. (2006): *Strengthening Social Worker-Client Relationships in Child Protective Services: Addressing Power Imbalances and 'Ruptured' Relationships.* Qualitative Social Work. Vol. 5(2): 167–186.
McGoldrick, M. & Gerson, R. (1990): Genogramme in der Familienberatung. Bern: Huber.
McGregor, J. (2007): So oder so. Stuttgart: Klett Cotta 2007.
Mead, G. H. (1969): *Die objektive Realität von Perspektiven.* In: ders.: Philosophie der Sozialität, hrsg. und eingel. von Kellner, H. Frankfurt/M.: Suhrkamp, S. 213- 229.
Minuchin, P., Colapinto, J. & Minuchin, S. (2000): Verstrickt im sozialen Netz. Heidelberg: Carl-Auer Verlag.
Neuffer, M. (2011): *Standardisierung von Hilfeplanverfahren – Management oder Beziehungsgestaltung. Mehr Zeit – mehr Beziehung – mehr Nachhaltigkeit.* In: Hilfe…! Über Wirkungen Risiken und Nebenwirkungen im Kinderschutz Köln: Bundesarbeitsgemeinschaft der Kinderschutzzentren e. V. (Hrsg.), S. 165–177.
Nienstedt, M. & Westermann, A. (2013): Pflegekinder – und ihre Entwicklungschancen nach frühen traumatischen Erfahrungen. Stuttgart: Klett Cotta, 4. Aufl.
Oerter, R., Montada, L. (Hrsg.) (1998): Entwicklungspsychologie. Weinheim: Psychologie Verlags Union. 4., korrigierte Auflage.
Oevermann, U. (1996): Pädagogische Professionalität, hrsg. von Combe, A. & Helsper, W. S. 70–182.
Oevermann, U. (2000): *Professionalisierungsbedürftigkeit und Professionalisiertheit am Beispiel pädagogischen Handelns.* In: Datenbank der *Arbeitsgemeinschaft Objektive Hermeneutik* (AGOH).
Oevermann, U. et al. (1976): Betrachtungen zur Struktur der sozialisatorischen Interaktion. In: Lepsius, M. Rainer (Hrsg.) Zwischenbilanz der Soziologie: Verhandlungen des 17. Deutschen Soziologentages: Stuttgart: Enke.
Oevermann, U. (2001): *Die Soziologie der Generationenbeziehungen und der historischen Generationen aus strukturalistischer Sicht und ihre Bedeutung für die Schulpädagogik.* In: Kramer, R.-T., Helsper, W., Busse, S. (Hrsg.): Pädagogische Generationsbeziehungen: Jugendliche im Spannungsfeld von Schule und Familie. Opladen: Leske und Budrich, S. 78–127.
Olsen, D. (2000): *Das Circumplex-Modell.* Journal of Family Therapy 22:144–167.
Omer, H. & Dulberger, D. (2021): Wenn erwachsene Kinder nicht ausziehen: Leitfaden für die Arbeit mit Eltern von Nesthockern. Göttingen: Vandenhoeck und Ruprecht.
Parsons, T. (1981): Sozialstruktur und Persönlichkeit. Frankfurt am Main: Fachbuchhandlung für Psychologie Verlagsabteilung.

Parsons, T. (1981): *Das Inzesttabu und seine Beziehung zur Sozialstruktur und Sozialisation des Kindes.* In: ders., Sozialstruktur und Persönlichkeit Frankfurt am Main: Fachbuchhandlung für Psychologie Verlagsabteilung, S. 73 – 98.

Patočka, J. (1991): Die Bewegung der menschlichen Existenz. Phänomenologische Schriften II, Nellen, K., Němec, J. & Srubar, I. (Hrsg.) Stuttgart: Klett-Cotta,

Pepin, C. (2022): Kleine Philosophie der Begegnung. München: Hanser.

Petermann, Franz Schmidt, Martin (Hrsg.) (1995) Der Hilfeplan nach § 36 KJHG: Eine empirische Studie über Vorgehen und Kriterien seiner Erstellung. Freiburg: Lambertus

Plessner, H. (1928/1975): Die Stufen des Organischen und der Mensch. Berlin, New York: Walter de Gruyter.

Raack, W. (2006): *Der verfahrensübergreifende Verfahrenspfleger.* Zeitschrift für Kindschaftsrecht und Jugendhilfe, S. 72–75.

Reiss, D. (1981): The Family's Construction of Reality. Cambridge, Mass., London: Harvard University Press.

Salgo, L. (2018): *Der qualifizierte Familienrichter als tragende Säule im Kinderschutz.* Kindschaftsrecht und Jugendhilfe 5.

Schapp, W. (1976): In Geschichten verstrickt: Zum Sein von Mensch und Ding. Wiesbaden: Heymann, 2. Aufl.

Simon, F.B. Clement, U., Stierlin, H. (1984): Die Sprache der Familientherapie – Ein Vokabular. Suttgart: Klett-Kotta. Fünfte, völlig überarbeitete und erweiterte Auflage.

Strauss, A. L. (1993): Continual Permutations Of Action. New York: Aldine de Gruyter (dt. Übs. in Vorb.)

Schatzman, L. & Strauss, A. (1973): Field Research: Strategies for a Natural Sociology. Englewood Cliffs, NJ: Prentice Hall.

Strauss, A. L. (2004): *Analysis through Microscopic Examination.* Sozialer Sinn 2/2004, S. 169–176.

Scheiwe, K. (2013): *Das Kindeswohl als Grenzobjekt: Die wechselhafte Karriere eines unbestimmten Rechtsbegriffs.* In: Hörster, R., Köngeter, S. & Müller, B. (Hrsg.): Grenzobjekte. Wiesbaden: Springer VS, S. 209–231.

Schiller, F. (1975): Über die ästhetische Erziehung des Menschen. Stuttgart: Reclam.

Schleiermacher, F. (1999): Hermeneutik und Kritik, hrsg. und eingel. von M. Frank. Frankfurt/M.: Suhrkamp, 7. Aufl.

Schütz, A. (1960): Der sinnhafte Aufbau der sozialen Welt. Wien: Springer. 2. Aufl..

Schütz, A. (1971): *Wissenschaftliche Interpretation und Alltagsverständnis menschlichen Handelns.* In: Gesammelte Aufsätze 1: Das Problem der sozialen Wirklichkeit, Den Haag: Martinus Nijhoff, S. 3–54.

Schütz, A. (1971): Edmund Husserls „Ideen". In: Gesammelte Aufsätze 3: Studien zur Phänomenologischen Philosophie, Den Haag: Martinus Nijhoff, S. 47–73.

Segalen, M. (1990): Die Familie - Geschichte, Soziologie, Anthropologie. Frankfurt, New York, Paris: Campus und Editions de la Maison des Sciences de l'Homme.

Silverstein, O. & Rashbaum, B. (1994): The Courage to Raise Good Men. New York: Penguin.

Simmel, G. (1908): Soziologie. Berlin: Duncker & Humblot.

Simon, F., Clement, U. & Stierlin, H. (1999): Die Sprache der Familientherapie. Stuttgart: Klett-Cotta, 5. Aufl.

Simon, F., Weber, G. (2022): vom Navigieren beim Driften. „Post aus der Werkstatt" der systemischen Therapie. Heidelberg: Auer.

Star, Susan Leigh (2017): *Grenzobjekte und Medienforschung.* In: Gießmann, Sebastian, und Toka, Nadine (Hg.) Bielefeld: Transkript Verlag.

Stern, D. (1998): The Motherhood Constellation. New York: Basic Books.

Stern, D. (1998a): *Die Mütterlichkeitskonstellation: Mutter, Säugling und Großmutter rund um die Geburt.* In: Welter-Enderlin, R. & Hildenbrand, B. (Hrsg.) Gefühle und Systeme. Heidelberg: Carl-Auer Verlag, S. 102–118.

Stierlin, H. (1976): Das Tun des Einen ist das Tun des Anderen: Eine Dynamik menschlicher Beziehungen. Frankfurt/M.: Suhrkamp.

Struck, K. (1996): Klassenliebe. Frankfurt am Main: Suhrkamp.

Thole, W., Hildenbrand, B., Marks, S., Franzheld, T. & Sehmer, J. (2018): *Verwalten, Kontrollieren und Schuld zuweisen. Praktiken im Kinderschutz – empirische Befunde.* Zeitschrift für Sozialpädagogik 16(4), S. 341–362.

Vance, J.D. (2016): Hillbilly Elegy- A memoir of a Family and Culture in Crisis. New York: Harper Collins.

v. Weizsäcker, V. (1973): *Die Krise und die Selbsterfahrung der Unstetigkeit.* In: ders. Der Gestaltkreis. Frankfurt/M.: Suhrkamp.

Waldenfels, B. (1980): *Verstehen und Verständigung. Zur Sozialphilosophie von A. Schütz.* In: ders. Der Spielraum des Verhaltens. Frankfurt/M.: Suhrkamp S. 205–223).

Waldenfels, B. (2002): Bruchlinien der Erfahrung. Frankfurt/M.: Suhrkamp.

Waldenfels, B. (2005): *Die Verachtung der doxa.* In: ders. In den Netzen der Lebenswelt. Frankfurt/M.: Suhrkamp, 3. Aufl., S. 34–55.

Walsh, F. (1998): *Ein Modell familialer Resilienz und seine klinische Bedeutung.* In: Welter Enderlin, R. & Hildenbrand, B. Hrsg.: Resilienz – Gedeihen trotz widriger Umstände. Heidelberg: Carl-Auer, S. 43–79.

Walsh, F. (1998): Strengthening Family Resilience. New York, London: The Guilford Press.

Watzlawick, P. (1983): Anleitung zum Unglücklichsein. München: Piper.

Wawerzinek, P. (2012): Rabenliebe. München: btb.

Webb, E.J. et al. (1981): Nonreactive Measures in the Social Sciences. Dallas: Houghton Mifflin.

Weber, G. & Stierlin, H. (1989): In Liebe entzweit. Reinbek bei Hamburg: Rowohlt.

Weber, M. (1995): Wissenschaft als Beruf. Stuttgart: Reclam.

Weber, M. (1988/1904): *Die „Objektivität" sozialwissenschaftlicher und sozialpolitischer Erkenntnis.* In: Gesammelte Aufsätze zur Wissenschaftslehre. Tübingen: J.C.B. Mohr (Paul Siebeck), 6. Aufl.

Weber, M. (2005): Wirtschaft und Gesellschaft. Frankfurt/M.: Suhrkamp.

Weber-Kellermann, I. (1977): Die deutsche Familie: Versuch einer Sozialgeschichte. Frankfurt/M.: Suhrkamp, 3. Aufl.

Welter-Enderlin, R. & Hildenbrand, B. (1996): Systemische Therapie als Begegnung. Stuttgart: Klett Cotta.

Welter-Enderlin, R. & Hildenbrand, B. Hrsg (2001): Gefühle und Systeme: Die emotionale Rahmung beraterischer und therapeutischer Prozesse. Heidelberg: Carl-Auer Verlag.

Welter-Enderlin, R. & Hildenbrand, B. (2004): Systemische Therapie als Begegnung, Stuttgart: Klett-Cotta, 4., völlig überarb. und erw. Aufl.

Welter-Enderlin, R. & Hildenbrand, B. (2012): Resilienz. Gedeihen trotz widriger Umstände. Heidelberg: Carl-Auer Verlag, 4., unveränd. Aufl.

Werner, E. & Smith, R. (1982): Vulnerable but invincible: A longitudinal study of resilient children and youth. New York: McGraw Hill.

Wieland, W. (2004): Diagnose – Überlegungen zur Medizintheorie. Warendorf: Verlag Johannes G. Hoof.

Winkler, M. (2012): Erziehung in der Familie: Innenansichten des pädagogischen Alltags. Stuttgart: Kohlhammer,

Winkler, M. (2022): Poetologie zur Sozialpädagogik – über die Möglichkeiten von Belletristik für die soziale Arbeit. Weinheim und Basel: Beltz Juventa.

Winkler, M. (2023): Identität und Sozialpädagogik - inspiriert durch Mithu Sanyals Roman „Identitti". Weinheim, Basel: Beltz Juventa

Zorn, F. (1977): Mars. München: Kindler

Namen

Alber, E., 58
Althaus, H., 14
Archimedes, 150
Aristoteles, 16
Arnkil, T., 38, 81, 98

Bauer, P., 148, 149, 152, 161
Bergmann, J. R., 36, 38, 145
Biesel, K., 169
Blankenburg, W., 55, 59, 67, 138, 145
Blüm, N., 129, 130
Bohler, K. F., 135
Boie, K., 134
Böwing, H., 23
Brecht, B., 13
Britten, U., 27, 68, 69
Bryson, B., 119
Buber, M., 23, 26, 28, 31, 34
Buchholz, M. B., 9, 125, 126, 127, 128, 130

Camus, A., 27
Ciompi, L., 17
Clement, U., 14
Colapinto, J., 4, 9, 80, 81, 122
Combe, A., 20
Cooper, D., 105, 109
Corboz-Warnery, A., 128, 132

Dencik, L., 8, 105, 108, 109
Dinkel-Sieber, S., 7, 36
Dolto, F., 161, 190
Dulberger, D., 170

Eastwood, C., 41
Elstner, A. 170
Engels, F., 59
Engelstädter, A., 135
Erdmann, B., 32, 33
Esterson, A., 105
Etzemüller, T., 60

Fivaz-Depeursinge, E., 128, 132
Flaubert, G., 59
Fontane, T., 20
Frank, M., 42
Franzheld, T., 90, 135
Frie, E., 19
Frisch, M., 133
Fröbel, F., 120
Funcke, D., 106, 120, 125, 126, 138, 150

Gadamer, H. G., 16, 54, 55, 56, 57, 60
Garfinkel, H., 155, 156 157, 158, 163, 165
Garlichs, A., 23
Gehres, W., 56, 108
Gerson, R., 14, 26
Geulen, D., 122
Ginzburg, C., 118
Ginzburg, N., 118, 119
Glauser, F., 158
Goffman, E., 23, 34, 35, 78
Gotthelf, J., 25
Grathoff, R., 35

Haley, J., 9, 122
Hanisch, N., 7, 11, 44, 54, 58, 99, 133, 134, 137, 152
Hegel, G. W. F., 13, 14, 126
Heino, T., 38, 81, 84, 98
Helsper, W., 20
Hoffman, L., 122, 123, 125
Hoffmann-Riem, C., 107
Honegger, C., 25
Honneth, A., 13
Husserl, E., 25, 91, 166

Imber-Black, E., 123, 125

Johnson, H., 53
Juul, J., 134

Kant, I., 102
Keppler, A., 121
Kindler, H., 112
König, R., 120
König, T., 59
Krappmann, L., 120

Lacan, J., 14
Laing, R. D., 105
Lenin, W. I., 40
Leuzinger-Bohleber, M., 23
Lévi-Strauss, C., 121, 151
Levold, T., 27, 28, 43, 68, 69
Lieb, H., 27, 28
Luckmann, T., 20, 26, 59, 137
Luhmann, N., 20, 21, 60

Mann, T., 150
Mannschatz, E., 23
Marks, S., 89, 95, 96, 97, 98
Martin, G., 102

Marx, K., 59, 60
Matthiessen, P., 161
Mauss, M., 163
Mc Gregor, J., 107
Mc.Goldrick, M., 14, 26
Mead, G. H., 122, 126, 127
Merton, R., 16
Minuchin, P., 9, 81,122
Minuchin, S., 9, 15, 110, 122, 125
Münder, J., 75
Müntefering, F., 130

Neuffer, M., 37
Nienstedt, M., 56, 106

Oevermann, U., 15, 82, 120, 137, 143
Olsen, D., 138, 139, 142
Omer, H., 138

Parsons, T., 120, 138, 139
Pascal, B., 16
Patočka, J., 25
Pawlow, I. P., 60, 115
Pepin, C., 30
Platon, 56, 102
Plessner, H., 126, 127, 130
Proust, M., 108

Reiss, D., 139, 141, 142
Reul, H., 117, 158, 159

Saalfrank, K., 134
Sachse, C.170
Salgo, L., 114
Sartre, J.-P., 59
Schapp, W., 136
Schiller, F., 16, 59
Schleiermacher, F., 33
Schlöndorff, V., 133
Schopenhauer, A., 102

Schütz, A., 89, 91, 149
Seehofer, H., 160
Sehmer, J., 89, 95, 96, 97, 98
Shazer, S. de, 48
Silverstein, O., 127, 128
Simmel, G., 109, 110, 120
Simon, F. B., 14, 72
Sprondel, W. M., 20
Star, L., 36
Stern, D., 9, 125, 127, 128, 132
Stierlin, H., 13, 110
Strauss, A., 18, 23, 38, 166, 167
Struck, K., 42
Sullenberger, C., 41

Thomas, W. I., 150, 151, 152

Vance, J. D., 63, 64, 129, 141

Waeber, R., 7, 36
Waeschle, R., 17, 35
Waldenfels, B., 30, 31, 145, 146
Walsh, F., 62, 63, 64, 65
Watzlawick, P., 32, 37
Wawerzinek, P., 23
Webb. E. J., 82
Weber, G., 72, 110
Weber, M., 55, 56, 75, 76, 81, 96
Weber-Kellermann, I., 150
Welter Enderlin, R., 13, 17, 18, 23, 24, 34, 36, 61, 70, 97
Werner, E., 62
Westermann, A., 106
Wieland, W., 27
Wiezorek, C., 148, 149, 150, 151, 152, 161
Winkler, M., 25, 28, 108, 119, 153
Winnicott, D., 126

Zelditch, M., 120
Zorn, F., 105

Sachen

Alltag 14, 17, 19, 20, 21, 30, 34, 35, 36, 41, 44, 57, 86, 88, 91, 129, 138, 143, 144, 148, 152, 162, 167, 169, 170, 171
Analysis, microscopic 23
Appräsentation 91
Arena 38
Aufgegebenes 59, 121
Autonomie 58, 61, 65, 66, 67, 121

Cartesianismus 127
Checklisten 40, 56, 67, 72, 75, 81

Deutung 26, 36, 41, 42, 57, 84, 89, 107, 109, 131, 145, 148, 160, 161
Dualismus 30, 34, 60, 66, 144, 145, 146

Falsifikation 151
Familie
– Arbeiter 41, 42
– Migranten 58
– Bauern 17, 19, 43

Gemeinwesen 61

Heptade 143
Hermeneutik 31, 33
Heteronomie 65, 66 ,67

Ideologie 57, 58, 143
Interaktionismus, symbolischer 18, 34, 35

Konstruktion
– Dekonstruktion 42, 43
– Rekonstruktion 15, 41,42,116,165
Kontext 17, 19, 31, 33, 40, 41, 58, 72

Lebenswelt 46

Muster
– Deutungs- 57, 144, 147
– Orientierungs 61
Mythos 42, 43, 64, 144

Normalität 67, 124, 143, 149

Organisation 36, 38, 39, 43, 98, 111, 114, 125, 155, 156, 159, 169

Paradigma 35, 82, 161
Perspektive 14, 30, 31, 36, 39, 41, 45, 57, 59, 60, 80, 95, 101, 121, 122, 126, 127, 136

Rahmen 34, 35, 36
Regeln 35, 49, 70, 80

Sequenzanalyse 15, 23
Strukturural 137
Subsumtionslogik 166

Transformation 23, 35, 87, 89, 135, 162

Verweisungszusammenhang 17, 141, 142